Verfassungsrechtliche Grenzen des Predictive Policing

Europäische Hochschulschriften Recht

European University Studies in Law

Publications Universitaires Européennes de Droit

Band/Volume **6816**

Hans Lückhoff

Verfassungsrechtliche Grenzen des Predictive Policing

PETER LANG

Berlin – Bruxelles – Chennai – Lausanne - New York - Oxford

Bibliografische Information der Deutschen Nationalbibliothek
Die Deutsche Nationalbibliothek verzeichnet diese Publikation in der Deutschen Nationalbibliografie; detaillierte bibliografische Daten sind im Internet über http://dnb.d-nb.de abrufbar.

Zugl: Oldenburg, Univ., Diss., 2024

D 715
ISSN 0531-7312
ISBN 978-3-631-92985-8 (Print)
E-ISBN 978-3-631-92987-2 (E-PDF)
E-ISBN 978-3-631-92988-9 (E-PUB)
DOI 10.3726/b22537

Verlegt durch Peter Lang GmbH, Berlin, Deutschland
info@peterlang.com - www.peterlang.com

Meinen Eltern

Inhaltsverzeichnis

I. Einführung

Die fortschreitende Digitalisierung macht Dinge möglich, die vor wenigen Jahren noch undenkbar waren. Zu diesen früher unvorstellbaren Szenarien gehört auch der Gedanke, dass ein Programm in der Lage sei, Prognosen zu zukünftigen Straftaten abzugeben. Selbst in der Science-Fiction-Literatur konnte man sich früher nur ausdenken, dass Menschen mit übernatürlichen Fähigkeiten in Zukunft diese Rolle übernehmen würden – so sah es etwa *Phillip K. Dick* in seiner vielzitierten Kurzgeschichte „The Minority Report". Heutzutage ist die Perspektive eine andere: Inzwischen befeuern das chinesische „Social Scoring"-Programm und die biometrische Totalüberwachung in der chinesischen Provinz Xinjiang die Angst vor einem vollautomatisierten Überwachungsstaat.

Der Stand der Technik in Europa und den USA zeigt gegenüber diesen Dystopien ein wesentlich nüchterneres Bild. Die deutschen Polizeibehörden nutzen Software, die sie bei der Planung von Streifenfahrten unterstützen soll – die Software wird dabei als eine von verschiedenen Möglichkeiten zur Erkenntnisgewinnung genutzt. Biometrische Videoüberwachung wird in Deutschland bislang kaum eingesetzt, über die Ausgereiftheit der Technologie besteht Uneinigkeit.[1] Die bisherigen Rechtsgrundlagen für die Technologie sind jedoch schon in ihren Pilotphasen umstritten: Zur teilweisen Verfassungswidrigkeit des hessischen „Palantir-Paragraphen" § 25a HSOG und seines Hamburger Äquivalents § 49 HmbPolDVG erging kurz vor Fertigstellung dieser Arbeit ein erstes Urteil des BVerfG.[2] Für das Pilotprojekt zur biometrischen Videoüberwachung am Berliner Südkreuz war sogar umstritten, ob eine Rechtsgrundlage überhaupt existiert.[3]

In vielerlei Hinsicht ist es (insbesondere bei ortsbezogenem Predictive Policing) bislang schwierig zu beurteilen, wie weit Grund zur Sorge besteht oder ob hier bloß die Digitalisierung bestehender Polizeiarbeit vonstattengeht. Der Automatisierungsgrad der unter den Begriff subsumierten Programme ist teilweise noch gering: Analysen wie die der Gefährderprognosesoftware „RADAR-iTE" des Bundeskriminalamtes könnten theoretisch auch analog mit Zettel und Stift

---

1 *Deutscher Anwaltverein*, Stellungnahme des Deutschen Anwaltvereins durch den Ausschuss Gefahrenabwehrrecht zur sog. intelligenten Videoüberwachung, 2017.

2 BVerfG, Urteil vom 16. Februar 2023 – 1 BvR 1547/19 -.

3 Vgl. BT-Drs. 19/5011, S. 1 ff.

durchgeführt werden.[4] Mit zunehmenden technischen Möglichkeiten steigt aber das Potential zusätzlicher bzw. intensiverer Grundrechtseingriffe. Im Vordergrund stehen dabei bislang zwei Sorgen: Zum einen bietet die Kombination aus dem „Automation Bias“ – dem menschlichen Vorurteil, computergenerierte Ergebnisse als zuverlässig einzuschätzen – und der algorithmischen Verarbeitung z. B. durch rassistische Diskriminierung beeinträchtigter Datensätze ein hohes Risiko, bestehende Diskriminierungen zu verstärken. Zum anderen besteht die Gefahr, dass durch die Datafizierung der Polizeiarbeit und dem damit verbundenen Paradigmenwechsel eine stärkere Ausrichtung der Polizeiarbeit vom reaktiven in den präventiven Bereich erfolgt – Konsequenz wäre ein immer stärkeres Vordringen in das tatbezogene Vorfeld.[5] Diese Sorgen und Gefahren werden in der vorliegenden Arbeit verfassungsrechtlich eingeordnet.

Die Arbeit soll einen Beitrag zur wissenschaftlichen Diskussion um das Forschungsfeld der vorhersagebasierten Polizeiarbeit, des sog. Predictive Policing, leisten. Zunächst erfolgt eine kurze Untersuchung der theoretischen Grundlagen des Predictive Policing sowie eine Bestandsaufnahme sowohl ortsbezogener als auch personenbezogener Predictive Policing-Software in Deutschland (Kapitel II und III). In diesen Kapiteln wird als Grundlage für die weiteren Kapitel herausgearbeitet, wie weit Predictive Policing bloß bekannte Methoden effizienter gestaltet und inwiefern es das Potential hat, Polizeiarbeit zu revolutionieren.

Sodann wird ermittelt, ob es unabhängig von den konkret eingesetzten Programmen abstrakte verfassungsrechtliche Anforderungen für die Technik und ihren Einsatz geben kann und soll (Kapitel IV). Hierbei wird auch mit Hilfe von Rechtsprechung und Literatur zu vergleichbaren Methoden herausgearbeitet, wie die Ansätze zur Kontrolle analoger oder zumindest nicht prognostizierender Polizeiarbeit auf Predictive Policing übertragbar sind. Der Fokus liegt dabei auf Ansprüchen an die Transparenz der Systeme, Eingriffen und Rechtfertigungsanforderungen für die informationelle Selbstbestimmung sowie potentiellen Verstößen gegen die Gleichheitsgrundsätze.

---

4 Bei RADAR-iTE handelt es sich um ein System, das mit einem Fragenkatalog die Gefährlichkeit sogenannter Gefährder einschätzen soll. Vertieft dazu siehe S. 47 ff., kurz dargestellt auch bei *BKA*, RADAR (Regelbasierte Analyse potentiell destruktiver Täter zur Einschätzung des akuten Risikos), abrufbar unter https://www.bka.de/DE/UnsereAufgaben/Deliktsbereiche/PMK/Radar/radar_node.html (zuletzt abgerufen am 31.07.2023).

5 *Egbert*, Predictive Policing in Deutschland. Grundlagen, Risiken, (mögliche) Zukunft, in: *Strafverteidigervereinigungen* (Hrsg.).: Räume der Unfreiheit, 2018, S. 241, 265.

Im letzten Teil der Arbeit wird untersucht, wie weit der Einsatz der Algorithmen, der nicht an bestehenden Maßstäben gemessen werden kann, eine Herausforderung für das Verfassungsrecht und die juristische Methodik darstellt (Kapitel V). Es geht dabei insbesondere um Fragen, die nicht eindeutig einzelnen Verfassungsnormen zugeordnet werden können oder um Probleme, bei denen sich keine konkreten verfassungsrechtlichen Einschränkungen ableiten lassen, weil sie nicht in die konventionelle Verfassungsdogmatik eingeordnet werden können.

Bei allen diesen Fragen ist zu berücksichtigen, dass der überwiegende Teil der bisherigen Forschung zu Predictive Policing das Thema aus der Perspektive der Soziologie und der Kriminologie beleuchtet. Wesentlicher Forschungsbeitrag der Dissertationsschrift soll daher in dem Transfer dieser soziologischen und kriminologischen Erkenntnisse in den Rahmen des materiellen (Verfassungs-)Rechts bestehen. Viele juristische und soziologische Arbeiten zum Thema Predictive Policing befassen sich darüber hinaus primär mit der Frage, ob die darunter gefassten Methoden und Strategien wirksam sind bzw. sein können. In bislang veröffentlichten rechtswissenschaftlichen Dissertationsschriften wurde das Thema umfassend und in diesem Rahmen gleichermaßen kriminologisch, verfassungsrechtlich und am einfachgesetzlichen Maßstab untersucht – so etwa bei *Sommerer* in Bezug auf das personenbezogene Predictive Policing und bei *Hofmann* für ortsbezogenes Predictive Policing.[6] Eine solche umfangreiche Darstellung ist nicht Ziel dieser Arbeit. Kriminologische, einfachgesetzliche und entstehungsgeschichtliche Fragestellungen werden daher nur so weit dargestellt, als es für die Erforschung der verfassungsrechtlichen Probleme notwendig ist. Hierfür wird auf die oben genannten Arbeiten sowie auf die schwerpunktmäßig kriminologische Dissertation von *Thüne* verwiesen.[7]

Leitfragen dieser Arbeit sind somit: Welche Grenze setzt die Verfassung Prognosen im Rahmen des Predictive Policing – und wo offenbaren sich durch neue Möglichkeiten des Predictive Policing bisher noch nicht gestellte verfassungsrechtliche Fragen?

Vor allen diesen Fragen soll jedoch zunächst der Begriff und die Entwicklung des Predictive Policing dargestellt werden.

---

6 *Sommerer*, Personenbezogenes Predictive Policing, 2020; *Hofmann*, Predictive Policing, 2020.

7 *Thüne*, Predictive Policing, 2020.

1. Begriff und Arten des Predictive Policing

Predictive Policing ist eine Methode, bei der Daten mittels kriminologischer Theorien ausgewertet werden, um Prognosen über zukünftige Straftaten zu erstellen. Eine einheitliche exakte Definition des Begriffs gibt es nicht, obwohl (oder vielleicht vielmehr weil) es zu dem Thema etwa seit 2009 insbesondere in den USA umfangreiche Forschungsliteratur gibt. International häufig zitiert wird insbesondere *Uchidas* Definition von Predictive Policing als "multi-disciplinary, law enforcement-based strategy that brings together advanced technologies, criminological theory, predictive analysis, and tactical operations that ultimately lead to results and outcomes – crime reduction, management efficiency, and safer communities".[8] Andere Definitionen sind vergleichbar weit, da unter den Begriff des Predictive Policing eine Vielzahl verschiedener Methoden subsumiert werden sollen. Immer geht es um die computergestützte Auswertung von Daten mit kriminologischen Mitteln zur Prognose künftiger Straftaten.[9] Im deutschsprachigen Raum, wo bislang vor allem ortsbezogene Systeme Gegenstand wissenschaftlicher Untersuchungen waren, wird unter anderem im Rückgriff auf die oben genannte Definition Predictive Policing definiert als „die polizeiliche Anwendung von analytisch-digitalen Verfahren, um operative Prognosen in Bezug auf wahrscheinliche Ursprünge bzw. Zeiten und Orte zukünftiger Kriminalität zu generieren und umzusetzen".[10] *Hofmann* spricht nach ausführlicher Analyse der Genese des Begriffs über

---

8 *Uchida,* Predictive Policing 2014, S. 3871.

9 Z. B. als "The application of analytical techniques—particularly quantitative techniques—to identify likely targets for police intervention and prevent crime or solve past crimes by making statistical predictions" (*Perry/McInnis/Price/Smith/Hollywood,* Predictive Policing: The Role of Crime Forecasting in Law Enforcement Operations 2013, S. 1 f.); "Any policing strategy or tactic that develops and uses information and advanced analysis to inform forward-thinking crime prevention" (*Morgan,* zitiert in *Uchida*, A National Discussion on Predictive Policing: Defining Our Terms and Mapping Successful Implementation Strategies, NCJ 230404, 2010, S. 1); teilweise aber auch rein ortsbezogen verstanden als "the collection and analysis of data about previous crimes for identification and statistical prediction of individuals or geospatial areas with an increased probability of criminal activity to help developing policing intervention and prevention strategies and tactics" *(Meijer/Wessels* Predictive Policing: Review of Benefits and Drawbacks, International Journal of Public Administration, 42:12 (2019), S. 1031, 1033).

10 *Egbert/Krasmann*, Predictive Policing. Eine ethnographische Studie neuer Technologien zur Vorhersage von Straftaten und ihre Folgen für die polizeiliche Praxis 2019, S. 11.

> die zielgerichtete Verarbeitung von Daten und / oder personenbezogenen Daten aus polizeilichen Dateisystemen und / oder polizeifremden Dateisystemen anhand von spezifisch konzipierten Algorithmen auf der Grundlage von kriminologischen Theorien zur Ermittlung einer statistischen Wahrscheinlichkeit über die Tat, den / die Täter, die Tatzeit, den Tatort, das Opfer einer Straftat oder eine Kombination jener Desiderate zur Unterstützung der polizeilichen Kriminalprävention oder der Aufklärung bereits begangener Delikte.[11]

Dass teilweise derart lange Definitionen bemüht werden, demonstriert auch die Schwierigkeit eines solchen Unterfangens. Aufgrund des technischen Fortschrittes, der zunehmenden Kreativität der Ermittlungsbehörden bei Nutzung der dadurch geschaffenen Möglichkeiten und wahrscheinlich vor allem aufgrund der fehlenden Notwendigkeit einer klaren Definition wird es wohl auch in absehbarer Zeit hierzu keine Einigkeit geben. In Anbetracht der Dynamik, mit der sich die verschiedenen Technologien entwickeln und aktuelle Fantasien übersteigen können, ist eine einheitliche und starre Definition ohnehin nicht sinnvoll.

Diese Dynamik zeigt sich insbesondere bei personenbezogenen Anwendungen, wo das Fehlen einer exakten Definition für erhebliche Abgrenzungsschwierigkeiten sorgt, welche teilweise nur mit Hilfe ausgesprochen spezifischer Präzisierungen zu lösen wären.[12] Da es aber keinerlei Regularien gibt, die Predictive Policing als Ganzes betreffen, hat die daraus folgende Ambiguität keinerlei praktische Bedeutung, sondern erschwert höchstens die wissenschaftliche Kategorisierung. Die verschiedenen Systeme, die unter den Begriff gefasst werden können, sind zudem in ihren Funktionsweisen so unterschiedlich, dass durch die Subsumtion unter den Oberbegriff kaum Aussagen über die Intensität damit verbundener Grundrechtseingriffe gemacht oder sonstige rechtspolitisch relevanten Schlüsse daraus gezogen werden könnten. Zahlreiche überwiegend nicht als Predictive Policing klassifizierte, aber der Logik stark ähnelnde Systeme wie die biometrische Videoüberwachung und der Einsatz künstlicher Intelligenz bei Grenzkontrollen greifen etwa in gleichem Maße, wenn nicht gar höher in die Grundrechte Betroffener ein, während sich bei ortbezogenem Predictive Policing oft die Frage stellt, ob überhaupt ein Grundrechtseingriff vorliegt.

Sprachlich wird am Begriff des Predictive Policing vereinzelt kritisiert, dass die Prognose keine *prediction*, sondern vielmehr ein *forecast* sei, da *predictions* subjektiv-intuitiv seien und *forecasts* objektiv-wissenschaftlich.[13] Während die beiden Begriffe in anderen Wissenschaften (wie z. B. der Seismologie)

---

11 *Hofmann*, Predictive Policing 2020, S. 42.

12 Siehe dazu Kapitel III.

13 *Perry et al.*, Predictive Policing, 2013, S. 1.

strikt getrennt werden, werden sie jedoch in der Auseinandersetzung mit Predictive Policing wie im allgemeinen Sprachgebrauch üblicherweise synonym verwendet. Im Deutschen ist diese Unterscheidung ohnehin nicht sprachlich abbildbar.

In Deutschland wird fast durchgehend der englische Begriff verwendet, übersetzte Begriffe sind selten isoliert anzutreffen. Gängige Übersetzungen sind insbesondere „vorausschauende“ bzw. „vorhersagende Polizeiarbeit“.[14] Daneben wird deutlich seltener auch der Begriff „vorhersagebasierte Polizeiarbeit“ verwendet, um in Abgrenzung zu den beiden Begriffen zu verdeutlichen, dass die Strategien auf den Prognosen beruhen, sich darin aber nicht erschöpfen.[15]

Die oben genannten Definitionen treffen im Kern drei Aussagen darüber, was unter Predictive Policing zu verstehen ist.[16] Zunächst werden davon nur computergestützte Analyseverfahren, insbesondere solche der prädiktiven Analytik, erfasst. Diese Beschränkung zeigt vor allem auf, worin das wesentlich Neue der Methoden besteht: Die mit dem Computer meistens algorithmisch erstellten Prognosen können sehr schnell erstellt werden, entsprechend können die Ergebnisse einfach und regelmäßig in die unmittelbare Polizeiarbeit Einfluss finden. Die dabei angewandten Theorien sind überwiegend nicht neu, waren jedoch von Hand nur mit einem deutlich ressourcenintensiveren und damit oft schlichtweg unverhältnismäßigen Aufwand zu bewältigen.

Zweitens bleibt damit offen, aus welchen Quellen die zu analysierenden Daten kommen. Es muss sich dabei nicht immer um polizeilich erhobene Kriminalitätsdaten handeln.[17] Insbesondere im Bereich des personenbezogenen Predictive Policing ist dieses weite Verständnis essenziell, etwa bei der Einordnung der biometrischen Videoüberwachung oder beim Abgleich von Fluggastdaten nach dem FlugDaG/der PNR-Richtlinie, wo auch Kameraaufnahmen und Fluggastdaten verarbeitet werden. Wie weit darüber hinaus auf Daten zugegriffen werden darf, wird in der Arbeit gesondert untersucht.

Zuletzt schränken die Definitionen kaum ein, was genau prognostiziert wird. Predictive Policing prognostiziert nicht nur Räume, an denen Straftaten zu

---

14 Dabei werden beide Begriffe fast gleich oft verwendet, eine Google-Suche kam im November 2022 für „vorausschauende Polizeiarbeit“ auf 2.220 und für „vorhersagende Polizeiarbeit“ auf 2.160 Ergebnisse.

15 *Egbert/Krasmann*, Predictive Policing 2019, S. 11.

16 Vgl. für einige der folgenden Gedanken *Egbert/Krasmann*, Predictive Policing 2019, S. 11 f.

17 Anders definiert von *Knobloch*, Vor die Lage kommen: Predictive Policing in Deutschland 2018, S. 9.

erwarten sind, sondern auch potentielle Täter und Opfer (wobei Opfer bislang nur bei bestimmten Programmen in den USA Prognosegegenstand sind).

Bislang wird innerhalb des Predictive Policing primär zwischen orts- und personenbezogenen Verfahren unterschieden. Beim orts- bzw. raumbezogenen Predictive Policing beziehen sich die Prognosen auf künftige Risikoorte und -zonen. Personenbezogene Verfahren hingegen prognostizieren potentielle Täter und Opfer. Ortsbezogene Verfahren sind bislang sowohl in Deutschland als auch international stärker verbreitet, jedoch gewinnt personenbezogenes Predictive Policing immer mehr an Bedeutung. Zu letzterem ist anzumerken, dass personenbezogenes Predictive Policing in der Praxis oft nicht als solches bezeichnet wird und bei einzelnen computergestützten Maßnahmen auch in der Wissenschaft umstritten ist, wie sie eingeordnet werden sollen.

2. Entwicklung[18]

Während die ersten Versuche einer Kriminalgeografie bis ins 19. Jahrhundert zurückreichen, wurden die ersten wissenschaftlichen Versuche, mit statistischen Methoden kriminologische Prognosen zu erstellen, in den 1920er Jahren in den USA angestellt. Insbesondere versuchten Kriminologen dabei die Rückfallwahrscheinlichkeit vorzeitig aus der Haft Entlassener zu berechnen, waren aufgrund der schlechten Datenlage aber ausgesprochen unpräzise.[19] Die ersten Theorien, die als Grundlagen für Modelle des ortsbezogenen Predictive Policing herangezogen werden, beruhen auf dem Konzept der Repeat Victimisation und werden seit den 1970ern intensiv diskutiert.[20] Obwohl bereits die ersten amerikanischen Prognoseversuche in Deutschland schon in den 1930ern rezipiert wurden,[21] begann die ernsthafte Auseinandersetzung mit zukünftiger Kriminalität hierzulande erst in den 1990ern und nahm in den 2000er Jahren dann erheblich an Fahrt auf.[22] Diese Ansätze waren aber nicht operativer, sondern überwiegend strategischer Natur; meist war das Ziel, eine Stütze für die Personalpolitik zu finden.

---

18 Eine deutlich umfangreichere Darstellung der Geschichte von Kriminalitätsprognosen und Predictive Policing findet sich bei *Thüne*, Predictive Policing, 2020, S. 36 ff.

19 Zur Forschung in den USA Übersicht bei *Berk*, Forecasting Methods in Crime and Justice 2008, S. 221.

20 *Farrell/Sousa*, Repeat Victimisation and Hot Spots, 2001, S. 225.

21 Exner ZStW 54 (1935), 345.

22 Zu Beginn *Loll*, Prognose der Jugendkriminalität von Deutschen und Ausländern 1990; zur weiteren Entwicklung *Gluba*, Predictive Policing – Eine Bestandsaufnahme, 2014, S. 2 m. w. N.

Die ersten Ansätze für operative Prognosen, die Einfluss auf die alltägliche Einsatzplanung haben sollen, kommen ebenfalls aus den Vereinigten Staaten. Zu den Pionieren des Predictive Policing als wichtigstem Teil dieser Prognosen gehört das Los Angeles Police Department (LAPD) unter Polizeichef *William J. Bratton*, der das Konzept durch Öffentlichkeitsarbeit und Zusammenarbeit mit Wissenschaft und anderen Sicherheitsbehörden popularisiert hat.[23] Im Anschluss hieran übernahmen zunächst zahlreiche Großstädte in den USA die Methoden. Durch intensive mediale Berichterstattung, insbesondere über das aus Los Angeles stammende Programm PredPol, wurde Predictive Policing auch der breiten Öffentlichkeit bekannt.

Pionier der Predictive Policing-Arbeit für den deutschsprachigen Raum ist die 2011 vom *Institut für musterbasierte Prognosetechnik* (IfmP) entwickelte Software PRECOBS (Pre Crime Observation System). PRECOBS begann seinen Einsatz in Deutschland im Rahmen von Pilotprojekten in Bayern und Baden-Württemberg im Jahr 2015. Zeitgleich entwickelte das LKA NRW mit SKALA ein eigenes ortsbezogenes Predictive Policing-System.

23 *Perry et al.*, Predictive Policing, 2013, S. 4.

II. Ortsbezogenes Predictive Policing

Im folgenden Kapitel soll nun zunächst der Bereich des ortsbezogenen Predictive Policing kriminologisch umfasst werden und eine Bestandsaufnahme der Systeme durchgeführt werden.

Vorhersagebasierte Polizeiarbeit wurde in Deutschland zunächst eingeführt, um Kriminalitätsbrennpunkte zu prognostizieren. Dabei soll aus bestehenden Daten Muster ermittelt werden, Polizeistreifen verstärkt in gefährdete Gegenden geschickt und dadurch Straftaten verhindert werden. Grundlage ist primär die „Near Repeats"-Theorie, nach der in der Nähe eines Ortes, an dem eine Straftat begangen wurde, die Wahrscheinlichkeit zukünftiger Straftaten steigt.[24] Diese Theorie gilt bei Wohnungseinbruchsdiebstahl als empirisch verifiziert[25], weswegen die ersten deutschen Systeme ihre Prognosen fast nur hierfür durchgeführt haben.

1. Theoretische Grundlagen

Ortsbezogenes Predictive Policing beruht auf unterschiedlichen theoretischen Grundlagen, die überwiegend entwickelt wurden, bevor die Digitalisierung die heutigen Ausmaße annahm. Trotz teilweise deutlicher Unterschiede haben die Theorien einige Gemeinsamkeiten.

Es liegt in der Natur der Sache, dass alle Theorien davon ausgehen, dass Kriminalitätsprognosen zu einem gewissen Grad möglich sind. Zukünftiges menschliches Verhalten ist nicht eindeutig und präzise prognostizierbar – das ist der zentrale Unterschied zu Science-Fiction-Konzepten wie in *Minority Report*. Die Befürworter des Predictive Policing argumentieren jedoch, dass menschliches Verhalten keineswegs so komplex und zufällig ist, wie allgemein angenommen wird. Die unterschiedlichen kriminologischen Theorien, auf die diese Annahme gestützt wird, sollen im folgenden Kapitel kurz umrissen werden. Von zentraler Bedeutung stehen dabei Rational-Choice-Theorien und der Routine-Activity-Approach. Hierbei wird davon ausgegangen, dass sich sowohl Täter als auch Opfer gewöhnlichen Verhaltensmustern folgen. So wird z. B. angenommen, dass Täter rationale Entscheidungen über das Begehen von

---

24 *Egbert*, Predictive Policing in Deutschland 2018, S. 251.

25 *Townsley/Hornel/Chaseling*, Infectious Burglaries. A Test of the Near Repeat Hypothesis 2003, S. 615 ff.

Straftaten treffen, etwa in Bezug auf den Ort, die Geeignetheit des Ziels und das Risiko, erwischt zu werden.[26]

1.1. Rational-Choice-Theorien

Rational-Choice-Theorien haben ihren Ursprung in der Wirtschaftswissenschaft. Bei *Cornish* und *Clarke* wird das Modell des „homo oeconomicus" in die Kriminologie übertragen, kriminelles Verhalten ist nach dieser Ansicht Resultat einer Abwägung von Kosten und Nutzen.[27] Wenn der Ertrag einer Straftat höher eingeschätzt wird als das Risiko, erwischt zu werden, erhöhe sich die Wahrscheinlichkeit einer kriminellen Handlung. Beim menschlichen Streben nach Nutzenmaximierung würden sowohl legale als auch illegale Handlungsalternativen in Betracht gezogen. Die handelnde Person würde demnach zunächst Informationen über ihre Optionen einholen, diese bewerten und auf dieser Grundlage eine Entscheidung treffen.

Die Theorien werden dafür kritisiert, Motive für Kriminalität zu stark zu rationalisieren bzw. zu ökonomisieren; menschliches Verhalten folgt schließlich nicht nur aus Logik und empirischer Erfahrung, sondern auch aus Emotionalität und Irrationalität.[28] Emotional-affektive oder gar triebgesteuerte Straftaten lassen sich mit diesem Ansatz zwar nicht erklären, eine Prognose solcher Taten ist aber ohnehin lebensfremd und wird von Predictive Policing und den Vertretern der Theorien auch nicht beabsichtigt. Der Wohnungseinbruchsdiebstahl sowie die anderen Formen des Diebstahls, die in Deutschland durch ortsbezogenes Predictive Policing prognostiziert werden sollen, werden oft nicht affektiv, sondern professionell begangen. Als Reaktion auf die Kritik wurde die Ursprungsform der Theorie später durch das Konzept der „variablen Rationalität" erweitert, nach der die Kosten-Nutzen-Abwägung bei verschiedenen Akteuren unterschiedlich ausfällt (deswegen wird in diesem Kapitel auch von Theorien im Plural gesprochen).[29] So ist der Denkrahmen professionell agierender und entsprechend kalkulierender Banden ein anderer als der von Drogenabhängigen im Rahmen der Beschaffungskriminalität.

---

26 *Perry et al.*, Predictive Policing, 2013, S. 3.

27 Grundlegend *Cornish/Clarke*, The Reasoning Criminal, 1986.

28 *Paternoster/Jaynes/Wilson*, Rational Choice Theory and Interest in the "Fortune of Others.", Journal of Research in Crime and Delinquency, 54(6) 2017, S. 847; *Hayward*, Situational Crime Prevention and its Discontents: Rational Choice Theory versus the 'Culture of Now'. Social Policy & Administration, 41 (2007), S. 232, 236 ff.

29 *Kroneberg*, ZfS 2005, S. 344.

Explizite Berücksichtigung im Predictive Policing finden Rational-Choice-Theorien etwa beim nordrhein-westfälischen Predictive Policing-System SKALA. Die Autoren schließen aus der Theorie drei Thesen für ihre Arbeit. Die Wahrscheinlichkeit von Wohnungseinbrüchen steigt:

1. je höher der Wert des erwarteten Diebesguts in einem Gebiet ist,
2. je geringer der Einbruchaufwand in einem Gebiet ist und
3. je niedriger die Entdeckungswahrscheinlichkeit in einem Gebiet ist.[30]

1.2. Routine-Activity-Approach

Einen ähnlichen Ansatz verfolgt der Routine-Activity-Approach, bei dem die Motive des Täters aber nicht mehr im Mittelpunkt stehen. Zentral ist vielmehr die Situation des Täters. Nach *Cohen* und *Felson* sind für das Auftreten oder Ausbleiben von Straftaten drei Faktoren entscheidend: Es braucht einen motivierten Täter, ein geeignetes Tatobjekt und die Abwesenheit eines „capable guardian“, also einer beliebig gearteten Kontrollinstanz zum Schutz des Objekts.[31] Liegen alle drei Voraussetzungen vor, kommt es zu Straftaten.

Cohen und *Felson* versuchten mit der Theorie zu erklären, weshalb die Kriminalität in den USA zwischen 1960 und 1975 massiv anstieg, obwohl Arbeitslosigkeit und Armut im gleichen Zeitraum signifikant abnahmen. Als Grund für diese scheinbar widersprüchliche Entwicklung sahen sie Veränderungen bei den „Routineaktivitäten“, also dem Alltag der Menschen. Beispiel und Beleg hierfür liefert eine neuere schwedische Studie, die zeigt, dass die Zahl der Diebstähle in Schweden seit den 1950er-Jahren zwar um ein Vielfaches gestiegen ist, der Anstieg aber mit einer nahezu identisch hohen Steigerung der Zahl der zugelassenen Autos korreliert.[32] Um diesen Faktor korrigiert ist die Zahl der Diebstähle relativ konstant. Noch deutlicher zeigt sich diese Entwicklung bei Schwankungen in der Zahl der Tötungsdelikte und dem damit korrelierenden Pro-Kopf-Alkoholkonsum seit 1860.

Der Routine-Activity-Approach weist in vielerlei Hinsicht ähnliche Schwächen wie die Rational-Choice-Theorie auf. Beide gehen von rational agierenden Akteuren aus und können andere Tatmotive (etwa emotionaler oder sonstiger psychischer Art) nicht in ihre Erklärungsmuster miteinbeziehen. Auch hier gilt

---

30 *Landeskriminalamt NRW*, Abschlussbericht Projekt SKALA, 2018, S. 12.

31 *Cohen/Felson*, Social Change and Crime Rate Trends: A Routine Activity Approach, American Sociological Review 1979, S. 589.

32 *Tham/von Hofer*, Individual Prediction and Crime Trends, European Journal of Criminology, 2009, S. 313, 327 ff.

jedoch, dass der vom ortsbezogenen Predictive Policing fokussierte Wohnungseinbruchsdiebstahl deutlich besser in das Schema passt als überwiegend affektiv erfolgende Delikte wie Körperverletzung.

Demgegenüber gibt es jedoch auch Kritiken, die trotz der Spezifika des Predictive Policing zur Geltung kommen. Die von ihren Schöpfern selbst eingestandene Achillesferse der Theorie ist, dass eine auf ihrer Grundlage erfolgende Polizeiarbeit nur Kriminalitätsverlagerung und nicht Kriminalitätsverringerung zur Folge hat.[33] Zudem wird die Theorie dafür kritisiert, dass sie mit dem Fokus auf Kontrolle Symptom- anstelle von Ursachenbekämpfung fördert.

Erkennt man die Theorie als valide an, lässt sich aus ihr im Hinblick auf Prognosen im Rahmen des Predictive Policing schließen, dass die Wahrscheinlichkeit kriminellen Handelns an einem Ort zunimmt, wenn die Geeignetheit des Tatobjekts (die sich u.a. durch seinen Wert, seine Sichtbarkeit und seine Zugänglichkeit definiert) ebenfalls zunimmt. Gleichzeitig nimmt die Wahrscheinlichkeit von Straftaten ab, wenn Kontrollinstanzen als „capable guardians" präsent sind.[34]

1.3. Near-Repeat-Phänomen

Für ortsbezogenes Predictive Policing, das betont transparent und mit möglichst geringem Komplexitätsgrad prognostizieren soll, ist das Near-Repeat-Phänomen von entscheidender Bedeutung. Das in Baden-Württemberg, Bayern, Sachsen und in diversen Schweizer Kantonen eingesetzte bzw. erprobte System PRECOBS arbeitet ausschließlich auf Grundlage von hieraus resultierenden Annahmen.[35]

Der Ansatz entwickelte sich aus dem Konzept der Repeat Victimisation. Dieses geht davon aus, dass Kriminalität sich immer an denselben Orten bzw. Personen wiederholt. Somit wird eine kleine Personengruppe deutlich überdurchschnittlich häufig Opfer von Straftaten.[36] Diese Re-Viktimisierung findet oft in einem engen zeitlichen Zusammenhang zu den ursprünglichen Taten statt. Kriminalitätsprävention ist somit am effizientesten und effektivsten, wenn sie sich auf wiederholt betroffene Opfer konzentriert. Mit Ausnahme von Tötungsdelikten ist diese Entwicklung bei allen Deliktsarten zumindest teilweise sichtbar.

---

33 auch mit weiterer Kritik *Brunet*, Discouragement of Crime Through Civil Remedies: An Application of a Reformulated Routine Activities Theory 2002, S. 75 f.

34 Etwas umfangreichere Schlüsse zieht hieraus das *Landeskriminalamt NRW*, Abschlussbericht Projekt SKALA, 2018, S. 13 f.

35 *Gerstner*, Predictive Policing als Instrument zur Prävention von Wohnungseinbruchdiebstahl – Evaluationsergebnisse zum Baden-Württembergischen Pilotprojekt P4, 2017, S. 18.

36 *Pease*, Repeat Victimisation: Taking Stock, 1998, S. 3.

Near Repeat modifiziert die These leicht: Kriminologen stellten fest, dass sich viele Personen, die nur einmal Opfer von Kriminalität werden, oft am gleichen Ort oder in der Nähe wiederholt Betroffener betroffen sind.[37] Daraus wird die These abgeleitet, dass Kriminalität oft am gleichen oder an benachbarten Orten auftritt – Repeat Victimisation ist auf Personen konzipiert, Near Repeat räumlich gedacht. Diverse Untersuchungen in verschiedenen Ländern und zu verschiedenen Delikten (u.a. auch zum Wohnungseinbruchsdiebstahl in Niedersachsen) bestätigen dies, weshalb die These als empirisch validiert gilt.[38] Zweifel hieran wurden beim Predictive Policing-Forschungsprojekt des LKA Hamburg geäußert, das die These im Raum Hamburg nur für sehr eingeschränkt zutreffend und deswegen für nicht aussagekräftig genug hält, um daraus Prognosen abzuleiten.[39] Forschung, die im klaren Widerspruch dazu steht, findet sich bislang nur in Brasilien, wo sich die urbanen Strukturen stark von denen westlicher Länder unterscheiden – insbesondere, da in wohlhabenderen Gegenden Sicherheitsdienste und Hausangestellte wesentlich stärker präsent sind.[40]

Der Ansatz ist nicht auf Kriminalität als Ganzes anwendbar – opferlose Delikte oder ihrer Natur nach nur einmal begangene Delikte (insb. Tötungsdelikte) bewegen sich zwangsläufig außerhalb des hier gesetzten Rahmens. Für den Wohnungseinbruchsdiebstahl als das in Deutschland bislang einzige vom ortsbezogenen Predictive Policing erfasste Delikt ist die Theorie aber bislang das Maß aller Dinge – bei der Beschränkung auf für den Menschen einfach nachvollziehbare Algorithmen sogar die einzige Prognosegrundlage.[41]

---

37 *Morgan*, Repeat burglary in a Perth suburb: Indicator of short-term or long-term risk?, in: *Farrell/Pease* (Hrsg.), Repeat Victimization, 2000, S. 83–118.

38 So Z. B. *Townsley/Hornel/Chaseling*, Infectious Burglaries. A Test of the Near Repeat Hypothesis, 2003, S. 615 ff.; *Johnson et al.* Space–Time Patterns of Risk: A Cross National Assessment of Residential Burglary Victimization 2007. Journal of quantitative criminology, S. 201–219.; *Gluba/Heitmann/Hermes*, Reviktimisierung bei Wohnungseinbrüchen. Eine empirische Untersuchung zur Bedeutung des Phänomens der (Near) Repeat Victimisation im Landkreis Harburg. Kriminalistik 2015, S. 368–376.

39 *Hauber/Jarchow/Rabitz-Suhr*, PrädiktionsPotential schwere Einbruchskriminalität – Ergebnisse einer wissenschaftlichen Befassung mit Predictive Policing 2019, S. 367 ff.

40 *Chainey/da Silva*, Examining the extent of repeat and near repeat victimisation of domestic burglaries in Belo Horizonte, Brazil, Crime Science 5:1 2016.

41 Wobei auch hier Z. B. das *LKA NRW* aus der Theorie Schlüsse zieht, die den Komplexitätsgrad ihres Prognosesystems weiter erhöhen, siehe *dies.*, Abschlussbericht Projekt SKALA, 2018, S. 20 f.

1.4. Broken Windows

Kelling und *Wilson* schufen mit ihrem 1982 veröffentlichten Essay „Broken Windows" die Grundlage für die insbesondere in den USA wohl meistrezipierte Hypothese zur Kriminalität.[42] Ursache von Kriminalität war für sie vor allem städtebaulicher Verfall. Unordnung und Bagatellkriminalität wie die titelgebende zerbrochene Fensterscheibe schreckten die „anständigen" Stadtteilbewohner ab, welche daraufhin aus der Gegend wegziehen würden. Hieraus resultiere ein Verlust an Sozialkontrolle, da sich niemand mehr für die Gegend verantwortlich fühle. Dies erleichtere weitere Straftaten, was weitere Bewohner verschrecke – ein irgendwann nicht mehr aufzuhaltender Teufelskreis.

Als Beleg hierfür berufen sich die Autoren auf ein Experiment von *Zimbardo*[43]: Dieser stellte jeweils ein für viele Betrachter herrenlos wirkendes Auto mit offener Motorhaube und abmontiertem Kennzeichen im New Yorker Stadtteil Bronx sowie in der Nähe der Stanford-Universität in Palo Alto, Kalifornien ab. Während in der Bronx Passanten bereits nach zehn Minuten damit begannen, Teile des Autos abzumontieren und es schlussendlich zu zerstören, wurde das Auto in Palo Alto von den Passanten stehen gelassen und die offene Motorhaube wieder geschlossen. Erst als Zimbardo die Scheiben selbst mit dem Vorschlaghammer einschlug, begannen Passanten damit Teile abzumontieren.

Die These ist bis heute Gegenstand intensiver Kritik. Zunächst ist anzumerken, dass das angeführte Experiment die behauptete Abwärtsspirale nicht beweist – beobachtet wurde nur eine weitere Beschädigung desselben Autos (im Sinne einer Repeat Victimisation). Auch darüber hinaus wird den Autoren vorgeworfen, für ihre Schlussfolgerungen Details des Experiments verzerrt zu haben.[44] Einen die umfangreichen Schlussfolgerungen stützenden Beleg blieben die Verfechter der Theorie lange schuldig. Aufsehen erregte daher 2008 ein Experiment niederländischer Sozialpsychologen: Sie beobachteten, dass in „unordentlichen" Gegenden von ihnen platzierte Flyer öfter auf den Boden geworfen werden.[45] Zudem steckten sie Briefumschläge halb in Briefkästen, sodass sichtbar war, dass sich im Umschlag ein Fünf-Euro-Schein befand. Auch hier wurden die Umschläge

---

42 *Wilson/Kelling*, Broken Windows – The Police and Neighborhood Safety, The Atlantic vom 01.03.1982.

43 *Zimbardo*, A Field Experiment in Auto Shaping, In: Ward, C. (Hrsg.): Vandalism, 1973, S. 85–90.

44 Ausführlich *Ansfield*, The Broken Windows of the Bronx: Putting the Theory in Its Place. American Quarterly, vol. 72 no. 1, 2020, S. 103.

45 *Keizer/Lindenberg/Steg*, The Spreading of Disorder, Science Vol. 322, 1681.

in „unordentlichen" Gegenden öfter gestohlen. Eine Kausalität und vor allem die behauptete Abwärtsspirale konnte jedoch wieder nicht bewiesen werden. Später wurde der Versuch in einem Münchener Experiment mit 10- und 100-Euro-Scheinen durchgeführt, wo er in ordentlichen und unordentlichen Umgebungen identische Ergebnisse erzielte – einen empirischen Beleg, der die Theorie bestätigt, gibt es somit nach über 40 Jahren immer noch nicht.[46]

Wesentlicher Grund für die intensive Rezeption der These ist, dass sie theoretische Grundlage der „Zero Tolerance"-Politik im New York der 1990er Jahre war. Sogenannte „quality of life offences" wie Wildpinkeln, Sprayen und Ruhestörung wurden streng geahndet. Die Kriminalitätsrate ging in der gleichen Zeit zurück – der Trend hierfür begann jedoch schon vor Beginn dieser Politik, die (wenn überhaupt) nur eine von sehr vielen Ursachen des Rückgangs gewesen sein dürfte. Effektiv diente die Theorie daher vor allem als „wissenschaftliche" Untermauerung einer Kriminalisierung von Armut.[47]

Vor diesem Hintergrund ist es bedenklich, dass die Broken-Windows-Theorie zu den theoretischen Grundlagen der nordrhein-westfälischen Software SKALA zählt.[48] Im Abschlussbericht des Pilotprojekts wird die Theorie unkritisch in eine Reihe mit empirisch deutlich valideren Thesen gestellt. Zwar gehen die Autoren darauf ein, dass das Experiment von *Zimbardo* auf Vandalismus gerichtet war und auf Wohnungseinbruchsdiebstahl schwer übertragbar ist, stellen jedoch hieraus u.a. die Hypothesen auf, dass die Zahl der Wohnungseinbruchsdiebstähle mit höherer Anonymität in der Nachbarschaft (was mit dem Experiment von *Zimbardo* noch vertretbar ist) und niedrigerer sozialer Kontrolle steigt.

1.5. Crime-Pattern-Theorie

Die Vertreter der von *Paul* und *Patricia Brantingham* begründeten Crime-Pattern-Theorie beschäftigen sich schwerpunktmäßig mit der Frage, warum kriminelle Ereignisse an einem bestimmten Ort auftreten, um dabei bestimmte Muster zu entdecken.[49] Dabei wird schon in der Grundannahme ausdrücklich betont, dass

---

46 *Keuschnigg/Wolbring*, Disorder, social capital, and norm violation: Three field experiments on the broken windows thesis, Rationality and Society, 2015.

47 *Belina*, „Vorbild New York" und „Broken Windows": Ideologien zur Legitimation der Kriminalisierung der Armen im Namen der Sicherheit in der unternehmerischen Stadt, in: *Häfele/Sack/Eick/Hillen* (Hrsg.), Sicherheit und Kriminalprävention in urbanen Räumen, 2017, S. 29 ff.

48 *Landeskriminalamt NRW*, Abschlussbericht Projekt SKALA, 2018, S. 16 f.

49 Grundlegend *Brantingham/Brantingham*, Criminality of place – Crime generators and crime attractors, European Journal on Criminal Policy and Research 13(3), 1995.

jede kriminologische Theorie in Anbetracht der Komplexität Kriminalität beeinflussender Faktoren flexibel sein und viele Variablen einkalkulieren muss. Im Grunde handelt es sich um eine Kombination aus Routine-Activity-Theorie und Rational-Choice-Theorie. Dabei wird davon ausgegangen, dass die Alltagsgewohnheiten der Täter bei der Suche nach geeigneten Zielen die entscheidende Rolle spielen. Der potentielle Täter ist wie die meisten anderen Menschen regelmäßig zwischen bestimmten *nodes* (auch *anchor points* genannt) wie seiner Wohnung oder seinem Arbeitsplatz unterwegs.[50] Durch diese Gewohnheiten bildet sich der *awareness space*, also der Raum, in dem er geeignete Ziele wahrnimmt. Es ist ausgesprochen selten, dass Täter in Gegenden Einbrüche begehen, die ihnen komplett unbekannt sind.

Dieser Tätersphäre stehen *crime generators* und *crime attractors* gegenüber. Bei *crime generators* handelt es sich um Orte, die von einer großen Zahl von Menschen frequentiert werden – unabhängig davon, ob sie dort Straftaten begehen wollen oder nicht. Klassisches Beispiel hierfür sind Fußgängerzonen und Bahnhöfe.[51] Sie „erzeugen" Kriminalität, weil sich an den Orten viele Personen und weitere geeignete Ziele befinden. Insbesondere für eher spontane Kriminalität sind sie von entscheidender Bedeutung. Täter begeben sich zu den *crime generators* auch ohne die Intention, dort Straftaten zu begehen, und sehen vor Ort geeignete Tatmöglichkeiten.

Bei *crime attractors* handelt es sich um Gegenden, die insbesondere für hochmotivierte Täter interessant sind, weil es dort bekannte Gelegenheiten für bestimmte Arten von Straftaten gibt. Beispiele hierfür sind große Einkaufszentren, Rotlichtviertel, Drogenumschlagsplätze und im Kontext des Wohnungseinbruchsdiebstahls insbesondere wohlhabende und/oder schlecht gesicherte Wohnviertel.[52] Solche Orte sind auch für Täter interessant, die von auswärts kommen und sonst keinen Bezug zur Gegend haben.

Auch mit der Theorie ist es für die Forscher immer noch nicht möglich, Beziehungs- und Gelegenheitstaten sowie langfristig geplante Taten zu prognostizieren.[53] Großes Potential sehen sie jedoch für die Prognose von Kriminalität, die primär auf Zweckmäßigkeitserwägungen beruht – hierfür sind die oben genannten Erwägungen durchaus geeignet. Für die Prognose von

---

50 *Brantingham/Brantingham*, Criminality of place – Crime generators and crime attractors, European Journal on Criminal Policy and Research 13(3) 1995. S. 10.

51 Ebd., S. 7.

52 Ebd., S. 8.

53 *Brantingham/Brantingham*, The Theory of Target Search, in *Cullin/Wilcox* (Hrsg.), The Oxford Handbook of Criminological Theory 2013, S. 547 f.

Wohnungseinbruchsdiebstählen ergibt sich hieraus, dass die Wahrscheinlichkeit von Straftaten in wohlhabenden und schlecht gesicherten Gegenden am höchsten ist – ein Ergebnis, das sich im Wesentlichen mit den verwandten Rational-Choice- und Routine-Activity-Theorien deckt.[54]

1.6. Weitere Ansätze

Bei den oben genannten Theorien handelt es sich um die bislang relevantesten Theorien, auf deren Grundlage Prognosen für ortsbezogenes Predictive Policing gemacht werden – die theoretischen Grundlagen aller Programme sind an dieser Stelle allerdings keineswegs erschöpft, eine weitere Darstellung entspricht jedoch nicht der Zielsetzung der Arbeit. Als Beispiel zur weiteren Orientierung kann hier wieder das nordrhein-westfälische Programm SKALA dienen, das sich auf eine sehr breite theoretische Grundlage stützen will.[55] So wird als Modifikation der Routine-Activity-Theorie auch auf die Lifestyle-Theorie zurückgegriffen sowie mit bestimmten Expertenannahmen operiert, die Einschätzungen aus der polizeilichen Praxis miteinfließen lassen.

Besondere Erwähnung finden hier noch die Desorganisationstheorie der Chicagoer Schule sowie der darauf aufbauende Defensible-Space-Ansatz. Der Defensible Space-Ansatz postuliert grob, dass es in Einfamilienhäusern und Mehrfamilienhäusern mit wenigen Parteien relativ einfach für die Bewohner ist, soziale Kontrolle über die geteilten Räume innerhalb des Gebäudes auszuüben. In großen und entsprechend anonymeren Mehrfamilienhäusern ist dies nicht mehr in dieser Form möglich, was mehr Kriminalität zur Folge hat.[56] Das LKA NRW stellt hieraus Hypothesen auf über den Zusammenhang zwischen Wohnungseinbruchsdiebstählen und der Zahl der in bestimmten Gebieten lebenden Empfänger von Sozialleistungen sowie der ethnischen Heterogenität auf.[57]

Abschließend ist anzumerken, dass nicht alle ortsbezogenen Predictive Policing-Systeme auf Grundlage kriminologischer Theorien arbeiten. Relevantestes Beispiel hierfür ist die in den USA verbreitete Anwendung ShotSpotter Connect (ehemals HunchLab): Kriminologische Theorien spielen für ihre Prognosen kaum

54 Zum gleichen Schluss kommt daher auch in der Praxis das *Landeskriminalamt NRW*, Abschlussbericht Projekt SKALA, 2018, S. 15 f.

55 *Landeskriminalamt NRW*, Abschlussbericht Projekt SKALA 2018, S. 10 ff.

56 *Landeskriminalamt NRW*, Abschlussbericht Projekt SKALA 2018, S. 17 f.

57 *Landeskriminalamt NRW*, Abschlussbericht Projekt SKALA 2018, S. 16, 18.

eine bzw. keine Rolle, im Vordergrund stehen experimentelles Machine Learning und das im nächsten Kapitel ausführlicher beschriebene Risk Terrain Modelling.[58]

2. Technische Grundlagen der Computerprognose

Herzstück des ortsbezogenen Predictive Policing ist die durch die Prognose ermöglichte Kriminalitätskartierung, das sogenannte Crime Mapping. Obwohl Kartierungen dieser Art teilweise schon im 19. Jahrhundert angefertigt wurden, begann die digitale Kriminalitätskartierung mit GIS-Technologie in den 1990er Jahren in den USA. Pionier war das New York Police Department (NYPD) mit dem Programm CompStat.[59] Dabei handelt es sich effektiv um die gleiche Idee, auf deren Grundlage ortsbezogenes Predictive Policing entwickelt wurde – mit dem Unterschied, dass mit CompStat zwar ursprünglich Muster erkannt wurden, aber keine Prognosen erstellt werden sollten. Die Grundgedanken sind trotzdem identisch: Es wird ein enger Zusammenhang zwischen Kriminalität und Raum angenommen und es werden auf kriminologisch-theoretischer und erfahrungsbasierter Grundlage Entscheidungen getroffen.

Seit einer Modernisierung 2010 werden im Rahmen von CompStat auch Prognosen erstellt, es handelt sich dabei also nicht nur um einen Vorgänger, sondern auch um einen Pionier des Predictive Policing.[60] Die Grundidee war ursprünglich, operativem Leitungspersonal genügend Informationen zur Verfügung zu stellen, um effektive Strategien zur Kriminalitätsbekämpfung zu bestimmen.

---

58 Aufgrund des Verkaufes der Anwendung von Azavea an ShotSpotter kann hier nicht mehr einwandfrei rekonstruiert werden, ob und wie sich der Umgang mit bestimmten theoretischen Grundlagen verändert hat. In der aktuellen Produktbeschreibung wird u.a. auf den Routine Activity Approach und Near Repeats verwiesen (*ShotSpotter*, A Citizen's Guide to ShotSpotter Connect, S. 1, 4 f., Archivlink abrufbar unter https://web.archive.org/web/20220901213111/https://www.shotspotter.com/wp-content/uploads/2021/03/ConnectCitizensGuide_v1_1.pdf (zuletzt abgerufen am 31.07.2023)). Ein Forscher, der mit Azavea zusammengearbeitet hat, meinte aber 2017, dass das System völlig ohne Hypothesen auskommt (*Shapiro*, Reform predictive policing. Nature 541 (2017), S. 458, 459), an anderer Stelle wird beschrieben, dass Near Repeat zwar mit zu den Grundlagen von HunchLab gehört, jedoch nur eine untergeordnete Rolle spielt (*Degeling/Berendt*, What is wrong about Robocops as consultants? A technology-centric critique of predictive policing. AI and Society 33 (3) 2018, S.347, 349).

59 *Chainey/Ratcliffe*, GIS and Crime Mapping 2005, S. 259.

60 *Benbouzid*, To predict and to manage. Predictive policing in the United States. Big Data & Society 6 (2019), S. 1.

Kern der Weiterentwicklung von der bloß deskriptiven Kriminalitätskartierung zum Predictive Policing ist, dass zur Verarbeitung polizeilicher (und sonstiger) Daten auf Grundlage der im vorherigen Kapitel genannten Theorien unterschiedliche mathematische Methoden angewandt werden. Im Fokus steht dabei die Hot-Spot-Analyse, relevant sind aber auch Data Mining, statistische Regression, Risk-Terrain-Analyse und ausschließlich auf Near Repeat beruhende Methoden. *Perry et al.* unterscheiden dabei zwischen vier verschiedenen, sich aber nicht genseitig ausschließenden und entsprechend nicht trennscharf voneinander abgrenzbaren Arten von Methoden:[61]

1. Klassische statistische Methoden, etwa Regressionsanalysen oder Anpassungen an Jahreszeiten;
2. simple Methoden, die nicht auf komplizierte Berechnungen oder große Datenmengen angewiesen sind, weil sie Informationen primär mit Checklisten und Tabellen abgleichen;
3. komplexe Applikationen, die mit innovativen Techniken und anspruchsvollen Computerberechnungen arbeiten sowie
4. maßgeschneiderte Methoden, bei denen bestehende Techniken modifiziert werden, um Kriminalitätsprognosen zu ermöglichen.

Im Folgenden sollen die wichtigsten technischen Analysemethoden kurz erörtert werden: Hot-Spot-Analyse, Regressionsmethoden und Risk-Terrain-Analysen.

2.1. Hot-Spot-Analyse

Die Hot-Spot-Analyse wird vor allem mit klassischen statistischen Methoden betrieben und gehört größtenteils zu der Kategorie von Prognosen, die bereits vor Beginn des digitalen Zeitalters angestellt wurden. Die theoretischen Grundlagen hierfür entstanden in den 1980er-Jahren mit dem Ziel, Kriminalitätsbekämpfung gestützt durch die Routine-Activity-Theorie betreiben zu können. So beobachteten Kriminologen in einer der ersten Studien dieser Richtung, dass 50 % aller Polizeirufe in der Stadt Minneapolis auf 3 % aller verzeichneten Adressen bezogen waren.[62] Mit der Annahme, dass sich vergangene Muster auch in Zukunft wiederholen werden, wird bei dieser Analysemethode geschlussfolgert, dass eine starke Polizeipräsenz in diesen Gegenden die Kriminalitätsrate deutlich reduzieren kann.

61 *Perry et al.*, Predictive Policing 2013, S. 18.

62 *Sherman/Gartin/Buerger*, Hot spots of predatory crime: Routine activities and the criminology of place, Criminology 27.1, 1989, S. 27.

Bei den Hot Spots handelt es sich um die Orte, an denen Kriminalität überdurchschnittlich oft auftritt – eine genaue Definition oder Bestimmung gibt es dabei nicht. Die Herausforderung, die mit durch Predictive Policing bewältigt werden soll, besteht darin, dass die als Hot Spots ausgemachten Räume für effektive Polizeiarbeit nicht beliebig groß sein können: Sind sie zu klein, schließen sie relevante Gebiete aus; sind sie zu groß und wird die Fläche im Verhältnis zu den begrenzten Ressourcen überdehnt, hat die Polizeipräsenz nicht mehr den gewünschten Effekt.[63]

Innerhalb der Hot-Spot-Analyse wird zwischen verschiedenen Arten der Darstellung unterschieden, die im Ergebnis jedoch recht ähnlich und vergleichbar komplex sind.[64] Am simpelsten sind dabei Karten, die einfach jede registrierte Straftat mit einem Punkt abbilden. Ebenfalls einfach zu berechnen und ressourcenschonend ist die Darstellung von Hot Spots als Ellipsen, was jedoch oft ungenau ist, weil Hot Spots regelmäßig nicht die Form von Ellipsen haben.[65]

In Amerika weit verbreitet ist zudem das *Grid Mapping*, bei dem ein engmaschiges Raster (engl. *grid*) über die zu untersuchende Stadt gelegt wird. Quadrate, in denen weit überdurchschnittlich viel Kriminalität registriert wird, werden z. B. abgestuft rot, orange oder gelb markiert.[66]

Komplexer ist dagegen die *Kernel Density Estimation* (KDE, „Kerneldichte-Schätzung"). KDE gilt als die zuverlässigste Methode zur Analyse von Hot Spots.[67] Dabei werden Kriminalitätsdaten auf eine Weise gesammelt, dass sie – etwa durch eine *Heat Map* – als Oberfläche die ganze Karte überlagern. Deshalb ist kein Rückgriff auf geometrische Formen wie Quadrate und Ellipsen nötig, die Kriminalitätsschwerpunkte sind in beliebiger Form und somit erheblich präziser darstellbar. Dabei besteht ein Unterschied zwischen *Single KDE* und *Double KDE*: Während es bei *Single KDE* nur eine einzige Variable gibt (die Kriminalitätsrate), wird bei *Double KDE* die Kriminalitätsrate im Verhältnis zur Bevölkerungsdichte gezeigt.[68]

Eine Hot-Spot-Analyse ist jedoch auch ohne statistische Berechnungen möglich. Z. B. gibt es Darstellungen, die nur mit Hilfe heuristischer Grundlagen

---

63 *Perry et al.*, Predictive Policing, 2013, S. 20.

64 Auf eine umfassende Darstellung wird an dieser Stelle verzichtet. Eine übersichtliche und ausführliche Darstellung der verschiedenen Methoden findet sich Z. B. bei *Hofmann*, Predictive Policing, 2020, S. 68 ff.

65 Zu sehen etwa bei *Perry et al.*, Predictive Policing, 2013, S. 22 f.

66 Zu sehen etwa bei *Perry et al.*, Predictive Policing, 2013, S. 21.

67 *Chainey/Thompson/Uhlig*, The utility of hotspot mapping for predicting spatial patterns of crime, 21 Security Journal 2008, S. 4 ff.

68 *Perry et al.*, Predictive Policing, 2013, S. 24.

arbeiten und anstelle der statistischen Methoden auf die Erfahrung der örtlichen Polizeibeamten setzen. Ihr Ziel ist primär, den Beamten ein präzises Lagebild zu verschaffen, aus dem sie ihre eigenen Schlüsse ziehen können. Auf diese Weise sehen sie insbesondere tages- und wochenbezogene Kriminalitätstrends. Zu den dabei angewandten Methoden gehört in diesem Fall etwa die eigenständige Bestimmung der Hot Spots durch die Polizeibeamten anhand einer Karte, die erfasste Straftaten nur als Punkte ausweist.[69]

2.2. Regressionsmethoden

Bei Regressionsmethoden werden Statistiken ausgewertet, um Zusammenhänge zwischen verschiedenen Variablen zu ermitteln. Simpelstes Beispiel ist der Versuch, einen linear verlaufenden Zusammenhang zwischen zwei oder mehreren Variablen zu ermitteln. Diese Methoden unterscheiden sich von der Hot-Spot-Analyse dadurch, dass sie neben den Kriminalitätsdaten auch auf eine Reihe polizeifremder Daten verschiedenster Art zurückgreifen. Gängige Beispiele für solche als Variablen verwendeten Daten sind die Anzahl der Wohnungen in der Gegend, der Wohnungsleerstand oder die Anzahl jüngst wegen Einbrüchen verurteilter und in der Gegend wohnhafter Täter.[70] Sie bieten so den Raum, z. B. die zahlreichen kriminologischen Theorien, welche Umgebungseffekten bei der Entstehung von Kriminalität Bedeutung zuschreiben, in die mathematischen Modelle einzubauen.

Bei diesen Methoden droht die Gefahr, alle Theorien in einen Eimer zu werfen und am Ende so viele Variablen zu kombinieren, dass alle brauchbaren Indizien in einem großen Datenrauschen untergehen. Aus verfassungsrechtlicher Perspektive beachtenswert ist, dass auf diese Art und Weise auch beim ortsbezogenen Predictive Policing personenbezogene Daten verwertet werden können – und so auch rein ortsbezogene Prognosen einen Eingriff in das informationelle Selbstbestimmungsrecht Betroffener darstellen können.[71]

2.3. Risk Terrain Analysis

Risk Terrain Analysis bezeichnet Methoden, bei denen im Gegensatz zu den bereits genannten Verfahren nicht vergangene Straftaten, sondern kriminalitätsfördernde Faktoren im Vordergrund stehen. Trotz dieser erheblichen methodischen

---

69 *Perry et al.*, Predictive Policing, 2013, S. 26 ff.

70 *Perry et al.*, Predictive Policing 2013, S. 29.

71 Zur ausführlichen Beschäftigung mit diesen Fragen aus verfassungsrechtlicher Perspektive siehe S. 90 ff.

Unterschiede wird auch hier eine Kriminalitätskartierung wie bei der Hot-Spot-Analyse erzeugt. Wie bei den meisten Analysemethoden gibt es erhebliche Unterschiede in Bezug auf den Komplexitätsgrad der auf diese Weise operierenden Anwendungen. So wurde beim intensiv aufgearbeiteten Pilotprojekt in Shreveport, Louisiana auf Risk Terrain Modelling (RTM) zurückgegriffen.[72] Hierbei wird primär versucht, mit statistischen Methoden zu ermitteln, wie kriminalitätsfördernd bestimmte geografische Objekte sind, um dann am Ende mithilfe mehrerer solcher Faktoren eine *Heat Map* zu erstellen.[73]

Die Entwickler solcher Systeme wollen auf diese Weise Hot Spots erkennen, bevor dort die ersten Straftaten begangen werden. In der Praxis sind diese kriminalitätsfördernden Orte jedoch oft schlicht Gegenden, in denen sich besonders viele Menschen aufhalten – die Aussagekraft der Prognose ist somit eingeschränkt und bringt in dieser Hinsicht wenig Mehrwert.[74]

3. Bisherige Untersuchungen zur Wirksamkeit der Anwendungen

Zentrale Schwierigkeit der Beurteilung von ortsbezogenem Predictive Policing ist, dass – im Grunde wie auch bei analoger Polizeiarbeit – kaum evaluierbar ist, ob die Prognose tatsächlich zutreffend ist. Eine Untersuchung läuft darauf hinaus, zu messen, ob etwas nicht stattgefunden hat bzw. durch Prävention im Ansatz verhindert wurde, und versucht für dieses Ausbleiben eine Kausalität herzustellen. Der Beweis dafür, warum etwas nicht passiert ist, kann jedoch nie zweifelsfrei erbracht werden. Dabei handelt es sich jedoch keineswegs um ein auf die Kriminologie beschränktes Problem: In der klinischen Forschung, in der ebenfalls nicht gemessen werden kann, ob eine Krankheit ohne das verabreichte Medikament bzw. die Impfung anders verlaufen wäre, gilt das Verfahren der randomisierten kontrollierten Studie inzwischen als Goldstandard. Hierbei wird eine Gruppe auf die zu untersuchende Art und Weise behandelt, während die andere Gruppe (bzw. Gruppen) ein Placebo bekommt oder anders behandelt wird.[75] Auch bei der Evaluation der Kriminalprävention gelten randomisiert kontrollierte Studien als

72 *Hunt/Saunders/Hollywood*, Evaluation of the Shreveport Predictive Policing Experiment 2014, S. 9.

73 Ausführlich bei *Caplan/Kennedy (Hrsg.)*, Risk Terrain Modeling Compendium, 2011.

74 *Perry et al.*, Predictive Policing, 2013, S. 54 f.

75 Übersichtsdarstellung bei *Kabisch et al.*, Randomisierte kontrollierte Studien. Deutsches Ärzteblatt 2011, Heft 39, S. 663.

zuverlässigste Methoden.[76] Bisherige wissenschaftliche Evaluationen ortsbezogenen Predictive Policings wurden überwiegend auf diese Art und Weise durchgeführt, stoßen auf weitere Grenzen, die in der Medizin so nicht vorkommen. Der Vergleich mit Kriminalitätsdaten aus der Vergangenheit oder aus der Umgebung als Kontrollgruppen ist schwierig, weil diese Schwankungen unterliegen bzw. durch weitere präventiv wirkende Maßnahmen beeinträchtigt werden können. Somit ist es immer notwendig, mehrere Kontrollgruppen heranzuziehen.[77] Damit ist festzuhalten: Wenn eine Straftat ausbleibt, kann selbst mit hoch aufwändigen Evaluationsmethoden nur ungenau ermittelt werden, ob hierfür die Prognose oder andere Faktoren ursächlich waren.

Die bislang meistrezipierte amerikanische Studie zu diesem Thema ist das 2012 in Shreveport, Louisiana durchgeführte „Shreveport Police Experiment“. Eine statistisch signifikante Reduktion von Wohnungseinbruchsdiebstählen konnte nicht festgestellt werden, die Autoren gestanden auch eine geringe Aussagekraft ihrer Studie ein.[78] Dies machten sie an mehreren Faktoren fest: So war der Zeitraum des Pilotprojekts (sieben Monate) für eine ausführliche Evaluation zu kurz und nur wenige Polizeidistrikte der Stadt nahmen daran teil. Zudem waren die generierten Daten ungenau, da in manchen Distrikten nicht ausreichend Kapazitäten vorhanden waren, um das Programm in dem für einen sachgemäßen Betrieb notwendigen Maß aufrechtzuerhalten.

Maßgeblich in Deutschland ist in dieser Hinsicht die Evaluation des Max-Planck-Instituts Freiburg zum Pilotprojekt von PRECOBS in Baden-Württemberg. Die Ergebnisse und die damit verbundenen Probleme sind nahezu identisch mit denen des Shreveport Police Experiments: Es ist trotz positiver Anzeichen schwer zu sagen, ob Predictive Policing zur Reduzierung der Zahl von Wohnungseinbrüchen beitragen kann.[79] Auch hier war durch die noch kürzere Projektdauer von 6 Monaten und die Beschränkung auf die Polizeipräsidien Karlsruhe und

---

76 *Weisburd/Hinkle*, Die Bedeutung von randomisierten Experimenten bei der Evaluation von Kriminalprävention, in: *Walsh/Pniewski/Kober/Armborst* (Hrsg.) Evidenzorientierte Kriminalprävention in Deutschland, 2018, S. 289–312.

77 *Gerstner*, Predictive Policing als Instrument zur Prävention von Wohnungseinbruchdiebstahl – Evaluationsergebnisse zum Baden-Württembergischen Pilotprojekt P4 2017, S. 6.

78 *Hunt/Saunders/Hollywood*, Evaluation of the Shreveport Predictive Policing Experiment 2014, S. 49 f.

79 *Gerstner*, Predictive Policing als Instrument zur Prävention von Wohnungseinbruchdiebstahl – Evaluationsergebnisse zum Baden-Württembergischen Pilotprojekt P4 2017, S. 85.

Stuttgart die Aussagekraft der Studie beschränkt, weshalb nicht klar gesagt werden kann, ob für Veränderungen die Software, andere polizeiliche Maßnahmen oder davon unabhängige zufällige Schwankungen ausschlaggebend waren. Der Autor schlussfolgert aus den Daten, dass die Effekte von PRECOBS nur im moderaten Bereich liegen dürften und keine signifikante Reduktion der Fallzahlen allein hierdurch zu erreichen ist.[80]

Die vom LKA Nordrhein-Westfalen und der Bremer Gesellschaft für innovative Sozialforschung und Sozialplanung (GISS) durchgeführte Evaluation des nordrhein-westfälischen Pilotprojekts SKALA kam trotz einer erheblich längeren Dauer (je nach Kreispolizeibehörde zwischen 11 und 29 Monaten) ebenfalls zu dem Ergebnis, dass der Evaluationszeitraum für belastbare statistische Ergebnisse zu kurz war.[81]

Erwähnenswert sind an dieser Stelle auch die praktischen Probleme, die die Forscher des LKA Niedersachsen im Kontext der Evaluation ihres Systems PreMAP schildern: Die Mehrheit der von ihnen befragten Polizeibeamten nutzten die Software nicht.[82] Sie mussten feststellen, dass nur einzelne Polizeibeamte mit der Anwendung arbeiteten, besonders intensiv während der Einbruchshochzeit im Winter – ganz anders, als es für das Projekt geplant war. Die Risikogebiete wurden nur zu Beginn der Pilotphase während der Briefings des Streifendienstes kommuniziert und danach weitgehend ignoriert. Die befragten Polizeibeamten sahen nicht nur geringe Kapazitäten für die vorgesehenen Streifenfahrten, sondern bezweifelten auch die Wirksamkeit der Bestreifung an sich. Hieraus schlossen die Forscher, dass der Gedanke der Prävention noch keine wesentliche Rolle im polizeilichen Selbstverständnis spielt und dort erst etabliert werden muss.[83]

Neben diesen Evaluationen resümiert ein umfangreicher Forschungsbericht des LKA Hamburg, der kein Pilotprojekt evaluiert, mit sehr ähnlichen Unsicherheiten. In dem Bericht wird sogar infrage gestellt, ob das Near-Repeat-Phänomen auf die Stadt Hamburg anwendbar ist.[84] Problematisiert wird vor allem, dass die Erkenntnisse über Täter und deren Verhalten für gute Prognosen zu gering sind, da die Aufklärungsquote niedrig ist und insbesondere die gewonnenen

80 Ebd.

81 *Landeskriminalamt NRW,* Kooperative Evaluation des Projektes SKALA 2018, S. 137.

82 *Gluba et al.*, Lagedaten, Datenlage, Prognoseansätze. Perspektiven des „Predictive Policing“ in Niedersachsen. SIAK-Journal 2/2020, S. 39 f.

83 Ebd.

84 *Hauber/Jarchow/Rabitz-Suhr*, PrädiktionsPotential schwere Einbruchskriminalität – Ergebnisse einer wissenschaftlichen Befassung mit Predictive Policing, 2019, S. 367 ff.

Erkenntnisse nicht ausreichend strukturiert in die polizeilichen Datenbanken eingetragen werden.[85]

Aus einer Gesamtschau der Berichte kann somit geschlussfolgert werden, dass ortsbezogenes Predictive Policing keine deutliche Reduzierung der Fallzahlen bewirkt. Dabei gibt es zwar keine Erkenntnisse, dass es in der bisherigen Form völlig unwirksam ist – wissenschaftlich gesicherte Erkenntnisse, dass es funktioniert, jedoch auch nicht.

4. Bestandsaufnahme in Deutschland

Nach Pilotprojekten in zahlreichen Bundesländern befinden sich ortsbezogene Predictive Policing-Systeme in einigen Ländern im Dauerbetrieb, in anderen wurden sie bereits wieder eingestellt. Die Pilotprojekte starteten alle in den Jahren 2015/16 und arbeiten überwiegend mit Near Repeats als theoretischer Grundlage. Erhebliche für die Bestandsaufnahme relevante Unterschiede bestehen vor allem in der Art und Weise, wie die Länder den Einsatz ihrer Systeme öffentlich kommunizieren. Während es etwa aus Niedersachsen, Nordrhein-Westfalen und Baden-Württemberg ausführliche wissenschaftliche Berichte über den Einsatz gibt, beschränken sich die Behörden in Berlin und Hessen auf wenige Pressemitteilungen, auch bei Presseanfragen und parlamentarischen Anfragen geben sie sich bedeckt.

4.1. PRECOBS

Pionier des Predictive Policing in Deutschland ist das Institut für musterbasierte Prognosetechnik (IfmP) mit dem Programm PRECOBS (für Pre Crime Observation System). PRECOBS arbeitet primär, aber nicht ausschließlich auf Grundlage des Near Repeat-Phänomens, personenbezogene Daten werden grundsätzlich nicht verarbeitet.[86] Eingesetzt wird das System primär für Wohnungseinbruchsdiebstähle, vereinzelt aber auch für Einbruchsdiebstähle aus Pkw.[87]

Die Software identifiziert über einen Filter Merkmale, die als Trigger oder Antitrigger gelten, also für oder gegen die Prognose eines Wiederholungsdelikts sprechen. Merkmale sind z. B. Tatzeit, Beute und Vorgehensweise der Täter. Delikte, die als Antitrigger herausgefiltert werden, sind z. B. Beziehungstaten. So sollen

85 Ebd.

86 *Schweer*, „Vor dem Täter am Tatort" – Musterbasierte Tatortvorhersagen am Beispiel des Wohnungseinbruchs, Die Kriminalpolizei 1/2015, S. 13 ff.

87 *Thüne*, Predictive Policing, 2020, S. 99.

nur potentielle Wiederholungsdelikte angezeigt werden. Liegen die Trigger vor und sind keine Antitrigger erfasst, wird ein Alarm ausgelöst.[88]

PRECOBS gehört somit zu den transparentesten Predictive Policing-Systemen auf dem Markt und hat einen verhältnismäßig geringen Komplexitätsgrad. Es macht im Grunde die gleiche Arbeit, die Polizeibeamte (bzw. die Einsatzleitung) im Streifendienst auch machen würden – nur eben schneller. Pilotprojekte liefen hier in Baden-Württemberg, Bayern und Sachsen sowie in mehreren Schweizer Kantonen. In den Metropolregionen München und Nürnberg wurde PRECOBS seit 2015 im Dauerbetrieb eingesetzt, jedoch 2021 aufgrund des starken Rückgangs von Wohnungseinbruchsdiebstählen und der damit verbundenen Verschlechterung der Prognosequalität wieder eingestellt.[89] In Baden-Württemberg entschied sich der Innenminister nach den als enttäuschend wahrgenommenen Ergebnissen des Pilotbetriebs im September 2019 gegen den Einsatz im Dauerbetrieb.[90] Darüber, ob PRECOBS in Sachsen nach dem Pilotprojekt fortgeführt wurde, gibt es keine Informationen; eine entsprechende Anfrage des Autors an das LKA Sachsen blieb unbeantwortet.

4.2. SKALA

SKALA („System zur Kriminalitätsauswertung und Lageantizipation“) wurde 2015 vom Landeskriminalamt NRW eigenständig entwickelt, 2018 in den Regelbetrieb überführt und ist seit Anfang 2021 in Nordrhein-Westfalen flächendeckend verfügbar.[91] Anfangs allein für Wohnungseinbruchsdiebstähle getestet,

---

88 Ausführlichere Darstellungen finden sich u.a. bei *Schweer*, „Vor dem Täter am Tatort“ – Musterbasierte Tatortvorhersagen am Beispiel des Wohnungseinbruchs, Die Kriminalpolizei 1/2015. S. 13 ff.; *Gerstner*, Predictive Policing als Instrument zur Prävention von Wohnungseinbruchdiebstahl – Evaluationsergebnisse zum Baden-Württembergischen Pilotprojekt P4 2017, S. 19 ff. und *Thüne*, Predictive Policing 2020, S. 95 ff.

89 *Bayerisches Landeskriminalamt*, Predictive Policing bei der bayerischen Polizei, Pressemitteilung vom 27.10.2021, https://www.polizei.bayern.de/aktuelles/pressemitteilungen/018804/index.html (zuletzt abgerufen am 31.07.2023).

90 *Mayer*, Strobl entscheidet sich gegen Precobs, StN.de vom 03.09.2019, abrufbar unter https://www.stuttgarter-nachrichten.de/inhalt.aus-fuer-die-einbruchvorhersage-software-strobl-entscheidet-sich-gegen-precobs.19a18735-9c8f-4f1a-bf1b-80b6a3ad0142.html (zuletzt abgerufen am 31.07.2023).

91 *Landeskriminalamt NRW*, SKALA: Ab 2021 in ganz NRW verfügbar, https://lka.polizei.nrw/artikel/skala-ab-2021-in-ganz-nrw-verfuegbar (zuletzt abgerufen am 31.07.2023).

wird es jetzt auch für Einbruchsdiebstahl aus Gewerbeobjekten und Kraftfahrzeugdelikte eingesetzt.[92]

Das System ist wesentlich komplexer als PRECOBS, was sich im Wesentlichen in zwei Aspekten widerspiegelt: Zum einen ist die theoretische Grundlage wesentlich breiter. Neben Near Repeat wird hier auf eine ganze Reihe kriminologischer Theorien Bezug genommen und in Konsequenz auf eine ganze Reihe von polizeiexternen Datensätzen zurückgegriffen. Zu diesen „soziostrukturellen Daten" gehören z. B. die Zahl der PKW-Neuzulassungen in der Gemeinde, die Kaufkraft oder Arbeitslosenquote im Wohnquartier, die Entfernung eines Straßenabschnitts zur Bundesstraße und die Affinität seiner Bewohner für Urlaubsreisen sowie die Wohnungsgrößen von Gebäuden. Sämtliche Daten stehen nicht individualisiert, sondern aggregiert zur Verfügung.[93]

Der andere wesentliche Unterschied besteht darin, dass die Prognose nicht nach einem simplen heuristischen Trigger-Schema wie bei PRECOBS erstellt wird, sondern die Daten von einem wesentlich komplexeren Algorithmus verarbeitet werden. Technische Grundlage sind Entscheidungsbaummodelle, insbesondere CART- und CHAID-Algorithmen.[94] Gegenüber vielen anderen Arten komplexer Algorithmen haben diese den Vorteil, dass sie aus technischer Perspektive transparent darstellbar sind, es sich also nicht um eine „Black Box" wie im Machine Learning handelt. Insbesondere aufgrund der Heranziehung einer ganzen Reihe unterschiedlicher kriminologischer Theorien ist die Entscheidungsfindung der Anwendung zwar technisch nachvollziehbar, bedingt durch die Komplexität jedoch weitaus weniger transparent als dies z. B. bei PRECOBS der Fall ist.[95] In der Pilotphase anfangs getestet wurden auch weniger nachvollziehbare Modelle wie die logische Regression, Adaptive Boosting und künstliche neuronale Netze. Aufgrund der geringeren Transparenz bei vergleichbarer Performance wurde auf solche Algorithmen jedoch verzichtet.[96]

---

92 *Landeskriminalamt NRW*, Abschlussbericht Projekt SKALA 2018. S. 12; *dies.* Projekt SKALA – Evaluation, 30.07.2019, https://lka.polizei.nrw/artikel/projekt-skala-evaluation (zuletzt abgerufen am 31.07.2023).

93 *Landeskriminalamt NRW*, Abschlussbericht Projekt SKALA 2018, S. 56. Die verfassungsrechtliche Relevanz dieser Art der Datenverarbeitung wird in dieser Arbeit ab S. 91 f. vertieft untersucht.

94 *Landeskriminalamt NRW*, Abschlussbericht Projekt SKALA 2018, S. 52 ff.

95 Eine weitere Ausdifferenzierung des Transparenzbegriffs erfolgt in dieser Arbeit auf S. 98 ff..

96 *Landeskriminalamt NRW*, Abschlussbericht Projekt SKALA 2018, S. 54.

Auf Grundlage der zahlreichen kriminologischen Theorien werden Hypothesen aufgestellt (etwa: „Fahren mehr Bewohner in den Urlaub, steigt die Wahrscheinlichkeit von Wohnungseinbruchsdiebstählen"). Der Algorithmus generiert dann mit Hilfe der polizeilichen und soziostrukturellen Daten eine Prognose, wie hoch die Wahrscheinlichkeit von Kriminalität in bestimmten Gegenden ist – was wiederum grafisch dargestellt werden kann (etwa durch eine Heatmap).

4.3. PreMAP

Das LKA Niedersachsen begann 2016 mit dem Projekt PreMAP („Predictive Mobile Analytics for Police"). Methodisch ähnelt es sehr stark dem Pionier PRECOBS: Theoretische Grundlage ist in erster Linie Near Repeat, Prognosealarme werden durch das Vorliegen von Triggern und das Fehlen von Antitriggern ausgelöst.[97] PreMAP unterscheidet sich von PRECOBS vor allem durch einen etwas höheren Automatisierungsgrad: Während bei PRECOBS immer noch ein Mensch den Risikoscore begutachtet und darauf die Risikogebiete ausweist, wird diese Arbeit bei PreMAP von dem System selbst übernommen – es prognostiziert die Risikogebiete automatisch.[98]

PreMAP wurde zunächst alleinig im Bereich des Wohnungseinbruchsdiebstahls eingesetzt, verarbeitet werden ausschließlich bereits vorhandene und nicht personenbezogene polizeilich erhobene Daten.[99] In der ersten Evaluation kam das LKA zu dem Ergebnis, dass die konkreten Prognosen teilweise völlig unbrauchbar waren, zwischenzeitlich wurde nach 50 % aller Wohnungseinbrüche ein Risikogebiet ausgewiesen.[100] Daraufhin wurde die Pilotierung im November 2018 deutlich erweitert, es sollten weitere Deliktsbereiche einbezogen sowie die Prognose auf ein breiteres Fundament gestellt werden. Die Evaluation der erweiterten Pilotierung, die neben dem Wohnungseinbruchsdiebstahl auch schweren Diebstahl aus Nichtwohnungen (ohne Ladendiebstahl) und Diebstähle in, aus und von Kraftfahrzeugen umfasste, kam zu einem vergleichbar ernüchternden Ergebnis: Die Rate der falsch positiven Prognosen, die Kapazitäten forderten, war zu hoch

---

97 *Landeskriminalamt Niedersachsen*, PreMAP – Predictive Policing in Niedersachsen 2018, S. 8 ff.

98 *Thüne*, Predictive Policing 2020, S. 108.

99 *Thüne*, Predictive Policing 2020, S. 109.

100 *Landeskriminalamt Niedersachsen*, PreMAP – Predictive Policing in Niedersachsen 2018, S. 48 f.

und der Erfolg nicht quantifizierbar.[101] Der Empfehlung des Abschlussberichts folgend wurde PreMAP im Oktober 2021 per Erlass eingestellt.[102]

4.4. KrimPro

Das System KrimPro („**Krim**inalitäts**prog**nose") wurde in Berlin 2016 zum ersten Mal eingesetzt. Die offizielle Kommunikation der Polizei Berlin hierüber beschränkt sich weitestgehend auf vereinzelte Pressemitteilungen, weshalb sich die Methodik und der Stand der Entwicklung nicht vollumfänglich rekonstruieren lässt.

Weitestgehend werden für die Prognose Daten aus dem Polizeilichen Vorgangsbearbeitungssystem verarbeitet, genutzt werden aber auch „frei zugängliche infrastrukturelle und demografische Daten des Amtes für Statistik Berlin-Brandenburg".[103] Auf welchen theoretischen Grundlagen die Prognose fußt, ist nicht öffentlich. Die Nutzung demografischer Daten bedeutet jedoch zwangsläufig, dass das System nicht allein mit Near Repeat arbeitet. Die Prognosen von KrimPro werden auch mit Hilfe von Data Mining durchgeführt, auch hier sind jedoch keine Details öffentlich bekannt.[104]

Letzter offizieller Stand ist, dass das System nur für den Wohnungseinbruchdiebstahl eingesetzt wird, eine Erweiterung um weitere Deliktsbereiche aber geprüft wird. Personenbezogene Daten sollen jedoch auch dafür nicht verwendet werden.[105] Es gibt seit 2019 keine öffentlich verfügbaren Informationen mehr zum System, entsprechend ist unklar, ob es noch verwendet wird.

4.5. KLB-operativ

Die hessische Polizei begann 2015 mit der Erprobung ihrer Eigenentwicklung KLB-operativ („Kriminalitätslagebild").[106] Wie in Berlin hält sich die hessische

---

101 *Landeskriminalamt Niedersachsen,* PreMAP – Prüfung einer Erweiterung und Modifizierung des Prognoseansatzes, 2021, S. 55 f.

102 *Polizei Niedersachsen,* https://www.lka.polizei-nds.de/startseite/kriminalitaet/forschung/premap/predictive-policing-in-niedersachsen--das-projekt-premap-114083.html (zuletzt abgerufen am 31.07.2023).

103 AH-Drs. 18/17562, S. 3.

104 AH-Drs. 18/17562, S. 2.

105 AH-Drs. 18/17562, S. 4.

106 Pressemitteilung Nr. 177 des hessischen Innenministeriums vom 20.07.2016, Archivlink abrufbar unter https://web.archive.org/web/20200927015658/https://www.hessen.de/pressearchiv/pressemitteilung/innenminister-peter-beuth-stellt-prognose-software-klb-operativ-vor (zuletzt abgerufen am 31.07.2023).

Polizei jedoch mit Informationen über ihr Programm ausgesprochen bedeckt, relevanteste Informationen bieten auch hier vor allem vereinzelte Pressemitteilungen. Offizielle Angaben über den technischen Hintergrund des Systems gibt es nicht, nach den rudimentären Presseinformationen sollen mit KLB-operativ Tatmuster erkannt werden, „die auf professionelle, gezielt und planvoll vorgehende Serientäter schließen lassen".[107] Dies lässt vermuten, dass primär ein Near Repeat-Ansatz verfolgt wird. In neueren Pressemitteilungen zum Einbruchsdiebstahl, in denen die Anwendung in einzelnen Absätzen erwähnt wird, schreibt man ihr die Fähigkeit zu, „Verhaltensmuster von sogenannten reisenden Tätern" erkennen zu können.[108] Der Einsatz läuft seit 2017 landesweit und ist bislang ausschließlich auf den Wohnungseinbruchsdiebstahl beschränkt.[109]

4.6. ELSA

Abschließend zu erwähnen ist das völlig aus dieser Reihe fallende und vom BKA entworfene Programm ELSA (für „evidenzbasierte lokale Sicherheitsanalysen"). Bei ELSA handelt es sich nicht um ein ortsbezogenes Predictive Policing-System wie die eben beschriebenen Systeme, aber dennoch um ein Prognosesystem mit einem gewissen Automatisierungsgrad. Die Prognosen von ELSA sind nicht operativer, sondern strategischer Natur, und sollen Probleme in Bezug auf die Sicherheitslage in migrantisch geprägten Quartieren identifizieren.[110] Einen Zusammenhang zwischen ethnischer Segregation und Kriminalität wollen die Projektverantwortlichen zwar nicht herstellen, jedoch zwischen der sich damit

---

107 Pressemitteilung Nr. 270 des hessischen Innenministeriums vom 30.10.2017, S. 2. Die Pressemitteilung ist im Internet nicht mehr verfügbar und wurde nicht archiviert, ist auf Anfrage jedoch noch beim hessischen Innenministerium erhältlich.

108 Als wortgleiche Floskel etwa in *Hessisches Innenministerium*, Schwerpunkt-Fahndungsaktion: 564 festgestellte Straftaten und 84 Festnahmen, Pressemitteilung vom 25.11.2021, abrufbar unter https://innen.hessen.de/Presse/Schwerpunkt-Fahndungsaktion-564-festgestellte-Straftaten-und-84-Festnahmen (zuletzt abgerufen am 31.07.2023) sowie *dies.*, Polizei intensiviert Maßnahmen und sensibilisiert Bürgerinnen und Bürger, Pressemitteilung vom 28.10.2022, abrufbar unter https://hessen.de/presse/polizei-intensiviert-massnahmen-und-sensibilisiert-buergerinnen-und-buerger (zuletzt abgerufen am 31.07.2023).

109 Pressemitteilung Nr. 270 des hessischen Innenministeriums vom 30.10.2017, S. 1.

110 Überblick zunächst auf der Webseite des *Bundeskriminalamts*, Forschungsprojekte zu Organisierter Kriminalität und Wirtschaftskriminalität, abrufbar unter https://www.bka.de/DE/UnsereAufgaben/Forschung/ForschungsprojekteUndErgebnisse/OrganisierteKriminalitaetWirtschaftskriminalitaet/ok_wikri_node.html (zuletzt abgerufen am 31.07.2023).

regelmäßig überlappenden „sozio-ökonomischen residentiellen Segregation“.[111] Zur Bestandsaufnahme werden dabei Aspekte wie die Kriminalität, Behördenkooperation, Demografie, Bebauung und „Ordnung“ betrachtet.[112] Besorgniserregend ist, dass für letzteren Aspekt vor allem auf die „Broken Windows“-Theorie abgestellt wird; letztere werden auch unter dem Aspekt Bebauung sog. „Problemimmobilien“ herangezogen (dabei handelt es sich vor allem um verwahrloste und überbelegte Mietwohnungen).[113] Datengrundlage sind statistische Daten aus Polizei- und Behördendatensätzen sowie Ergebnisse von Befragungen diverser Behördenmitarbeiter.[114] Herzstück ist ein über Microsoft Excel betriebenes „Analysemodell“, welches die Ergebnisse der Module automatisiert verarbeitet und auswertet.[115] Das Ergebnis soll dem Monitoring dienen und als unterstützende Grundlage für die Wahl und Priorisierung von Maßnahmen durch Polizei, Politik und Verwaltung herangezogen werden.[116]

Neben zahlreichen bereits diskutierten Negativbeispielen sticht ELSA dadurch hervor, dass die Funktionsweise der Anwendung für die Öffentlichkeit transparent ist: Nicht nur das Handbuch zur Nutzung, sondern auch die Excel-Tabelle für das teilautomatisierte Analysemodell sind öffentlich zugänglich.[117]

Aufgrund der erheblichen Unterschiede zwischen ELSA und dem klassischen ortsbezogenen Predictive Policing wird in dieser Arbeit keine weitere kriminologische und verfassungsrechtliche Einordnung des Projekts vorgenommen. Die Versuche mit ELSA sind vor allem ein wichtiges Zeichen: Sie zeigen, dass automationsgestützte ortsbezogene Prognosen in Deutschland weiterhin entwickelt werden und dabei auch neue Wege abseits des klassischen Ansatzes ausprobiert werden. Bemerkenswert und besorgniserregend zugleich ist unter diesem

111 *Bundeskriminalamt*, Handbuch für evidenzbasierte lokale Sicherheitsanalysen in migrantisch geprägten Quartieren, Version 1.1, S. 9 f., abrufbar unter https://www.bka.de/SharedDocs/Downloads/DE/UnsereAufgaben/Ermittlungsunterstuetzung/Forschung/ForschungsErgebnisseWiKri/migsst_HandbuchSicherheitsanalysen.pdf?__blob=publicationFile&v=3 (zuletzt abgerufen am 31.07.2023);

112 Vgl. etwa *Ebd.*, S. 23.

113 *Ebd.*, S. 28, 30.

114 *Ebd.*, S. 35.

115 *Ebd.*, S. 41.

116 *Ebd.*, S. 42.

117 *Ebd.*; *Dies.*, Analysemodell für die Sicherheitslage in migrantisch geprägten Quartieren, abrufbar unter https://www.bka.de/SharedDocs/Downloads/DE/UnsereAufgaben/Ermittlungsunterstuetzung/Forschung/ForschungsErgebnisseWiKri/migsst_Analysemodell.xlsx?__blob=publicationFile&v=4 (zuletzt abgerufen am 31.07.2023).

Hintergrund, dass der Einführung von ELSA fast keine überregionale Medienaufmerksamkeit zukam.[118]

4.7. Ausblick für Deutschland

Jenseits der vorgestellten Programme scheint in den sonstigen Bundesländern derzeit kein Einsatz von ortsbezogenem Predictive Policing geplant zu sein. Brandenburg führte 2015 – 2017 mehrere Machbarkeitsstudien durch, seit 2018 haben sich jedoch weder Innenministerium noch Polizei hierzu geäußert – die Pläne liegen also entweder auf Eis oder wurden eingestellt.[119] Ähnlich ist die Lage in Schleswig-Holstein, wo 2016 ein Forschungsprojekt in Kooperation mit der Fachhochschule Kiel geplant war, seitdem aber keine Informationen hierzu herausgegeben wurden.[120]

Der Bremer Senat hat trotz jahrelangen Drucks von Seiten der CDU keine Pläne zur Einführung ortsbezogenen Predictive Policings.[121] Auch in Thüringen[122], Mecklenburg-Vorpommern[123] und Rheinland-Pfalz[124] gibt es keine Pläne, aus dem Saarland und aus Sachsen-Anhalt liegen keine Berichte vor. Das LKA Hamburg hat sich nach Durchführung der bislang umfangreichsten in Deutschland durchgeführten Studie zu ortsbezogenem Predictive Policing ebenfalls gegen den Einsatz entschieden.[125]

Insgesamt scheint das große Interesse der Behörden in den Jahren 2015/16 inzwischen stark abgeklungen zu sein. Die Länder ziehen aus den wenig aussagekräftigen Forschungsergebnissen sehr unterschiedliche Schlüsse – Baden-Württemberg

---

118 Auf nationaler Ebene fast nur der umfangreiche und kritisch beleuchtende Artikel von *Voregger*, Gelsenkirchen testet Frühwarnsystem für Sicherheit und Ordnung, netzpolitik.org vom 02.08.2022, abrufbar unter https://netzpolitik.org/2022/bka-pilotprojekt-gelsenkirchen-testet-fruehwarnsystem-fuer-sicherheit-und-ordnung/#netzpolitik-pw (zuletzt abgerufen am 31.07.2023); regional etwa Bericht des *WDR* vom 07.11.2022, Kriminalität verhindern, bevor sie passiert: Frühwarnsystem nutzt Daten in Gelsenkirchen, abrufbar unter https://www1.wdr.de/nachrichten/ruhrgebiet/gelsenkirchen-sucht-mit-fruehwarnsystem-nach-missstaenden-100.html (zuletzt abgerufen am 31.07.2023).

119 BBLT-Drs. 6/4783, 6/7985.

120 SHLT-Drs. 18/4416.

121 BB-Drs. 20/1074, S. 5.

122 THLT-Drs. 7/1758.

123 MVLT-Drs. 7/3885.

124 RPLT-Drs. 17/3568.

125 *Hauber/Jarchow/Rabitz-Suhr*, PrädiktionsPotential schwere Einbruchskriminalität – Ergebnisse einer wissenschaftlichen Befassung mit Predictive Policing 2019.

und Niedersachsen haben den Einsatz nach Ende des Pilotprojekts nicht fortgesetzt, auch Bayern hat den Einsatz inzwischen wegen mangelnder Effektivität eingestellt. Ortsbezogenes Predictive Policing in Deutschland ist damit jedoch noch lange nicht am Ende. Drei Bundesländer (Nordrhein-Westfalen, Hessen und Berlin) sind inzwischen in den Dauerbetrieb eingestiegen, das LKA NRW erprobt den Einsatz von SKALA für andere Deliktsarten und das BKA zeigt mit ELSA, dass automatisierte Prognosen auch auf neuen Wegen in Deutschland ausprobiert werden.

5. Internationaler Ausblick

Eine ausführliche internationale Bestandsaufnahme geht an der in dieser Arbeit gestellten Forschungsfrage vorbei, daher werden hier nur Aspekte betrachtet, die den in Deutschland erprobten Rahmen übersteigen, aber für mögliche rechtliche Fragestellungen interessante Einblicke ermöglichen.

Beim Blick in die Vereinigten Staaten, wo die wesentliche Pionierarbeit des Predictive Policing geleistet wird, fällt zunächst auf, dass die in Deutschland bisher gelebte strikte Beschränkung auf Wohnungseinbruchsdiebstähle dort nicht üblich ist. Das Unternehmen Geolitica (ehemals PredPol) will mit seinem weitverbreiteten System Kriminalität generell reduzieren können. Im Fokus stehen dabei neben diversen Formen von Diebstahl insbesondere Raub und Köperverletzungsdelikte.[126] Die zweite Marktgröße ShotSpotter Connect (ehemals HunchLab) legt ihren Fokus neben diesen Delikten auch auf Schusswaffen- und Tötungsdelikte sowie Sachbeschädigungen.[127] Beide verwenden keine personenbezogenen Daten. Während PredPol ausschließlich Kriminalitätsdaten verwendet, setzt ShotSpotter auch auf Volkszählungsdaten und geografische Informationen wie z. B. die lokale Kneipendichte.[128]

Gleichzeitig scheint auch in den USA die erste Welle der Begeisterung nachgelassen zu haben. Die kalifornische Stadt Santa Cruz, die 2011 zu den ersten gehörte, die Predictive Policing einsetzten, stellte den Einsatz 2017 wieder ein und erließ 2020 als erste amerikanische Stadt sogar ein Verbot von Predictive Policing.[129] Grund dafür war der Eindruck, dass Racial Profiling und aus vergleichbaren

---

126 *Geolitica*, ROI on PredPol White Paper, S. 3.

127 *ShotSpotter*, ShotSpotter Connect Product FAQ 2021, S. 1, abrufbar unter https://www.shotspotter.com/wp-content/uploads/2021/01/Connect-FAQ-1-2021.pdf (zuletzt abgerufen am 31.07.2023).

128 Ebd.

129 *Uberti*, California City bans Predictive Policing, WSJ.com vom 25.06.2020, abrufbar unter https://www.wsj.com/articles/california-city-bans-predictive-policing-11593077400 (zuletzt abgerufen am 31.07.2023).

Umständen herrührende Konflikte zwischen Polizei und Stadtbevölkerung durch die Software verstärkt würden. Auch das Los Angeles Police Department, welches an der Entwicklung von Predictive Policing als Konzept maßgeblich beteiligt war, stellte sein Programm im April 2020 ein – nach offizieller Darstellung jedoch aus durch die COVID-19-Pandemie bedingten finanziellen Gründen und nicht aufgrund von Zweifeln an der Wirksamkeit des Systems.[130]

Jenseits der Vereinigten Staaten ist eine Bestandsaufnahme durch die erheblich schlechtere Quellenlage – nicht nur aufgrund fehlender englischsprachiger Quellen – nur sehr eingeschränkt möglich. Über die geplante Einführung eines ortsbezogenen Predictive Policing-Systems in Indien, das neben den üblichen Delikten sogar Prognosen zu Terroranschlägen und Angriffen maoistischer Guerillas machen soll und dafür relativ viele soziologische Daten verarbeiten will, wurde in der indischen Presse ausführlich berichtet.[131] Weitere öffentlich zugängliche Informationen wurden jedoch nicht herausgegeben. Ähnlich ist die Situation in Japan, wo ein System mit Deep Learning-Algorithmen auch Daten aus sozialen Medien verarbeiten soll.[132] Jenseits von Europa und Nordamerika scheint ortsbezogenes Predictive Policing kaum verbreitet zu sein.

6. Fazit

Es gibt viele Wege und Grundlagen, um ortsbezogenes Predictive Policing technisch umzusetzen. Das theoretische Fundament der Anwendungen ist unterschiedlich solide, im Zentrum steht in der Regel jedoch der weitestgehend als empirisch verifiziert angesehene Near Repeat-Ansatz.

Die ursprüngliche Begeisterung, die in den USA der frühen 2010er Jahre und in Deutschland um 2015/16 in den Polizeibehörden für die Systeme wahrnehmbar war, scheint weitestgehend verstummt zu sein. Wesentliche Weiterentwicklungen des Konzepts oder neue Impulse hat es Mitte der 2010er nicht mehr gegeben. Die

---

130 *Miller*, LAPD will end controversial program that aimed to predict where crimes would occur, LATimes.com vom 21.4.2020, abrufbar unter https://www.latimes.com/california/story/2020-04-21/lapd-ends-predictive-policing-program (zuletzt abgerufen am 31.07.2023).

131 *Hebbar*: Indian Cops Have Big Plans On Using Big Data To Prevent And Solve Crimes, Analytics India Mag vom 03.10.2017, abrufbar unter https://analyticsindiamag.com/indian-cops-big-plans-using-big-data-prevent-solve-crimes/(zuletzt abgerufen am 31.07.2023).

132 *Kyodo News*, Kanagawa police eye AI-assisted predictive policing before Olympics, https://english.kyodonews.net/news/2018/01/5890d824baaf-kanagawa-police-eye-ai-assisted-predictive-policing-before-olympics.html (zuletzt abgerufen am 31.07.2023).

wissenschaftlichen Evaluationen wecken erhebliche Zweifel an der Qualität der bisherigen Prognosen. Entsprechend ist aktuell eher ein rückläufiger Trend in Bezug auf ortsbezogene Systeme wahrnehmbar, markant ist in dieser Hinsicht vor allem das Jahr 2021, in dem sich sowohl Niedersachsen als auch Bayern gegen die Fortsetzung des Einsatzes ihrer Prognosesysteme entschieden. Trotzdem werden gerade das verhältnismäßig komplexe System SKALA in NRW sowie die hessischen und (vermutlich auch die) Berliner Systeme, über die nur wenige Informationen bekannt sind, nun im Regelbetrieb eingesetzt. Da ortsbezogenes Predictive Policing nunmehr in erster Linie von Ländern eingesetzt wird, die ihren Einsatz nicht transparent kommunizieren, wird es in Zukunft voraussichtlich immer schwieriger, die Entwicklung der Systeme zu beobachten und ihre Weiterentwicklung zu prognostizieren.

III. Personenbezogenes Predictive Policing

Personenbezogenes Predictive Policing setzt im Gegensatz zur ortsbezogenen Variante nicht am potentiellen Tatort an, sondern an potentiellen Tätern bzw. Opfern. Damit ist ihr Einsatz schon im Grundsatz problematischer. Nach Rechtsprechung des BVerfG ist jede Erhebung, Speicherung, Verwendung und jeder Abgleich personenbezogener Daten ein Eingriff in das Recht auf informationelle Selbstbestimmung; belanglose Daten, bei denen die Eingriffsqualität entfällt, gibt es nicht.[133] Jede so erstellte Prognose ist also schon qua Definition ein Grundrechtseingriff.

Während die bislang bekannten ortsbezogenen Predictive Policing-Systeme alle sehr ähnlichen Zwecken dienen und entsprechend ähnlichen Logiken folgen, zeigt sich bei personenbezogenen Systemen ein wesentlich heterogeneres Bild. Verschiedene Stadien der Gefahrenabwehr und sehr unterschiedlich große Personenkreise werden abgedeckt: Durch den Datenabgleich nach dem FlugDaG wird jeder Flugreisende auf verdächtige Muster überprüft, das BKA will mit RARAR-iTE und RADAR-rechts aber nur bekannte Gefährder präziser klassifizieren. Wie bei ortsbezogenen Systemen wird auch hier an vielen Stellen das Rad oft nicht neu erfunden, sondern bekannte Methoden stärker automatisiert. Mit dem steigenden Automatisierungs- und Komplexitätsgrad werden jedoch auch Programme eingeführt, die tatsächlich für die Polizeiarbeit komplett neuartig sind und keine Vorgängerideen haben, an deren Maßstab sie erklärt und gemessen werden könnten.

Für eine umfassendere Darstellung des Themenkomplexes personenbezogenes Predictive Policing, die das Thema gleichermaßen kriminologisch, einfachgesetzlich, verfassungsrechtlich und andere relevante Aspekte beleuchtend untersucht, muss an dieser Stelle die Arbeit „Personenbezogenes Predictive Policing“ von *Sommerer* erwähnt werden, die hierfür maßgebend ist.[134] In dieser Arbeit werden die wichtigsten kriminologischen und technischen Aspekte nur im Überblick dargestellt, um im späteren Verlauf die verfassungsrechtlichen Probleme sichtbar zu machen; für eine Auseinandersetzung in der gebotenen Tiefe wird auf ihre Arbeit verwiesen.

---

133 Vgl. BVerfGE 120, 378, 400; 150, 244, 264 ff.

134 Vgl. *Sommerer*, Personenbezogenes Predictive Policing, 2020.

1. Technische Differenzierungen

Bei personenbezogenem Predictive Policing wird primär zwischen zwei Arten von Modellen unterschieden: Die einen prognostizieren Gefahrverdacht bestätigend, die anderen Gefahrverdacht erzeugend. Die Abgrenzung zwischen beiden erfolgt anhand der Streubreite, also der Größe des von den Anwendungen erfassten Personenkreises.[135] Die Grenzen zwischen den beiden Kategorien ist jedoch nicht fest, es handelt sich vielmehr um ein fließendes Spektrum. Bezugsgröße für Gefahrverdacht erzeugende Systeme sind große Personengruppen, etwa alle jemals in einer Stadt Festgenommenen, Gefahrverdacht bestätigende Systeme beziehen sich eher auf Einzelfälle. Werden etwa Prognosen in Bezug auf einen vorher bereits enger abgesteckten Personenkreis unternommen, ist die Abgrenzung zwischen den Kategorien nicht mehr trennscharf möglich – dies hat jedoch auch keine praktische Relevanz. Beim ortsbezogenen Predictive Policing gibt es diese Unterscheidung nicht, weil dabei bislang immer ganze Polizeidistrikte, Städte oder noch größere Einheiten erfasst werden. Ortsbezogene Systeme sind deswegen per Definition immer Gefahrverdacht erzeugend.

Eine überblicksweise Darstellung der theoretischen und technischen Grundlagen, wie sie im vorherigen Kapitel erfolgt ist, ist im personenbezogenen Kontext nicht sinnvoll, zu unterschiedlich sind die verschiedenen Anwendungen.[136] Gravierende Unterschiede bestehen dabei nicht nur im Ziel der Prognose, sondern vor allem auch im Automatisierungsgrad. So könnte z. B. die vom System RADAR-iTE des BKA durchgeführte Prognose theoretisch auch komplett unter Verzicht auf Digitaltechnologie errechnet werden, während die auf Palantir Gotham basierenden Systeme mit Machine Learning arbeiten, die Generierung der Resultate hierdurch also wie in der „Black Box" für den Menschen nicht nachvollziehbar ist.

2. Bestandsaufnahme, Einordnung und Abgrenzung in Deutschland

Für die Bestandsaufnahme bei personenbezogenen Systemen kann ebenfalls nicht das beim ortsbezogenen Predictive Policing gewählte Format übernommen werden, hier ist im Gegensatz eine umfangreichere Bestandsaufnahme notwendig.

---

135 Vgl. *Sommerer*, Personenbezogenes Predictive Policing, 2020, S. 38 ff.

136 Für eine (hier eben nicht angestrebte) vertiefte Darstellung der verschiedenen technischen Hintergründe siehe *Sommerer*, Personenbezogenes Predictive Policing, 2020, S. 45 ff.

Das liegt daran, dass die verschiedenen Systeme teilweise sehr unterschiedliche Ziele verfolgen. An diesem Punkt zeigen sich besonders stark die Konsequenzen des Fehlens einer präzisen Definition des Begriffs Predictive Policing: Einzelne Systeme werden teilweise nur von einzelnen Wissenschaftlern als Predictive Policing bezeichnet, bei anderen verwehren sich die Behörden gegen die Einordnung ihres Systems als Predictive Policing. Daher erfolgt an dieser Stelle nicht nur eine Darstellung der Anwendungen, es wird auch untersucht, wie weit sie unter die verschiedenen Definitionsansätze subsumiert werden können. Einer möglichst genauen Einordnung (die in Ermangelung entsprechend präziser Definitionen immer mit einer gewissen Unsicherheit belastet sein wird) kommt insbesondere in Anbetracht laufender Diskussionen um ein Verbot von Predictive Policing entscheidende Relevanz zu.[137]

Personenbezogenes Predictive Policing ist abzugrenzen von der (personenbezogenen) Nutzung von Algorithmen in repressivem Kontext, insbesondere im Ermittlungs- und Strafverfahren sowie beim Strafvollzug. Das bislang bekannteste System dieser Art ist das in Amerika entwickelte und eingesetzte COMPAS, welches Prognosen zum Rezidivismus von Angeklagten generiert. Es geriet vor allem in den Fokus der Öffentlichkeit, weil es einer Untersuchung zufolge bei schwarzen Personen überdurchschnittlich oft zu falschen Positivergebnissen führt und weiße Personen im Gegenzug überdurchschnittlich oft als unbedenklich einstuft.[138]

Damit vergleichbare Systeme spielen bislang jedoch auch international noch keine große Rolle, obwohl das Interesse daran groß zu sein scheint.[139] In Bayern werden seit 2017 über 3D-Tatortvermessung Tatorte in einer virtuellen Realität rekonstruiert.[140] Zudem werden die in den USA gelegentlich eingesetzten Lügendetektoren inzwischen teilweise mit Hilfe künstlicher Intelligenz betrieben.[141]

---

137 Ein solches Verbot wird Z. B. vom Europäischen Parlament gefordert, dort beschränkt auf die Nutzung künstlicher Intelligenz für Predictive Policing, vgl. unter anderem EP-Drs. P9_TA(2021)0405.

138 *Angwin et al.*, Machine Bias. In: ProPublica vom 23.5.2016, abrufbar unter https://www.propublica.org/article/machine-bias-risk-assessments-in-criminal-sentencing (zuletzt abgerufen am 31.07.2023). Die Schlussfolgerung ist durchaus umstritten, für eine vertiefte Darstellung der Problematik siehe S. 156, dort auch m. w. N.

139 Für einen abstrakten Abriss *Hilgendorf*, in: *Fischer (Hrsg.)*, Beweis 2019. S. 236 ff.

140 *Bauer*, Scanner gegen Mörder, Bayerischer Rundfunk vom 02.04.2017, Archivlink abrufbar unter https://web.archive.org/web/20190107041300/https://www.br.de/nachricht/3d-scanner-verbrechen-lka-100.html (zuletzt abgerufen am 31.07.2023).

141 *Bittle*, Lie detectors have always been suspect. AI has made the problem worse. MIT Technology Review vom 13.03.2020, abrufbar unter https://www.technologyreview.

2.1. Palantir Gotham (hessenDATA / DAR), VeRA

Die Software Palantir Gotham, die seit 2017 von der hessischen Polizei unter dem Namen hessenDATA genutzt wird, ist vermutlich das derzeit bekannteste Predictive Policing-System. Im Zentrum der Berichterstattung steht dabei oft nicht die Software selbst, sondern das dahinterstehende Unternehmen Palantir und sein Gründer Peter Thiel, der spätestens seit seiner Unterstützung der Präsidentschaftskandidatur von Donald Trump 2015/2016 sowie der Unterstützung diverser rechtslibertärer politischer Organisationen auch in Europa ins mediale Rampenlicht gerückt ist. Darüber hinaus blieben Datenskandale um das Unternehmen in der Vergangenheit nicht aus: So testete Palantir seine Software durch den Einsatz im New Orleans Police Department, ohne dass die Öffentlichkeit oder auch nur die hierfür zuständigen Stadträte informiert wurden.[142] Auch der Umstand, dass das Unternehmen enge Kontakte zu den amerikanischen Geheimdiensten hält, sorgt für Kritik; bereits seine Gründung wurde von In-Q-Tel, einer Risikokapitalfirma der CIA, unterstützt.[143] Die von den hessischen Oppositionsfraktionen als skandalös wahrgenommenen Umstände der Anschaffung der Software waren Anlass für einen Untersuchungsausschuss im hessischen Landtag.[144]

Wie bei KLB-operativ hält sich die hessische Polizei mit Informationen über die Software bedeckt und hat bisher keine Pressemitteilungen oder gar längere Texte veröffentlicht, welche die Funktionsweise der Software erläutern – genauso verhält es sich bei Softwareentwickler Palantir. Durch die mediale und politische Aufmerksamkeit, insbesondere auch auf das kommerzielle Ursprungsprodukt Palantir Gotham, lassen sich aber weitreichende Schlüsse darauf ziehen.

Gotham bzw. hessenDATA ist ein Analyseprogramm, mit dessen Hilfe Daten aus verschiedenen Quellen, insbesondere Polizeidatenbanken, übergreifend ausgewertet werden können. Eine Vertreterin der Firma beschreibt Gotham als Software, „die strukturierte und unstrukturierte Daten integriert und somit Kunden unterstützt, ihre eigenen Daten, ihre bereits vorhandenen eigenen Daten, besser verstehen und besser anwenden zu können".[145] Die Polizei will auf diese

com/2020/03/13/905323/ai-lie-detectors-polygraph-silent-talker-iborderctrl-converus-neuroid/ (zuletzt abgerufen am 31.07.2023).

142 *Winston*, Palantir has secretly been using New Orleans to test its predictive policing technology, abrufbar unter https://www.theverge.com/2018/2/27/17054740/palantir-predictive-policing-tool-new-orleans-nopd (zuletzt abgerufen am 31.07.2023).

143 HELT-Drs. 19/6864, Ergänzender Bericht der Fraktion DIE LINKE zum Zwischenbericht des Untersuchungsausschusses 19/3 des Hessischen Landtags, S. 6.

144 HELT-Drs. 19/6864.

145 HELT-Drs. 19/6864 S. 17.

Weise insbesondere im Kontext der Terrorismusbekämpfung schneller arbeiten, eine bessere Übersicht über die eigenen Daten haben und die Zusammenarbeit zwischen den verschiedenen Polizeieinheiten stärken.[146]

Im Grunde handelt es sich bei hessenDATA um eine Art Meta-Suchmaschine, die Daten aus verschiedensten Datenbanken suchen und verknüpfen kann. Eine Gebrauchsanweisung zu Gotham, die in Kalifornien durch Anfrage einer Journalistin öffentlich wurde, zeigt einen Teil der Möglichkeiten – wobei unklar ist, wie stark sich die Software von der in Hessen eingesetzten Version unterscheidet.[147] Als grundlegende Funktion sticht auch hier die Möglichkeit heraus, Informationen aus mehreren großen Datenbanken schnell zu analysieren und aufzuarbeiten. In der kalifornischen Version gehören hierzu eine Vielzahl nicht aus Ermittlungsdatenbanken stammenden Datensätze, etwa standesamtliche Daten, vor allem aber auch Ergebnisse aus automatisierter Kennzeichenerfassung, die in Verknüpfung mit weiteren Datensätzen zu Kraftfahrern ein aus deutscher Sicht dystopisch anmutendes umfassendes Bewegungsprofil auf Abruf ermöglichen. Mit einem „Histogram Helper" sollen schließlich Korrelationen zwischen Verdächtigen und bestimmten Objekten identifiziert und dadurch auf Trends in Bezug auf das Verhalten der Verdächtigen geschlossen werden. Zur Veranschaulichung nutzte das hessische Innenministerium in einer Verhandlung vor dem BVerfG folgendes Beispiel: Nach der Sprengung eines Geldautomaten beschlagnahmte die Polizei das mutmaßliche Fluchtfahrzeug und wertete das Navigationsgerät mit hessenDATA aus. Anhand der Daten bewiesen die Ermittler, dass sich das Auto während diverser Geldautomatensprengungen an den Tatorten befand; die Täter der Serie konnten so überführt werden.[148]

HessenDATA wertet neben Daten aus polizeilichen Datenbanken Verkehrsdaten aus Telekommunikationsüberwachung, von den Providern zur Verfügung gestellte Daten, Ergebnisse polizeilicher Maßnahmen (z. B. die Beschlagnahme von Handys), sog. polizeiliche Fernschreiben und Informationen aus sozialen

---

146 HELT-Drs. 19/6864 S. 17.

147 Abrufbar unter https://www.documentcloud.org/documents/6190005-PALANTIR-Guide.html, erläutert von *Haskins*, Revealed: This Is Palantir's Top-Secret User Manual for Cops, VICE.com vom 12.07.2019, abrufbar unter https://www.vice.com/en/article/9kx4z8/revealed-this-is-palantirs-top-secret-user-manual-for-cops (beide zuletzt abgerufen am 31.07.2023).

148 *Rath*, "Alle Puzzleteile einer Gefahr zusammenbringen", Legal Tribune Online vom 20.12.2022, abrufbar unter https://www.lto.de/recht/hintergruende/h/bverfg-1bv154719-1bvr263420-automatisierte-datenauswertung-polizei-hessen-hamburg-muendliche-verhandlung/ (zuletzt abgerufen am 31.07.2023).

Netzwerken aus, wobei aus Sicherheitsgründen kein direkter Zugriff vom Polizeinetz auf das Internet erfolgt.[149] Die automatisierte Datenverarbeitung erfolgt nach Angaben von Palantir mit Hilfe künstlicher Intelligenz in der Form nicht näher beschriebener Machine-Learning-Algorithmen.[150] Der hessische Innenminister gibt jedoch an, dass die hessische Variante nicht mit künstlicher Intelligenz arbeite.[151]

Seit Oktober 2020 setzt auch die nordrhein-westfälische Polizei Gotham als „Datenbankübergreifende Analyse und Recherche" (DAR) ein.[152] Dabei sollen auch weitere polizeifremde Datenbanken wie die des Einwohnermeldeamts, des nationalen Waffenregisters und des Ausländerzentralregisters abrufbar sein. Während des Testbetriebs der Software von Ende 2020 bis Mai 2022 gab es für die Datenverarbeitung keine Ermächtigungsgrundlage. Auf entsprechende Kritik der Landesdatenschutzbeauftragten antwortete die Landesregierung irritierenderweise, es handele sich um ein Missverständnis, da die Software kein Data-Mining betreibe (was nach Rechtsprechung des BVerfG schlicht verfassungswidrig wäre, auch weniger invasive Methoden der Datenverarbeitung benötigen eine Ermächtigungsgrundlage).[153] Mit dem neuen § 23 Abs. 6 PolG NRW schuf der Landtag jedoch schließlich eine gesetzliche Grundlage für die Nutzung des Systems. Auf eine kleine Anfrage im Landtag gab das Innenministerium bekannt, dass das System seit dem 09.05.2022 im flächendeckenden Dauerbetrieb läuft und 1.500 Polizeibeamte bereits für den Umgang mit der Anwendung geschult sind; ansonsten hält es sich trotz Interessensbekundungen, „rechtspolitisch für größtmögliche Transparenz zu sorgen", ausgesprochen bedeckt.[154]

---

149 HELT-Drs. 19/6864 S. 18 f.

150 Beschrieben auf https://www.palantir.com/platforms/gotham/ (zuletzt abgerufen am 31.07.2023).

151 *Rath*, "Alle Puzzleteile einer Gefahr zusammenbringen", Legal Tribune Online vom 20.12.2022, abrufbar unter https://www.lto.de/recht/hintergruende/h/bverfg-1bv154719-1bvr263420-automatisierte-datenauswertung-polizei-hessen-hamburg-muendliche-verhandlung/ (zuletzt abgerufen am 31.07.2023).

152 *Tenta*, Reul verteidigt umstrittenes „Google" für die NRW-Polizei, Archivlink abrufbar unter https://web.archive.org/web/20210504114455/https://www1.wdr.de/nachrichten/landespolitik/software-palantir-polizei-nrw-100.html (zuletzt abgerufen am 31.07.2023).

153 *Rosenbach/Sarovic*, NRW-Datenschutzbeauftragte hält Einsatz von Palantir-Software für unzulässig, SPIEGEL Online vom 15.04.2021, abrufbar unter https://www.spiegel.de/netzwelt/palantir-nrw-datenschuetzerin-haelt-einsatz-von-software-fuer-unzulaessig-a-af196b3f-b93c-475d-86d7-8e569d25490c (zuletzt abgerufen am 31.07.2023).

154 NRWLT-Drs. 18/1400.

Der hessische Gesetzgeber hatte hierfür bereits frühzeitig eine Rechtsgrundlage geschaffen: Der „Palantir-Paragraf" § 25a HSOG ermächtigt die Polizei zur Weiterverarbeitung personenbezogener Daten zur Datenanalyse durch eine automatisierte Anwendung zur vorbeugenden Bekämpfung schwerer Straftaten i. S. d. § 100a Abs. 2 StPO. Die Norm wurde im Februar 2023 vom BVerfG für verfassungswidrig erklärt, bis zu einer Neuregelung, spätestens aber bis Ende September gilt die Norm mit Einschränkungen fort.[155] In der mündlichen Verhandlung der Sache erklärten Vertreter des hessischen Innenministeriums unter anderem, dass aktuell ca. 2000 Personen Zugriff auf das System hätten und das System jährlich ca. 14.000-mal genutzt wird, davon ca. 12.000-mal zur vorbeugenden Bekämpfung von Straftaten (§ 25a Abs. 1 Alt. 1 HSOG) und ca. 2.000-mal zur Abwehr von Gefahren (§ 25a Abs. 1 Alt. 2 HSOG).[156]

Bereits bei diesem System zeigt sich die Schwierigkeit, personenbezogene Systeme unter den Begriff des Predictive Policing zu subsumieren. Der offensichtlichste Unterschied zu den bisher untersuchten Mitteln besteht darin, dass mit hessenDATA keine Prognosen durchgeführt werden. Fraglich ist, wie weit die Prognose notwendiger Bestandteil eines Systems sein muss, um als Predictive Policing klassifiziert zu werden. Bei *Uchidas* weitverbreiteter Definition als "multi-disciplinary, law enforcement-based strategy that brings together advanced technologies, criminological theory, predictive analysis, and tactical operations that ultimately lead to results and outcomes – crime reduction, management efficiency, and safer communities" ist die Vorhersage nur ein Element von vielen.[157]

Bemerkenswert ist hier die Ambiguität in der deutschsprachigen Wissenschaft: Während *Egbert* und *Krasmann* die Prognose in den Mittelpunkt ihrer Definition stellen, führen sie hessenDATA als Predictive Policing-Software an.[158] In den Augen der Autoren wird das System zur „vorausschauenden Analyse" genutzt, genauere Belege hierfür werden jedoch nicht geliefert. Nach den öffentlich zugänglichen Informationen ist das System nämlich gerade nicht vorausschauend.

Thüne hält hessenDATA zumindest nicht für ein „reines" Predictive Policing-Konzept und grenzt es von „Predictive Policing-Anwendung[en] i. e. S." ab, nimmt aber keine präzise Einordnung vor.[159] *Sommerer* spricht von einer Vorstufe des Predictive Policing.[160] Dafür macht sie auf eine Reihe von Gründen

155 BVerfG, Urteil vom 16. Februar 2023 – 1 BvR 1547/19 -.
156 BVerfG, Urteil vom 16. Februar 2023 – 1 BvR 1547/19 – Rn. 12.
157 *Uchida*, Predictive Policing 2014, S. 3871.
158 *Egbert/Krasmann*, Predictive Policing, 2019, S. 31.
159 *Thüne*, Predictive Policing 2020, S. 167, 170.
160 *Sommerer*, Personenbezogenes Predictive Policing 2020, S. 92.

aufmerksam: So wurde die „Link Analysis"-Funktion, die auch bei hessenDATA besteht, in New Orleans als personenbezogenes Predictive Policing eingesetzt. In Hessen wird die Verhinderung eines geplanten Anschlages in Eschwege als Argument für die Effektivität der Software gepriesen.[161] Die Software hat so, auch wenn sie Risikoscores noch nicht selbstständig erstellt, eindeutig das Potential zum Predictive Policing. Ein Beispiel aus Los Angeles zeigt darüber hinaus, dass die Anwendung auch nahtlos zusammen mit analogen Methoden zur Erstellung von Risikoscores kombiniert werden kann.[162] Das hessische Innenministerium vertritt den Standpunkt, mit der Anwendung kein Predictive Policing zu betreiben.[163]

Diese Beispiele illustrieren ein Problem, das sich auch dann nicht eindeutig lösen ließe, wenn man den Begriff einer Auslegung auf Grundlage der juristischen Methodenlehre unterzöge: „Predictive" beinhaltet vom Wortlaut her durchaus eine in die Zukunft gerichtete Aussage – der Zweck, mit Computeranalysen große Datenmengen zu verarbeiten und dadurch vorher nicht oder nur sehr schwer zu erlangende Erkenntnisse zu gewinnen, die auch für zukünftige Entwicklungen relevant sein können, wird aber auch mit dem gegenständlichen analytischen Verfahren erfüllt. Die Grenze zwischen detaillierten Erkenntnissen einerseits, die Schlüsse auf die Zukunft zulassen, und Prognosen im „engeren" Sinne andererseits sind sprachlich und praktisch ohnehin kaum zu ziehen.

Klar ist: Die Anwendungen stellen nur für sich genommen noch kein klassisches Predictive Policing dar. Auch wenn die Software nicht zweifelsfrei unter den Begriff subsumiert werden kann, bestehen doch erhebliche Ähnlichkeiten und vergleichbare Gefahren. Insbesondere aufgrund der Möglichkeiten, die Anwendung mit Risikoscore-Systemen zu kombinieren, ist an dieser Stelle eine Untersuchung gemeinsam mit anderen unzweifelhaft als Predictive Policing zu klassifizierenden Systemen erforderlich. Durch die umfangreiche Verarbeitung personenbezogener Daten einschließlich der automatisierten Auswertung von Daten aus sozialen Medien hat der Einsatz von hessenDATA darüber hinaus eine Eingriffsqualität, die den unproblematisch als Predictive Policing zu bezeichnenden ortsbezogenen Systemen nicht zu eigen ist.

---

161 HELT-Drs. 19/6864 S. 17.

162 Sehr lesenswert diesbezüglich *Brayne,* Big Data Surveillance: The Case of Policing. American Sociological Review, 82(5) 2017, S. 977, 986 ff.

163 *Rath,* "Alle Puzzleteile einer Gefahr zusammenbringen", Legal Tribune Online vom 20.12.2022, abrufbar unter https://www.lto.de/recht/hintergruende/h/bverfg-1bv154719-1bvr263420-automatisierte-datenauswertung-polizei-hessen-hamburg-muendliche-verhandlung/ (zuletzt abgerufen am 31.07.2023).

Zu den weiteren Nutzern von Palantir Gotham gehören in Europa auch Europol und die dänische Nationalpolizei.[164] Bayern ist gerade dabei, ein ebenfalls von Palantir stammendes und sehr ähnlich funktionierendes, dem ersten Anschein nach aber wohl nicht identisches System unter dem Namen „Verfahrensübergreifendes Recherche- und Analysesystem (VeRA)“ zu etablieren. Mehr als nur oberflächliche Informationen dazu sind jedoch nicht verfügbar. Ein Einsatz sollte ab Anfang 2023 stattfinden, davor muss aber noch eine Quellcode-Überprüfung durchgeführt werden und eine Ermächtigungsgrundlage geschaffen werden.[165] Ein mit Palantir geschlossener Rahmenvertrag soll es dem Bund und anderen Bundesländern ermöglichen, die Anwendung auch ohne Vergabeverfahren nutzen zu können.[166] Ein entsprechender Vorstoß stieß jedoch beim Bund und anderen Ländern auf Ablehnung.[167] Im Januar 2023 wurde bekanntgegeben, dass sich die bayerische Quellcode-Überprüfung verzögern würde.[168] Bereits zwei Monate später berichtete die bayerische Polizei jedoch, dass die Überprüfung erfolgreich verlaufen war.[169]

2.2. „Intelligente“ Videoüberwachung

In der bisherigen Einordnung stellt die sog. intelligente Videoüberwachung (auch automatisierte oder biometrische Videoüberwachung genannt) gewissermaßen das Gegenstück zu Palantir Gotham dar: Dem Wortlaut nach wesentlich einfacher unter Predictive Policing zu subsumieren, wird sie nur von wenigen

---

164 EU-Parlament E-000173/2020(ASW); HELT-Drs. 20/2765 S. 3.

165 Bislang mit am ausführlichsten *Mersi*, Möglicher Datenabfluss: Polizei-Software VeRA auf dem Prüfstand, heise online vom 08.07.2022, abrufbar unter https://www.heise.de/news/Moeglicher-Datenabfluss-Polizei-Software-VeRA-auf-dem-Pruefstand-7165927.html (zuletzt abgerufen am 31.07.2023).

166 DPA-Meldung vom 08.03.2022, abrufbar Z. B. unter https://www.lto.de/recht/nachrichten/n/bayern-lka-zusammenarbeit-mit-palantir-daten-aufbereitung-anayl-se-grundrechte/ (zuletzt abgerufen am 31.07.2023).

167 Zierer/Kartheuser/Schöffel/Harlan, Bund rückt von Palantir-Software ab, tagesschau.de vom 30.06.2023, abrufbar unter https://www.tagesschau.de/investigativ/br-recherche/palantir-software-analyse-polizei-100.html (zuletzt abgerufen am 31.07.2023).

168 DPA-Meldung vom 04.01.2023, abrufbar Z. B. unter https://www.schwaebische.de/regional/bayern/pruefung-von-neuer-polizei-software-dauert-laenger-als-geplant-1286347 (zuletzt abgerufen am 31.07.2023).

169 *Bayerisches Landeskriminalamt*, Projekt VeRA: Ergebnis der Quellcodeüberprüfung, Pressemitteilung vom 08.03.2023, abrufbar unter https://www.polizei.bayern.de/aktuelles/pressemitteilungen/045266/index.html (zuletzt abgerufen am 31.07.2023).

Wissenschaftlern tatsächlich als solches eingeordnet.[170] Bei biometrischer Videoüberwachung werden die von Überwachungskameras aufgenommenen Bilder meistens mit Hilfe von Gesichtserkennungssoftware verarbeitet und die darin gefundenen Gesichter zum Zweck der Identifikation mit Datenbanken abgeglichen. Die Identifizierung geschieht auf Grundlage komplexer Machine Learning-Algorithmen und ist immer Resultat einer Wahrscheinlichkeitsberechnung – teilweise wird die Aussage, ob es sich um die gesuchte Person handelt, bereits als Prognose bezeichnet.[171] Ob eine derartige Berechnung, die sich nicht auf die Zukunft, sondern auf die Gegenwart bezieht, wirklich als πρόγνωσις, also „Voraus-Kenntnis" bezeichnet werden kann, mag zweifelhaft sein. Dies kann aber dahinstehen, da neben der identifizierenden automatisierten Videoüberwachung sehr ähnliche Systeme Berechnungen durchführen, die unzweifelhaft Gefahrenprognosen darstellen. So identifiziert ebenfalls bereits in Deutschland eingesetzte Software keine Gesichter, sondern überprüft, ob die überwachten Personen auffällige Verhaltensweisen an den Tag legen, die nicht nur auf gerade stattfindende Straftaten (z. B. Körperverletzungen), sondern auch auf unmittelbar bevorstehende Straftaten bzw. sonstige Gefahren hindeuten.[172]

Es gibt dennoch gute Gründe, weshalb biometrische Videoüberwachung traditionell nicht in die Kategorie des Predictive Policing eingeordnet wird. Die Praxis schafft eine ganze Reihe von Problemfeldern, die sich deutlich von denen des Predictive Policing unterscheiden und nur schwer unter gemeinsamen Kategorien zu analysieren sind. Insbesondere wird Software zur Gesichtserkennung nicht nur im Kontext der Videoüberwachung, sondern auch in diversen anderen Zusammenhängen genutzt, deren Probleme untereinander ähnlich, aber von Predictive Policing sehr unterschiedlich sind – etwa in der kommerziellen Nutzung oder im Rahmen staatlicher Identifikationsmaßnahmen (z. B. bei Grenzkontrollen), in der Regel werden diese Technologien daher als gemeinsame Kategorie betrachtet. Auch der Umstand, dass eine in erster Linie Nichtstörer untersuchende

---

170 Insb. nicht in den bisherigen Überblickswerken von *Hofmann*, Predictive Policing 2020; *Thüne*, Predictive Policing 2020; *Sommerer*, Personenbezogenes Predictive Policing 2020.

171 So Z. B. bei *Wischmeyer*, Predictive Policing – Nebenfolgen der Automatisierung von Prognosen im Sicherheitsrecht, in: *Kulick/Goldhammer (Hrsg.)*, Der Terrorist als Feind? Personalisierung im Polizei- und Völkerrecht, 2020, S. 193, 201.

172 *Faltin*, Kameras lernen, Schläger zu erkennen, Stuttgarter Zeitung vom 03.12.2018, https://www.stuttgarter-nachrichten.de/inhalt.videoueberwachung-in-mannheim-kameras-lernen-automatisch-schlaeger-zu-erkennen.81cabd49-8736-4790-a924-8ca83aa128d4.html (zuletzt abgerufen am 31.07.2023).

Massenüberwachung stattfindet, ist für Predictive Policing eher ungewöhnlich.[173] Somit bestehen zu viele Aspekte, die über die originäre Dimension des Predictive Policing hinausgehen, als dass biometrische Videoüberwachung als Ganzes in diesem Kontext analysiert werden könnte. In dieser Arbeit wird deswegen nur in Einzelaspekten Bezug auf biometrische Videoüberwachung genommen.

Zuletzt stellt sich bei den Formen automatisierter Videoüberwachung, die nicht identifizieren, sondern Verhaltensmuster beobachten, die Frage, ob es sich hierbei um personenbezogenes oder nicht vielmehr ortsbezogenes Predictive Policing handelt: Bezieht sich die Prognose auf den Ort, an dem Straftaten unmittelbar bevorstehen oder auf den Täter, der sich verdächtig verhält?

Die Verarbeitung der biometrischen Daten stellt für sich genommen einen Personenbezug dar, Ziel ist es aber, herauszufinden, ob an einem bestimmten Ort eine Straftat begangen wird. Es wird somit gleichzeitig an Tatort und Täter angeknüpft. Da die Differenzierung zwischen personenbezogenen und ortsbezogenen Prognosen bislang nur der wissenschaftlichen Systematisierung dient und für sich genommen keine rechtliche Relevanz hat, kann auf eine eindeutige Einordnung verzichtet und festgestellt werden, dass die Unterscheidung zwischen den beiden Kategorien fließend verläuft. An dieser Stelle erfolgt eine Kategorisierung als personenbezogenes Predictive Policing in erster Linie wegen der Ähnlichkeiten zur eindeutig personenbezogenen identifizierenden automatisierten Videoüberwachung und dem Umstand, dass die beschriebenen ortsbezogenen Systeme nach untereinander sehr ähnlichen Mustern funktionieren.

Der Einsatz biometrischer Gesichtserkennung wurde in Deutschland zuerst zwischen August 2017 und Juli 2018 in einem Pilotprojekt der Bundespolizei am Berliner Bahnhof Südkreuz getestet. Dabei wurden drei verschiedene kommerzielle Systeme erprobt, welche die Gesichter von Pendlern, die sich freiwillig für den Versuch gemeldet hatten, erkennen sollten.[174] Die beteiligten Behörden stuften den Test als Erfolg ein, ihnen wurden jedoch erhebliche methodische Fehler vorgeworfen, durch welche die Quoten geschönt wurden.[175] Auch unter der Annahme, die Ergebnisse seien richtig, stach die sehr hohe

---

173 Parallelen finden sich hier jedoch beim Abgleich nach dem FlugDaG, siehe S. 64 f.

174 *Bundespolizeipräsidium Potsdam*, Abschlussbericht des Bundespolizeipräsidiums zum Teilprojekt 1 "Biometrische Gesichtserkennung" am Bahnhof Berlin Südkreuz, https://www.bundespolizei.de/Web/DE/04Aktuelles/01Meldungen/2018/10/181011_abschlussbericht_gesichtserkennung_down.pdf (zuletzt abgerufen am 31.07.2023).

175 *Rähm*, Gesichtserkennungsversuch – Kritiker halten Werte für geschönt, https://www.deutschlandfunk.de/gesichtserkennungsversuch-kritiker-halten-werte-fuer.684.de.html?dram:article_id=431099 (zuletzt abgerufen am 31.07.2023).

Falscherkennungsrate heraus: Diese lag bei der kombinierten Anwendung der drei Programme bei 0,67 Prozent. Beim Bahnhof Südkreuz, der täglich von 90.000 Personen betreten wird, würde dies bedeuten, dass 600 falsche Alarme pro Tag ausgelöst würden.[176]

Seitdem laufen verschiedene Pilotprojekte, bei denen verdächtige Verhaltensmuster erkannt werden sollen. Ende 2018 startete in Mannheim ein auf fünf Jahre ausgelegtes Pilotprojekt mit bis zu 76 Kameras an verschiedenen Orten in der Stadt.[177] Im Jahr davor wurde mit § 21 PolG BW a.F. (inzwischen § 44 Abs. 4 PolG BW) hierfür eine Rechtsgrundlage geschaffen, die nur auf die automatisierte Erkennung von Verhaltensmustern gerichtet ist. Die Bundespolizei führte von Juni bis Dezember 2019 wieder am Berliner Südkreuz einen Test zur Erkennung von Verhaltensmustern durch.[178] Seit Anfang 2021 läuft ein weiteres, auf drei Jahre ausgelegtes Projekt der Bundespolizei am Südkreuz, das Gefahrensituationen wie ein Gedränge am Gleis erkennen soll.[179]

Politisch gehört die mit Gesichtserkennung laufende automatisierte Videoüberwachung zu den umstrittensten der hier diskutierten Maßnahmen. Zahlreiche amerikanische Bundesstaaten, u.a. Kalifornien, Virginia, Maine und New Hampshire, haben den Einsatz von Gesichtserkennungstechnologie durch die Polizei zumindest teilweise verboten.[180] Im Januar 2020 beantragte die Bundestagsfraktion der Grünen ein Verbot der Technologie.[181] Das Europäische Parlament

---

176 Ebd.

177 *Faltin*, Kameras lernen, Schläger zu erkennen, Stuttgarter Zeitung vom 03.12.2018, https://www.stuttgarter-nachrichten.de/inhalt.videoueberwachung-in-mannheim-kameras-lernen-automatisch-schlaeger-zu-erkennen.81cabd49-8736-4790-a924-8ca83aa128d4.html (zuletzt abgerufen am 31.07.2023).

178 *Bundespolizei*, Test intelligenter Video-Technik, Pressemitteilung vom 07.06.2019, Archivlink abrufbar unter https://web.archive.org/web/20211105213618/https://www.bundespolizei.de/Web/DE/04Aktuelles/01Meldungen/2019/06/190607_videoanalyse.html (zuletzt abgerufen am 31.07.2023).

179 *Dachwitz*, Seehofer will wieder mit Videoüberwachung experimentieren, 14.12.2020, abrufbar unter https://netzpolitik.org/2020/bahnhof-berlin-suedkreuz-seehofer-will-wieder-mit-videoueberwachung-experimentieren/ (zuletzt abgerufen am 31.07.2023).

180 *Samsel*, California Becomes Third State to Ban Facial Recognition Software in Police Body Cameras, 10.10.2019, abrufbar unter https://securitytoday.com/articles/2019/10/10/california-to-become-third-state-to-ban-facial-recognition-software-in-police-body-cameras.aspx (zuletzt abgerufen am 31.07.2023); *Bryant*, Maine passes statewide facial recognition ban, 01.07.2021, abrufbar unter https://iapp.org/news/a/maine-passes-statewide-facial-recognition-ban/ (zuletzt abgerufen am 31.07.2023).

181 BT-Drs. 19/16885.

verabschiedete im Oktober 2021 eine Resolution mit der Forderung, Gesichtserkennungstechnologie bei Grenzkontrollen und im öffentlichen Raum zu verbieten.[182] Im Juni 2023 verabschiedete es in der ersten Lesung zur KI-Verordnung entsprechende Änderungen.[183]

2.3. RADAR-iTE und RADAR-rechts

Seit 2017 verwendet das Bundeskriminalamt das Risikobewertungsinstrument RADAR-iTE (Akronym für „Regelbasierte Analyse potentiell destruktiver Täter zur Einschätzung des akuten Risikos – islamistischer Terrorismus“). Mithilfe eines umfangreichen Kataloges soll es helfen, das Gefahrenpotential besser einzuschätzen, welches von sogenannten Gefährdern aus dem Bereich des islamistischen Terrorismus ausgeht.[184] Dabei versuchen die Sachbearbeiter, sich mit umfangreichen Informationen aus dem Leben der Person, insbesondere in Bezug auf beobachtetes Verhalten, ein Bild zu verschaffen und führen mit einem standardisierten Frage- und Antwortkatalog eine Risikobewertung durch. Beachtenswert ist, dass keine automatisierte, softwaregestützte Analyse erfolgt, sondern die Merkmale immer von den zuständigen Sachbearbeitern bewertet werden.[185] Im Wesentlichen wird mit einem Punktesystem nach dem Schema +1/-1 über Microsoft Excel ein Wert berechnet.[186] Die Fragen drehen sich insbesondere um die Kategorien „Gewaltverhalten“, Verhalten gegenüber Behörden und anderen Institutionen“, „Umgang mit Waffen und Waffenaffinität“, „Bezüge zu Terrororganisationen und zur radikalen Szene“, „Ausreiseaktivitäten in Kriegs- und Krisengebiete“, „Berufliche und soziale Situation“, „Krisenhafte, soziale und psychische Auffälligkeiten“ und „neuer Lebensentwurf“.[187]

Vor diesem Hintergrund leuchtet nicht auf den ersten Blick ein, weshalb RADAR-iTE in Wissenschaft und Öffentlichkeit oft als Predictive Policing-System

---

182 EP-Drs. P9_TA(2021)0405.

183 EP-Drs. P9_TA(2023)0236.

184 *BKA*, Presseinformation: Neues Instrument zur Risikobewertung von potentiellen Gewaltstraftätern, 2. Februar 2017, abrufbar unter https://www.bka.de/DE/Presse/Listenseite_Pressemitteilungen/2017/Presse2017/170202_Radar.html (zuletzt abgerufen am 31.07.2023).

185 *BKA*, RADAR (Regelbasierte Analyse potentiell destruktiver Täter zur Einschätzung des akuten Risikos), abrufbar unter https://www.bka.de/DE/UnsereAufgaben/Deliktsbereiche/PMK/Radar/radar_node.html (zuletzt abgerufen am 31.07.2023).

186 BT-Drs. 19/12859 S. 7.

187 Ebd.

eingestuft wird:[188] Die Auswertung erfolgt nicht automatisiert und könnte theoretisch auch komplett analog auf Papier durchgeführt werden. *Thüne* hält nach umfangreicher Abwägung die Informationslage zu RADAR-iTE für zu dünn, um eine abschließende Einordnung zu tätigen, nach ihm sprechen aber mehr Argumente für eine Klassifikation als personenbezogenes Predictive Policing als dagegen.[189] Dafür spreche in erster Linie die dahinterstehende Philosophie, die dem Konzept des Predictive Policing folgt: Eine Vielzahl von Daten wird anhand einer Vielzahl von Kriterien computergestützt analysiert. Hierfür werden Informationen aus verschiedenen Quellen und Formaten zusammengeführt. Diese werden mit qualitativen und quantitativen Methoden verarbeitet, um eine Prognose zur Entscheidungsunterstützung abzugeben. Die fehlende Automatisierung sei für die Einordnung kein Hindernis, da ihre spätere Einführung bei steigenden Datenmengen ohnehin so gut wie unumgänglich sei. Er betont, dass die Prognose im Predictive Policing nicht entscheidungsfindend, sondern entscheidungsunterstützend sein kann und dass bei einer subjektiv als wissenschaftlich und aufwendig erstellten computergestützten Prognose eine faktische Wirkmächtigkeit erzeugt wird, die die gleichen Gefahren wie automatisierte Prognosen mit sich bringt.

Das Argument, die Automatisierung sei für das Programm in der Zukunft unumgänglich, ist zwar zu spekulativ, um eine gegenwartsbezogene Einstufung zu unterstützen – die vergleichbare Philosophie und das Problem der faktischen Wirkmächtigkeit sind jedoch wesentliche Argumente für eine Einordnung als Predictive Policing-System. Für eine abschließende Kategorisierung ist es entscheidend, ob Predictive Policing zwingend automatisierte Elemente beinhalten muss oder ob auch problemlos analog durchführbare Prognosen bzw. Risikobewertungen hierunter subsumiert werden können.

Hier zeigt sich wie bei kaum einem anderen System, wie unscharf der Begriff des Predictive Policing in der Wissenschaft definiert wird. Folgender Vorgang ist bezeichnend: *Pearsall* definierte in einem der ersten Artikel zum Begriff des Predictive Policing überhaupt das Verfahren als „in essence, taking data from disparate sources, analyzing them and using results to anticipate, prevent and

---

188 So Z. B. bei *Egbert*, APuZ 33-32/2017, S. 19; *Peteranderl*, Die Verbrecherjagd der Zukunft ist schon gescheitert, SPIEGEL ONLINE vom 22.12.2019, abrufbar unter https://www.spiegel.de/netzwelt/netzpolitik/predictive-policing-in-los-angeles-die-verbrecherjagd-der-zukunft-ist-schon-gescheitert-a-1281943.html (zuletzt abgerufen am 31.07.2023).

189 *Thüne*, Predictive Policing 2020, S. 136 ff.

respond more effectively to future crime."[190] Nach dieser Definition ist also die oben genannte Philosophie der computergestützten Auswertung von Daten aus verschiedenen Quellen zur Prognose ausschlaggebend und eine Automatisierung kein notwendiges Element. Drei Jahre später definiert *Ferguson* Predictive Policing als "generic term for any crime fighting approach that includes a reliance on information technology (usually crime mapping data and analysis), criminology theory, predictive algorithms, and the use of data to improve crime suppression on the streets".[191] Ein System, das zwar über Microsoft Excel läuft, aber auch genauso gut mit Zettel und Stift funktionieren könnte, nutzt keine technischen Vorteile, eine „reliance on information technology" entsprechend der Definition ist daher nicht gegeben. In der Fußnote nach seiner Definition gibt *Ferguson* als Quelle den Artikel und die Definition von *Pearsall* an, in der *Encyclopedia of Criminology and Criminal Justice* wird dann gar *Fergusons* Definition fälschlicherweise *Pearsall* und ihrem Artikel zugeschrieben.[192] Zwei Definitionen, die von mehreren Autoren als deckungsgleich betrachtet werden, kommen hier zu unterschiedlichen Schlüssen.

Eine eindeutige Antwort auf die Frage, ob RADAR-iTE ein personenbezogenes Predictive Policing-System ist, kann es mangels einer klaren Definition des Begriffs nicht geben. Da der Begriff für eine neuartige, die jetzt erst entstehenden Möglichkeiten der fortgeschrittenen Digitalisierung nutzende Polizeiarbeit steht, aber in diesem Fall bislang Microsoft Word und Excel das technologische Maß der Dinge darstellen, spricht vieles dafür das System zwar nicht als Predictive Policing „im engeren Sinne" zu bezeichnen, es wie bei Palantir aber gemeinsam mit diesem zu untersuchen. Sicher nicht falsch ist in diesem Kontext auch die Einstufung als Vorstufe des Predictive Policing.[193]

Auch ohne automatisierte Komponenten ist das System bis auf die grundlegende technische Funktionsweise bislang komplett intransparent. In Anbetracht der Umstände, dass es in zahlreichen Polizeibehörden bei der Entscheidung über schwerwiegende Grundrechtseingriffe unterstützt und das Potential hat, zu einem technisch deutlich komplexeren, automatisierten System ausgebaut zu werden, handelt es sich um eine ausgesprochen besorgniserregende Entwicklung.[194]

---

190 *Pearsall*, Predictive policing: the future of law enforcement? NIJ J/Issue No. 266 (2009), S. 16.

191 *Ferguson*, Predictive Policing and Reasonable Suspicion, 62 Emory Law Journal S. 259, 265.

192 *Uchida*, Predictive Policing 2014, S. 3871.

193 *Sommerer*, Personenbezogenes Predictive Policing 2020, S. 89 f.

194 *Sommerer*, Personenbezogenes Predictive Policing 2020, S. 89 f.

RADAR-iTE läuft seit 2019 in der Version 2.0. Daneben verwendet das BKA für Gefährder aus dem rechten Spektrum auf der gleichen technischen Grundlage das Programm RADAR-rechts, dessen Entwicklung Anfang 2022 begann und das seit Mai 2022 vom BKA eingesetzt wird.[195] Die Informationslage dazu ist jedoch noch dünner als bei RADAR-iTE.[196] Außerhalb der Bundesrepublik wird in den Niederlanden (teilweise in Kooperation mit belgischen und schwedischen Behörden) ein vergleichbares System mit dem Namen VERA (Violent Extremism Risk Assessment) eingesetzt, welches inzwischen in der Version VERA-2R (2 Revised) läuft.[197]

2.4. Musterabgleich des Fluggastdaten-Informationssystems

Das im Juni 2017 in Kraft getretene Fluggastdatengesetz (FlugDaG) zur Umsetzung der sog. PNR-Richtlinie (EU) 2016/681 ermächtigt das BKA als Fluggastdatenzentralstelle, die von den Luftfahrtunternehmen übermittelten Fluggastdaten mit Datenbeständen und Mustern abzugleichen, um Personen zu identifizieren, bei denen tatsächliche Anhaltspunkte dafür vorliegen, dass sie eine der Katalogstraftaten nach § 4 Abs. 1 FlugDaG (ausschließlich Straftaten mit Terrorismusbezug) begangen haben oder innerhalb eines übersehbaren Zeitraumes begehen werden. Zu den erhobenen Daten gehören nach § 4 Abs. 2 FlugDaG neben Namen, Adresse, Geschlecht, Staatsangehörigkeit und Geburtsdatum auch sämtliche Zahlungsinformationen sowie eine Vielzahl von Reisemodalitäten.

Beim Musterabgleich nach dem FlugDaG handelt es sich vom Prinzip her um eine neue Art der Rasterfahndung. Alle Fluggastdaten der an das PNR-System angeschlossenen Luftfahrtunternehmen werden mit Mustern und Datensätzen abgeglichen. Im eingeschränkten Wirkbetrieb vom August 2018 bis März 2019, in

195 *Bundesministerium des Inneren*: Politisch motivierte Kriminalität erreichte im Jahr 2021 neuen Höchststand: Steigerung um mehr als 23 Prozent, Pressemitteilung vom 10.05.2022, abrufbar unter https://www.bmi.bund.de/SharedDocs/pressemitteilungen/DE/2022/05/pmk2021.html (zuletzt abgerufen am 31.07.2023).

196 Eine Zusammenfassung der verfügbaren Informationen befindet sich auf der Webseite des Bundeskriminalamts unter https://www.bka.de/DE/UnsereAufgaben/Deliktsbereiche/PMK/PMKrechts/RADAR/radar_node.html abrufbar unter (zuletzt abgerufen am 31.07.2023).

197 Vgl. dazu etwa die Evaluation des Systems von *Overdulve/Duits/Kempes*, Evaluating Risk Analysis in Practice: User Validation of the VERA-2R, 2022, abrufbar unter https://www.vera-2r.nl/latest/news/2022/09/15/report-evaluating-risk-analysis-in-practice-user-validation-of-the-vera-2r (zuletzt abgerufen am 31.07.2023).

dem nur ein Bruchteil der Unternehmen angeschlossen waren, betraf dies bereits 3,5 Millionen Datensätze zu 1,2 Millionen Passagieren. Dabei erfolgten 94.098 technische Treffer, von denen jedoch nur 277 als tatsächlich positive Ergebnisse eingestuft wurden.[198]

Der Musterabgleich ist somit vergleichsweise einfach als Instrument des personenbezogenen Predictive Policing einzustufen. Mit automatisierten Analysen soll ermittelt werden, ob betroffene Personen bestimmte Straftaten begangen haben oder begehen werden. Es handelt sich um eine neue Art der Polizeiarbeit, da die Datenmenge konventionell nicht ansatzweise zu verarbeiten wäre. Die dabei verwendeten Algorithmen sind dabei relativ simpel, es werden einfach verschiedene Datensätze nebeneinandergelegt und auf Übereinstimmungen überprüft. Verwertbare Informationen, die das Vorgehen detaillierter schildern, sind nicht öffentlich verfügbar, insbesondere ist nicht klar, was genau einen Verdacht auslösen könnte.

Die Verarbeitung der von den Luftfahrtunternehmen erhobenen Daten (Passenger Name Records, PNR) durch die Sicherheitsbehörden geht auf den US-amerikanischen „War on Terror" seit dem 11. September 2001 zurück.[199] Die Verfassungsmäßigkeit des Austausches und der Verarbeitung der PNR ist umstritten. 2005 erklärte der EuGH den Austausch von Fluggastdaten zwischen den USA und der Europäischen Gemeinsacht für nichtig, weil er nicht unter die Datenschutz-RL 95/46/EG falle und damit eine Rechtsgrundlage fehlte.[200] Ein ähnliches Abkommen mit Kanada erklärte der EuGH 2017 für mit den Artikeln 7, 8, 21 und 52 Abs. 1 der EU-Grundrechtecharta teilweise unvereinbar.[201] Die Gesellschaft für Freiheitsrechte erhob 2019 mehrere strategische Klagen vor Zivil- und Verwaltungsgerichten, das VG Wiesbaden legte das Verfahren dem EuGH im Mai 2020 zur Prüfung vor.[202] Im Juni 2022 gab der EuGH nach der strategischen Klage einer belgischen NGO den Behörden strenge Auflagen für den PNR-Abgleich auf.[203]

---

198 BT-Drs. 19/9536, S. 4 f.

199 Für eine umfangreiche Darstellung der Geschichte der sicherheitsbehördlichen Verarbeitung von PNR siehe *Thüne*, Predictive Policing 2020, S. 138 ff.

200 EuGH NJW 2006, 2029.

201 EuGH, Gutachten vom 26.7.2017 – C-1/15.

202 VG Wiesbaden ZD 2020, 540; weitere Informationen auch unter https://freiheitsrechte.org/nopnr-de/ (zuletzt abgerufen am 31.07.2023).

203 EuGH, Urt. v. 21. Juni 2022, Ligue des droits humains, C-817/19, EU:C:2022:491; vertiefte Darstellung in der Arbeit siehe S. 157 ff.

2.5. Weitere Anwendungsfälle

Neben diesen Systemen gibt es weitere Projekte und Methoden, die im Ergebnis eher nicht als Predictive Policing bezeichnet werden dürften, jedoch gewisse Ähnlichkeiten damit aufweisen und so vergleichbare Probleme mit sich ziehen können. Ein Beispiel hierfür ist die Einführung der automatisierten Kontrolle für Dieselfahrverbote. Im Kern geht es dabei um die Möglichkeit, dass Kfz-Kennzeichenscanner die erkannten Kennzeichen mit Datenbanken des Kraftfahrzeugbundesamtes abgleichen, um zu überprüfen, ob Verkehrsverbote für Dieselautos eingehalten werden. Die finale Fassung (§§ 35 Abs. 1 Nr. 18, 36 Abs. 2i, 63c StVG) ermöglicht die Kontrolle nur mit mobilem Scanner. Zum Zeitpunkt des Inkrafttretens des Gesetzes gab es ein der Rechtsgrundlage entsprechendes Gerät aber noch nicht.[204] Im ersten Entwurf der Bundesregierung waren umfangreichere Überwachungskompetenzen vorgesehen, die u.a. eine verdeckte Überwachung und den Aufbau einer an die LKW-Mautüberprüfungen angelehnten automatisierten Überwachungsstruktur mit Kameras ermöglicht.[205] Hier stellt sich nicht nur die mit den personenbezogenen Predictive Policing-Systemen vergleichbare Frage der Rechtfertigung eines so gravierenden Eingriffs in das Recht auf informationelle Selbstbestimmung, sondern auch die in dem Kontext relevante rechtspolitische Frage, ob in dieser Hinsicht ein ausnahmsloser Vollzug überhaupt erstrebenswert ist.[206]

Ebenfalls Ähnlichkeiten zu sowohl personenbezogenen als auch raumbezogenen Anwendungen weist das Forschungsprojekt X-Sonar auf. Dabei handelte es sich um ein Forschungsprojekt u.a. der Universität Bielefeld, des LKA Niedersachsen und der Deutschen Hochschule der Polizei. Das Projekt war eher Beitrag zur Grundlagenforschung als Vorstufe zu einem Predictive Policing-System. Ziel war es, Radikalisierungsdynamiken in sozialen Netzwerken zu erforschen und Indikatoren zu ermitteln, auf deren Grundlage ein softwaregestütztes Frühwarnsystem für Bedrohungsmanagement und Gefährdungsbewertung entwickelt werden kann.[207] Das Projekt war in verschiedene Teilvorhaben aufgegliedert, zu

---

204 *Krempl*, Diesel: Bundestag beschließt automatisierte Kameraüberwachung zur Fahrverbot-Kontrolle, heise online vom 15.03.2019, abrufbar unter https://www.heise.de/newsticker/meldung/Diesel-Bundestag-beschliesst-automatisierte-Kameraueberwachung-zur-Fahrverbot-Kontrolle-4336967.html (zuletzt abgerufen am 31.07.2023).

205 BR-Drs. 574/18.

206 Ausführlich dazu weiter unten S. 199 ff.

207 *Böckler/Groß/Allwinn et al.*, Analyse extremistischer Bestrebungen in sozialen Netzwerken. Forum Kriminalprävention 4/2017, S. 36 ff.

welchen es umfangreiche Forschungsberichte gibt; leider ist der Abschlussbericht des Fraunhofer-Instituts für Sichere Informationstechnologie zu dem für die Arbeit interessantesten Aspekt „Crawling und Analyse von Online-Inhalten“ nicht öffentlich abrufbar.[208]

In der Gesamtschau der untersuchten Systeme zeigt sich am Ende ein besorgniserregender Trend: Während die ortsbezogenen Predictive Policing-Systeme zur Bekämpfung der Einbruchskriminalität oft von ausführlichen wissenschaftlichen Evaluationen begleitet wurden, gibt es zu den potentiell deutlich eingriffsintensiveren (bzw. überhaupt erst in Grundrechte eingreifenden) Systemen so gut wie keine öffentlich zugänglichen wissenschaftlichen Informationen.

Zuletzt ist in diesem Kontext das DyRiAS (Dynamisches Risiko-Analyse-System) zu nennen, das zwar derzeit nur in der Schweiz eingesetzt wird, aber vom deutschen Institut Psychologie & Bedrohungsmanagement konzipiert wurde. Im Grundsatz handelt es sich dabei um eine komplexere Alternative zu RADAR-iTE, die jedoch nicht für islamistischen Terrorismus, sondern für Amok- und vergleichbare Gewalttaten (DyRiAS-Schule)[209], schwere Gewalttaten gegen (auch ehemalige) Partnerinnen (DyRiAS-Intimpartner)[210] und entsprechende Taten am Arbeitsplatz (DyRiAS-Arbeitsplatz) entwickelt wurde. Die technischen Grundlagen, insbesondere die Algorithmen und die Gewichtung der Fragen sind nicht öffentlich zugänglich. Bisherigen Untersuchungen zufolge hat DyRiAS die Tendenz, das von den untersuchten Personen ausgehende Risiko deutlich zu überschätzen.[211]

3. Bestandsaufnahme in der Europäischen Union

Über die deutsche Bestandsaufnahme lohnt sich ein Blick in andere Länder der EU bzw. in von der EU konzipierte Anwendungen. Untersucht werden im Folgenden

---

208 *Bundesministerium für Bildung und Forschung*, X-SONAR: Analyse extremistischer Bestrebungen in sozialen Netzwerken, abrufbar unter https://www.sifo.de/sifo/de/projekte/schutz-vor-kriminalitaet-und-terrorismus/terrorismusbekaempfung/x-sonar/x-sonar_node.html (zuletzt abgerufen am 31.07.2023).

209 *Hoffmann/Roshdi/Allwinn*, DyRiAS-Schule: Entwicklung und Validierung eines online gestützen Analyse-Instruments zur Risikoeinschätzung von schwerer zielgerichteter Gewalt an Schulen, Polizei & Wissenschaft 2013, S. 49 ff.

210 *Hoffmann/Glaz-Ocik*, DyRiAS-Intimpartner: Konstruktion eines online gestützten Analyse-Instruments zur Risikoeinschätzung von tödlicher Gewalt gegen aktuelle oder frühere Intimpartnerinnen, Polizei & Wissenschaft 2012, S. 45 ff.

211 *Gerth*, Risk-Assessment bei Gewalt- und Sexualdelinquenz, 2015, S. 43f.; Ausführlichere Darstellung von DyRiAS bei *Sommerer*, Personenbezogenes Predictive Policing, 2020, S. 92 ff.

zwei Systeme, das niederländische „Sensing project" und das zur Grenzkontrolle von der EU entworfene System iBorderCtrl.

3.1. Sensing Project

Besondere Aufmerksamkeit verdient das „Sensing project" in der niederländischen Kleinstadt Roermond in der Nähe des niederländisch-belgisch-deutschen Dreiländerecks. Ziel des Systems ist es, Personen zu identifizieren, welche Taschen- und Ladendiebstähle im lokalen Einkaufszentrum – einem der größten in Europa – begehen wollen. Als Hauptursache hierfür werden mobile, bandenmäßig organisierte Gruppen aus Osteuropa ausgemacht, obwohl nach den lokalen Statistiken nur 22 % aller in diesem Kontext Tatverdächtigen Staatsangehörige osteuropäischer Länder sind.[212] Datengrundlage sind Polizeidatenbanken, automatisierte Kennzeichenscanner und Kameras, welche Marke, Modell, Baujahr und Farbe von Autos erkennen sollen. Mit Hilfe von Algorithmen werden Risikoscores erstellt, auf deren Grundlage die Polizei entscheidet, ob sie interveniert.[213] Informationen über die genauen Kriterien und deren Gewichtung werden geheim gehalten, nach externen Untersuchungen sind folgende Anknüpfungspunkte Indizien für einen hohen Score: Autos mit mehreren Passagieren, Autos mit deutschen oder rumänischen Kennzeichen, spezifische über Kennzeichenscanner ermittelte Routen, weiße, drei bis fünf Jahre alte Mietwagen aus Deutschland und als gestohlen identifizierte Autos.[214]

3.2. iBorderCtrl

Einige KI-gestützte Systeme zur Kontrolle europäischer Grenzen fallen technisch ebenfalls unter den Begriff bzw. sind schwer davon abzugrenzen. Neben dem bereits untersuchten Musterabgleich bei Fluggastdaten gehört hierzu z. B. das System iBorderCtrl (Intelligent Portable Control System). Dabei handelt es sich um ein ganzes Bündel verschiedener algorithmengestützter Programme, die den Grenzübertritt beschleunigen sollen. Zunächst soll mit Hilfe der von Reisenden eingegebenen Daten eine automatisierte Risikobewertung vorgenommen werden und im Anschluss vom Algorithmus entschieden werden, ob der Grenzübertritt durch ein automatisches Kontrollgate erfolgen kann oder ob eine individuelle Befragung notwendig ist. Bei dieser sollen mit Hilfe künstlicher Intelligenz

---

212 *Amnesty International*, We sense trouble: Automated discrimination and mass surveillance in predictive policing in the Netherlands 2020, S. 25.

213 Ebd. S. 26.

214 Ebd. S. 27.

nonverbale Mikrogesten identifiziert werden, welche auf Lügen befragter Einreisender hindeuten.[215] Dazu sollen Dokumente und biometrische Daten automatisiert verifiziert werden.

Als automatisiertes Prognoseinstrument im Einsatz der (Grenz-)Polizei, das auch zur Verhütung von Straftaten genutzt wird, kann das System dem Wortlaut der Definition nach als personenbezogenes Predictive Policing bezeichnet werden. In der europäischen Wissenschaft und Öffentlichkeit ist dies bislang nicht passiert – anders jedoch in der amerikanischen Wissenschaft bei der Untersuchung der dortigen Systeme.[216] Das dürfte zum einen daran liegen, dass es bislang kaum europäische Forschungsliteratur hierzu gibt, vor allem aber auch daran, dass die meisten europäischen Grenzschutzbehörden außerhalb Deutschlands nicht wie die Bundespolizei Teil einer größeren Polizei mit übergeordneten Aufgaben sind, sondern selbstständige Polizeibehörden oder gar Teil des Militärs.[217] Wie bei den meisten hier untersuchten Systemen ist eine zweifelsfreie Einordnung unter den Begriff somit nicht komplett eindeutig möglich; bemerkenswerterweise liegt das Problem diesmal jedoch nicht bei einem Prognosebegriff oder dem Automatisierungsgrad, sondern dem zugrundeliegenden Polizeibegriff bzw. dem Verständnis davon, wofür die Polizei zuständig ist. Die starke Verknüpfung mit anderen Systemen wie der Dokumentenverifizierung und der Einbindung in den Einreiseprozess sprechen gegen die Einordnung als Predictive Policing und für eine eigene Kategorie. In Anbetracht der massiven Grundrechtseingriffe, die diese Programme ermöglichen, dürfen die Abgrenzungsschwierigkeiten rechtspolitisch nicht dazu verleiten, potentielle Regulierung nur auf Predictive Policing in einem engeren Sinn zu beschränken – hierzu besteht bislang aber auch kein Grund zur Sorge.[218]

Das System befindet sich noch nicht im Regelbetrieb. Nach längerer Entwicklung wurde 2019 ein erster Piloteinsatz von den Grenzschutzbehörden Ungarns, Litauens und Griechenlands durchgeführt.[219] Öffentliche Forschungsberichte zum

---

215 https://www.iborderctrl.eu/The-project (abgerufen am 31.07.2023).

216 Für Amerika *Barrett* N.Y.U. Rev. L. & Soc. Change Vol. 41 (2017), 327, für den europäischen Kontext exemplarisch *Stoklas* ZD-Aktuell 2021, 4.

217 Wobei in den USA, wo Prognosen an der Grenze zum Predictive Policing gezählt werden, mit dem *Customs and Border Protection* ebenfalls eine dezidierte Grenzschutzbehörde existiert.

218 Wie sich Z. B. in Resolutionen des Europaparlaments zum Verbot von Künstlicher Intelligenz nicht nur bei Predictive Policing i.e.S., sondern auch bei Grenzkontrollen (vgl. EP-Drs. P9_TA(2021)0405) zeigt.

219 Ein Überblick über eine Einschätzung der Ergebnisse bei https://www.iborderctrl.eu/Scenarios-Results (zuletzt abgerufen am 31.07.2023).

System wurden von der EU-Kommission für das Jahr 2020 angekündigt, sind bislang jedoch nicht veröffentlicht worden.[220] Mit iBoderCtrl eng verknüpft sind die ebenfalls in der Entwicklung befindlichen Systeme TRESPASS und ETIAS, welches Ende 2023 für alle Reisenden verpflichtend werden soll, die visafrei in den Schengenraum einreisen wollen.[221]

4. Internationaler Ausblick

Wie bei ortsbezogenem Predictive Policing waren auch bei personenbezogenen Systemen US-amerikanische Polizeibehörden die Pioniere in der Entwicklung, weshalb eine zumindest ausschnittsweise Betrachtung der dortigen Systeme für ein vollständiges Bild unumgänglich ist. Bekanntestes Projekt und in dieser Hinsicht exemplarisch war die „Strategic Subject List" in Chicago (auch „Heat List" genannt), die Anfang 2020 nach achtjährigem kontroversem Einsatz eingestellt wurde. Dabei prognostizierte ein Algorithmus allein bis 2018 bei knapp 400.000 Personen, wie wahrscheinlich sie Opfer oder Täter von Schusswaffengewalt werden.[222] Dabei wurde ein Risikowert zwischen 0 (niedrig) und 500 (hoch) berechnet. Zu den für die Verarbeitung verwendeten Daten gehörte das Alter der Person bei der letzten Festnahme, die Zahl der Festnahmen in den Bereichen der Schusswaffen- und Drogenkriminalität sowie bei gefährlichen Körperverletzungen, die Zugehörigkeit zu einer Straßengang und der „jüngste Kriminalitätstrend" der Person.[223]

Wurde einer Person ein besonders hoher Risikowert attestiert, galt sie als „Person of Interest", im deutschen Recht vergleichbar etwa mit der Ausschreibung zur polizeilichen Beobachtung nach § 47 BKAG oder § 37 NPOG. Zudem wurden Gefährderansprachen durchgeführt und Hilfe von Sozialarbeitern angeboten, wobei den Distriktskommandanten, welchen die Namen der Hochrisikopersonen

220 EP-Drs. E-000152/2020(ASW).

221 Genauere Informationen unter https://www.etiasvisa.com/ und https://www.trespass-etn.eu/ (beide zuletzt abgerufen am 31.07.2023), Überblick auch bei *European Parliament Research Service,* Artificial Intelligence at EU borders: Overview of applications and key issues 2021. PE 690.706.

222 *Charles,* CPD decommissions 'Strategic Subject List', Chicago Sun-Times vom 27.01.2020, abrufbar unter https://chicago.suntimes.com/city-hall/2020/1/27/21084030/chicago-police-strategic-subject-list-party-to-violence-inspector-general-joe-ferguson (zuletzt abgerufen am 31.07.2023).

223 Überall hierzu der anonymisierte Datensatz der Stadt Chicago aus den Jahren 2012-2016, abrufbar unter https://data.cityofchicago.org/Public-Safety/Strategic-Subject-List-Historical/4aki-r3np (zuletzt abgerufen am 31.07.2023).

mitgeteilt wurden, zumindest in den ersten Jahren keine spezifischen Anweisungen für den Umgang mit den Informationen gegeben wurde.[224] Zu beachten ist, dass im System nicht nach Tätern und Opfern getrennt wurde, sondern ein einheitlicher Wert berechnet wurde – mit dem Impuls, auch Opfern zu helfen. Durch den einheitlichen Wert und die einschlägigen Variablen dürften die Polizeibeamten allerdings in der Regel von prognostizierten Tätern ausgegangen sein.[225]

Eine 2013–2014 durchgeführte unabhängige Studie konnte keinen statistisch messbaren Effekt der Gefährderansprachen feststellen, die Personen aus der Prognosegruppe wurden lediglich häufiger verhaftet als die Vergleichsgruppe.[226] Gründe für die Einstellung des Programms waren unter anderem die Unzuverlässigkeit der Prognosen, schlecht ausgebildetes Personal und von dem Programm beeinflusste Falschverdächtigungen.[227]

5. Fazit

Im Gegensatz zum ortsbezogenen Predictive Policing zeigt sich bei personenbezogenem Predictive Policing bereits eine erhebliche Heterogenität der Systeme. Diese erschwert nicht nur eine Kategorisierung, etwa unter Begriffe wie „Gefahrverdacht erzeugend“ und „Gefahrverdacht bestätigend“. Sie zeigt vor allem die Grenzen der bislang schwammigen Definition des Predictive Policing auf. Diese Unschärfe wird sich in Anbetracht der fortschreitenden technischen Entwicklung nicht auflösen lassen, ist aber nicht problematisch; sie hat vielmehr den Vorteil, dass sie einer gefährlichen Dichotomie von „besonders grundrechtsinvasivem“ Predictive Policing und „harmloseren“ ähnlichen Systemen entgegenwirken kann.

Während das Interesse an ortsbezogenem Predictive Policing aktuell stark abgenommen hat, nimmt die Bedeutung personenbezogener Modelle – besonders auf europäischer Ebene – stark zu. Dabei ist auch ein deutlicher Trend zu stärkerer Automatisierung zu beobachten. Das 2017 eingeführte RADAR-iTE läuft ohne Automatisierung noch auf einer Vorstufe zum personenbezogenen Predictive Policing, der im gleichen Jahr eingeführte Musterabgleich nach dem

224 *Saunders/Hunt/Hollywood* J. Exp. Criminol. 2016, S. 347, 355 f.

225 *Sommerer,* Personenbezogenes Predictive Policing 2020, S. 81.

226 *Saunders/Hunt/Hollywood* J. Exp. Criminol. 2016, S. 347, 363.

227 OIG of Chicago: OIG Releases Advisory on the Chicago Police Department's Predictive Risk Models, Pressemitteilung vom 23. Januar 2020, abrufbar unter https://igchicago.org/2020/01/23/oig-releases-advisory-on-the-chicago-police-departments-predictive-risk-models/ (zuletzt abgerufen am 31.07.2023).

FlugDaG kommt zumindest noch ohne künstliche Intelligenz aus. Künstliche Intelligenz ist jedoch wesentlicher Bestandteil der seit Ende 2017 in verschiedenen Formen getesteten automatisierten Videoüberwachung. Mit den neuen EU-Grenzkontrollsystemen wie iBorderCtrl zeichnet sich eine neue Tendenz vom entscheidungsunterstützenden Predictive Policing zu entscheidungsleitenden bis vollautomatisierten Anwendungen ab.

IV. Verfassungsrechtliche Grenzen

Predictive Policing als neue Art der Polizeiarbeit ist wissenschaftlich noch nicht in allen Belangen intensiv untersucht worden – stellenweise wurden bereits in dieser Bestandsaufnahme einzelne Forschungslücken deutlich. Noch größer werden die Lücken, wenn die kriminologischen Erkenntnisse in den rechtsdogmatischen Kontext übersetzt werden sollen. Die wenigen gesetzgeberischen Veränderungen wurden in der Wissenschaft kaum beachtet, Gerichtsurteile hierzu gibt es bislang je nach Thema kaum (erstes großes Urteil zum Themenkomplex ist das Urteil des BVerfG zu den Palantir-Ermächtigungsgrundlagen in Hessen und Hamburg).[228]

In diesem Kapitel soll dazu beigetragen werden, diese Lücken zu systematisieren und Verbindungen zu vergleichbaren bestehenden Methoden in der Polizeiarbeit zu ziehen. Soweit Forschungslücken bestehen, soll versucht werden, diese Lücken teilweise zu schließen.

An erster Stelle wird das ortsbezogene Predictive Policing in den verfassungsrechtlichen Kontext eingeordnet. Es wird weithin angenommen, dass eine ortsbezogene Prognose für sich genommen noch keinen Grundrechtseingriff darstellt und bereits auf Grundlage der polizeilichen Aufgabennormen ohne gesonderte Ermächtigungsgrundlage zulässig ist.[229] Dies wird zunächst genauer untersucht.

Sodann werden Fragestellungen um die verfassungsrechtlichen Anforderungen an die Transparenz von Predictive Policing als übergreifendes, sowohl orts- als auch personenbezogene Anwendungen betreffendes Anliegen bearbeitet.

Im dritten Schritt werden Fragen, die nur personenbezogenes Predictive Policing betreffen, behandelt. Im Fokus stehen dabei zum einen die Frage, welche Anforderungen zur Rechtfertigung von Eingriffen in die informationelle Selbstbestimmung bei der Verwendung der Systeme bestehen, zum anderen die Frage, wann personenbezogenes Predictive Policing einen Verstoß gegen die Gleichheitsgrundsätze des Art. 3 GG darstellt; letztere Frage bedarf auch der Berücksichtigung mathematischer Probleme. Abschließend werden vereinzelte Fragen zu kleineren Themenkomplexen um die Verfassungsmäßigkeit der Anwendungen kursorisch behandelt.

---

228 BVerfG, Urteil vom 16. Februar 2023 – 1 BvR 1547/19 -.

229 *Singelnstein*, NStZ 2018, 1, 6 ff.

1. Ortsbezogene Systeme

Rein ortsbezogenes Predictive Policing ist verfassungsrechtlich grundsätzlich immer weniger problematisch als personenbezogene Systeme. Im Gegensatz zum personenbezogenen Predictive Policing stellt nicht jede Prognose gleich einen Eingriff in die informationelle Selbstbestimmung potentiell Betroffener dar. Bemerkenswert ist an dieser Stelle, dass ortsbezogene Prognosen von den Landeskriminalämtern mit Ausnahme der datenschutzrechtlichen Bezüge so gut wie gar nicht unter rechtlichen Gesichtspunkten untersucht werden – vor allem, weil die Prognosen in der Wahrnehmung der Beteiligten nicht für polizeiliche Eingriffsmaßnahmen genutzt werden.[230] Wie im nächsten Unterkapitel ausgeführt wird, bestehen bei den meisten Systemen auch so gut wie keine schweren Bedenken. Dennoch kommt auch bei rein ortsbezogenen Prognosen schnell eine Reihe von Fragen auf. Die erste Frage, wann die Grenze zum Grundrechtseingriff überschritten wird und es damit einer gesetzlichen Ermächtigungsgrundlage bedarf, stellt sich auf mehreren Ebenen: Zunächst ist fraglich, ob auch die bislang als unproblematisch wahrgenommene und ohne Ermächtigungsgrundlage durchgeführte lagebezogene Prognose unter bestimmten Umständen nicht doch einen mindestens faktischen Grundrechtseingriff darstellen kann. Danach ist zu klären, wann bereits bei der Prognose selbst die Schwelle zum Eingriff überschritten ist, etwa durch die Nutzung von Daten, welche Rückschlüsse auf Personen zulassen. Zuletzt stellt sich die Frage, welche Rolle die Prognose für andere Eingriffe wie Personenkontrollen spielen darf.

1.1. Ortsbezogene Prognosen ohne Ermächtigungsgrundlage

a. Grundsätze

An dieser Stelle soll zunächst rekapituliert werden, welche Maßnahmen (verfassungs-)rechtlich unbedenklich sind. Die Polizei hat mit den Verwaltungsbehörden die Aufgabe der Gefahrenabwehr.[231] Aus der Aufgabenübertragung darf jedoch nach rechtsstaatlichen Grundsätzen nicht auf die Befugnisse der Polizei

---

230 *Thüne*, Predictive Policing 2020, S. 150 f., aufschlussreich zu den Prozessen dabei insbesondere auch die ausgewerteten Interviewtranskripte im Anhang der Arbeit.

231 § 1 Abs. 1 S. 1 NPOG (für die Landespolizeigesetze wird in dieser Arbeit – soweit möglich – stellvertretend auf das Niedersächsische Polizei- und Ordnungsbehördengesetz Bezug genommen).

geschlossen werden.[232] Aus dem Prinzip des Gesetzesvorbehalts nach Art. 20 Abs. 3 GG ergibt sich, dass jede eingreifende Maßnahme eine gesetzliche Ermächtigungsgrundlage benötigt.[233] Das aus dem Polizei- und Ordnungsrecht stammende Verbot, von der Aufgabenzuweisung auf Eingriffsbefugnisse zu schließen, wurde von BVerfG und BVerwG in den letzten Jahrzehnten aber teilweise aufgeweicht. In der Osho-Entscheidung des BVerwG will es diesem Trennungsgebot nur dann den Status eines rechtstaatlichen Grundsatzes zuerkennen, soweit es sich auf „herkömmliche Eingriffe, also [..,] Rechtsakte gebietenden oder verbietenden ("imperativen") Charakters" bezieht.[234] Bei nicht rechtsförmlich, sondern nur tatsächlich erfüllbaren Aufgaben, bei denen dem Bürger kein Handeln verboten oder aufgeboten wird, stehe das Rechtsstaatsprinzip einem Schluss von der Aufgabenzuweisung auf die Zulässigkeit von Individualrechtsbeschränkungen nicht grundsätzlich entgegen.[235] Explizit erwähnt ist in dem Urteil auch die Möglichkeit des Schlusses von der polizeilichen Aufgabenzuweisung in Eingriffe in die informationelle Selbstbestimmung, obwohl in dem dabei zitierten Urteil einer anderen Kammer des BVerwG mit dem damaligen § 9 Abs. 1 BerlDSG eine Ermächtigungsgrundlage vorlag.[236] Trotz aller Kritik an der Entscheidung ist dieser Grundsatz für die polizeiliche Gefahraufklärung nie in Frage gestellt worden, vermutlich vor allem weil die Gefahraufklärung unverzichtbarer Teil funktionierender Polizeiarbeit ist und sich aus der damit verbundenen nicht grundrechtseingreifenden Tätigkeit bislang nie ernsthafte Probleme ergeben haben.[237]

Beim ortsbezogenen Predictive Policing ist die Schwelle zum Grundrechtseingriff weder bei der Prognose selbst noch bei den darauffolgenden Maßnahmen zwangsläufig überschritten. Zur Gefahrenaufklärung kann die Polizei in ihrer Aufgabenzuweisung eine Reihe von Maßnahmen ergreifen, die in niemandes Grundrechte eingreifen, etwa die allgemeine Sachverhaltsaufklärung, die Beschaffung sach- und lagebezogener Informationen sowie die Speicherung dieser in entsprechenden Datenbanken.[238] Die meisten ortsbezogenen Systeme arbeiten

---

232 *Schenke,* Polizei- und Ordnungsrecht, 11. Auflage 2021 Rn. 35; *Gusy,* Polizei- und Ordnungsrecht, 10. Auflage 2017 Rn. 13; *Reimer,* FS Würtenberger, S. 1056 Fn. 50 m. w. N.

233 Ebd.; *Grzeszick,* in: *Dürig/Herzog/Scholz,* GG, Art. 20 Rn. 111.

234 BVerwG NJW 1991, 1770, 1771.

235 Ebd.

236 Ebd.; BVerwG NJW 1990, 2765, 2766.

237 Mit umfangreicher Kontextualisierung vgl. *Gusy,* Polizei- und Ordnungsrecht 10. Auflage 2017 Rn. 186 ff.

238 Ebd., Rn. 189.

ausschließlich mit genau diesen sach- und lagebezogenen Informationen, bei PRECOBS gehören dazu etwa neben dem (überwiegend nur ungefähren) Ort des Wohnungseinbruchsdiebstahls auch die sachbezogenen Modalitäten, die für und gegen ein Wiederholungsdelikt sprechen. Zum Eingriff könnte es bei ortsbezogenen Daten aber durchaus kommen. Sie bekommen dann auch einen Personenbezug, wenn sie so detailliert sind, dass sie einen Rückschluss auf die damit verbundenen Personen zulassen.[239]

b. Bedenken zu möglicher Ungleichbehandlung

Das Gleiche gilt für Maßnahmen, welche als Resultat der Prognose unternommen werden: Insbesondere die Streifenfahrt als in diesem Kontext bislang bedeutendste Intervention hat für sich genommen noch keinen Eingriffscharakter und ist somit bereits durch die Aufgabenzuweisung zulässig.[240] Aber auch auf dieser Ebene wurden im Kontext des ortsbezogenen Predictive Policing bereits Bedenken geäußert. So gibt es auch hier schon Befürchtungen systematischer Diskriminierung: Wird eine Gegend aufgrund der Prognosen (denen durch Diskriminierung verzerrte Datenbanken zu Grunde liegen können) häufig bestreift, werden dort auch andere Straftaten entdeckt.[241] Dies kann einen sich gegenseitig verstärkenden Effekt zur Folge haben, bei dem das überdurchschnittlich große Hellfeld Anlass für eine noch stärkere Polizeipräsenz wird. Im Extremfall würde die Gegend dann zur sogenannten „No-Go-Area" erklärt, in der die Bewohner aufgrund ihrer Anschrift erhebliche Probleme bekommen, Arbeit zu finden oder Verträge abzuschließen.

Ein solches Schreckensszenario ist allein wegen der aktuell wieder deutlich abnehmenden Bedeutung des ortsbezogenen Predictive Policing in der unmittelbaren Zukunft nicht zu befürchten. Die Berücksichtigung einer solchen Möglichkeit und das Einleiten von Maßnahmen, um eine solche Entwicklung zu verhindern, ist aber schon auf der Ebene der Streifenplanung politisch und kriminologisch wichtig. Eine verfassungsrechtliche Notwendigkeit kann daraus jedoch erst erwachsen, wenn bereits die Prognose oder die daraus folgenden Streifenfahrt schon als faktischer bzw. mittelbarer Grundrechtseingriff gilt. Ein Szenario, in dem eine Gegend allein durch polizeiliche Gefahrenaufklärung ohne finale Eingriffsqualität

239 *Singelnstein* NStZ 2018, 1, 6.

240 Ebd. S. 7; *Weiner*, in: BeckOK PolR Nds § 11 NPOG Rn. 25 f.

241 Die folgenden Befürchtungen werden formuliert von *Knobloch*, Vor die Lage kommen: Predictive Policing in Deutschland, 2018, S. 24, abrufbar unter https://www.stiftung-nv.de/sites/default/files/predictive.policing.pdf (zuletzt abgerufen am 31.07.2023).

so stark abgewertet wird, dass die Handlungsmöglichkeiten der Bürger dadurch faktisch und mittelbar eingeschränkt werden, ist lebensfremd und wird auch von den schärfsten Kritikern nicht befürchtet. Gegenstand der oben beschriebenen Befürchtungen sind vielmehr eigenständige Eingriffe, die durch Informationen veranlasst werden, welche gewissermaßen als Nebenprodukte der Streifenfahrten gewonnen werden. Bei diesen stellt sich zwar die Frage, ob und wie die Prognose zur Grundlage gehören darf, die Prognose spielt jedoch nicht mehr die zentrale Rolle, wie dies auch in personenbezogenen Systemen der Fall sein kann. Die „selbst auferlegte Gedankenlosigkeit“ bei automatisierten Risikoscores, durch die nach *Sommerers* Befürchtungen algorithmengestützte Entscheidungen ohne kritisches Hinterfragen faktisch zu fast vollautomatisierten Entscheidungen werden können, findet so in der ortsbezogenen Prognose kein direktes Pendant.[242] Ein „Schlafwandeln“ von der verzerrten Prognose in die No-Go-Area ist möglich, die Prognose ist dabei aber nicht unmittelbare Ursache. Dies sind eigenständige Eingriffe, welche durch die Prognose begünstigt werden können.

c. *Stigmatisierende Verhaltensprofile*

Ferner wird im Kontext möglicher Diskriminierung die Frage aufgeworfen, ob ortsbezogenes Predictive Policing stigmatisierende Verhaltensprofile von an bestimmten Orten befindlichen Personengruppen erstellen bzw. auf ihnen beruhen kann.[243] In Anbetracht der Tatsache, dass etwa das nordrhein-westfälische System SKALA auch soziostrukturelle Daten verarbeitet (unter anderem auch den Anteil nichteuropäischer Ausländer in einem Wohnquartier)[244] und dabei neben dem Near Repeat-Phänomen auch auf umstrittenere kriminologische Theorien bis hin zu Broken Windows setzt – einem Ansatz, dem vorgeworfen wird, die Diskriminierung prekärer Gruppen zu legitimieren[245] – ist das bereits jetzt eine nicht von der Hand zu weisende Gefahr. In den USA ist dieses Szenario bereits Realität: Bei Streifen auf Grundlage des ortsbezogenen PredPol-Systems zur Bekämpfung von Drogenkriminalität in der kalifornischen Stadt Oakland wurden schwarze Personen mehr als doppelt so oft Ziel polizeilicher Maßnahmen wie weiße Personen, obwohl es vermutlich keine signifikante Korrelation zwischen Drogenkonsum und Hautfarbe gibt.[246] Zu betonen ist, dass PredPol keine soziostrukturellen Daten

242 *Sommerer*, Personenbezogenes Predictive Policing 2020, S. 325 ff.
243 *Sommerer* NK 2017, 147, 158 f.
244 *Landeskriminalamt NRW*, Abschlussbericht Projekt SKALA 2018, S. 58.
245 S. o. S. 26 f.
246 *Lum/Isaac*, To predict and serve?, Significance 13(5) 2016, S. 14, 18.

nutzt, sondern nur an Tatort, Tatzeit und Art der Tat anknüpft. Dabei ist aber auch zu beachten, dass Drogenkriminalität und Wohnungseinbruchsdiebstahl kriminologisch kaum unterschiedlicher sein könnten: Während die Polizei von Wohnungseinbrüchen hauptsächlich durch Anzeigen erfährt und das Dunkelfeld durch die hohe Anzeigenquote sehr klein ist, gewinnt die Polizei bei den opferlosen Drogendelikten fast nur durch eigenständige Ermittlungen Erkenntnisse über begangene Straftaten. Mit steigendem Dunkelfeld steigt auch das Risiko, dass Datenbanken z. B. durch internalisierte Rassismen verzerrt werden – ein Effekt, der durch die Natur des mit historischen Daten arbeitenden Predictive Policing mit an Sicherheit grenzender Wahrscheinlichkeit verstärkt wird.

Die Frage, ob auch bei Delikten mit so großem Hellfeld die Entstehung bzw. Nutzung stigmatisierender bis rassistischer Profile möglich ist, ist bislang nicht erforscht nur auf Grundlage empirischer Arbeit zu beantworten; ein solches Unterfangen übersteigt den Rahmen dieser Arbeit. Dass im Rahmen ortsbezogener Prognosen solche Profile durchaus entstehen können, liegt aber insbesondere bei Delikten, in denen das Dunkelfeld das Hellfeld übersteigt, auf der Hand. Es dürfte außer Frage stehen, dass politisch und kriminologisch gegen diese Tendenzen gegengesteuert werden muss. Auch hier stellt sich jedoch die Frage, ob bzw. ab wann hierzu eine verfassungsrechtliche Notwendigkeit besteht. So ist zunächst zu klären, ob die rein lagebezogene Prognose und die daraus resultierende Streifenfahrt zum verfassungsrechtlichen Problem werden kann, in diesem Kontext primär im Hinblick auf Art. 3 Abs. 1 GG und Art. 3 Abs. 3 S. 1 GG.

α. Einordnung in Art. 3 GG

Die Debatte um polizeiliche Diskriminierung im Bereich der Gefahraufklärung drehte sich bislang vor allem um das sogenannte „Racial Profiling", also Polizeikontrollen aufgrund von Merkmalen wie der Hautfarbe der Betroffenen.[247] Sie hat in diesem Kontext besondere Bedeutung, da bei Art. 3 Abs. 3 GG im Gegensatz zu den Eingriffen in die allgemeine Handlungsfreiheit und das Recht auf informationelle Selbstbestimmung kein Gesetzesvorbehalt besteht, eine Rechtfertigung also nur durch kollidierendes Verfassungsrecht möglich ist.[248] Aufgrund des starken Menschenwürdebezugs des Merkmals „Rasse" ist die Rechtfertigung

247 Hierzu Z. B. *Liebscher* NJW 2016, 2779; *Petterson* ZAR 2019, 301; OVG Münster NVwZ 2018, 1497.

248 *Langenfeld*, in: *Dürig/Herzog/Scholz*, GG Art. 3 Abs. 3 Rn. 72 ff.; *Baer/Markard*, in: *v. Mangoldt/Klein/Starck*, GG Art. 3 Abs. 3 Rn. 432; BVerfGE 74, 163, 180; 92, 91, 109; 114, 357, 364.

einer Diskriminierung deswegen praktisch kaum vorstellbar.[249] Zudem kann auch nach dem allgemeinen Gleichheitssatz eine Ungleichbehandlung nicht durch die bloße Verfolgung eines legitimen Zwecks gerechtfertigt werden, sondern muss an Unterschiede zwischen den Gruppen anknüpfen.[250] Da die Bekämpfung von Wohnungseinbruchsdiebstahl und anderer durch ortsbezogenes Predictive Policing zu verhindernder Straftaten keinen Verfassungsrang hat, würde ein Eingriff im Kontext von Art. 3 Abs. 3 GG gleich zur Verfassungswidrigkeit der Praxis führen und wäre auch im Kontext von Art. 3 Abs. 1 GG kaum zu rechtfertigen.[251]

Die ortsbezogene Prognose knüpft bereits vom Begriff her nicht an die personenbezogenen Merkmale an, das Anknüpfungsverbot ist also nicht direkt verletzt. In Betracht kommt jedoch die Möglichkeit einer mittelbaren Diskriminierung. Zu einer mittelbaren Anknüpfung an die Merkmale des Art. 3 Abs. 3 S. 1 GG kann es vor allem dann kommen, wenn bestimmte Gruppen an bestimmten Wohnorten überrepräsentiert sind.

Ob und wie auch eine mittelbare Diskriminierung von Art. 3 Abs. 3 GG erfasst ist, ist umstritten. In der früheren Rechtsprechung des BVerfG und in Teilen der Literatur wird dies kategorisch abgelehnt und dabei insbesondere auf die Natur der Norm als Anknüpfungsverbot verwiesen.[252] In Anlehnung an die *disparate impact theory* aus den Vereinigten Staaten[253] wird inzwischen aber zunehmend dafür plädiert, Art. 3 Abs. 3 S. 1 GG auch bei mittelbaren Diskriminierungen anzuwenden.[254] Dem ist zuzustimmen. Auch wenn der Gedanke des Anknüpfungsverbots dem Verbot mittelbarer Diskriminierung zunächst entgegenzustehen scheint, wäre eine andere Entscheidung schlicht inkonsequent: So wie es unstreitig nicht auf die durch das staatliche Handeln verfolgte Absicht ankommt und die Finalität seit langem nicht mehr relevantes Kriterium für die Annahme

---

249 *Baer/Markard*, in: *v. Mangoldt/Klein/Starck*, GG Art. 3 Abs. 3 Rn. 475.

250 *Nußberger*, in: *Sachs*, GG Art. 3 Rn. 13; BVerfGE 55, 72, 88.

251 Für eine vertiefte Auseinandersetzung mit den in diesem Absatz angerissenen Fragen für den personenbezogenen Kontext siehe S. 166 ff.

252 *Langenfeld*, in: *Dürig/Herzog/Scholz*, GG Art. 3 Abs. 3 Rn. 37; *Boysen*, in: *v. Münch/Kunig*, GG Art. 3 Rn. 143 ff.; BVerfGE 64, 135, 156 f.

253 Nach dem Prinzip des *disparate impact* ist eine Maßnahme diskriminierend, wenn sie eine geschützte Gruppe überproportional betrifft, eine Anknüpfung an Merkmale der Gruppen ist damit nicht mehr relevant. Siehe *Griggs* v. *Duke Power Co.*, 401 U.S. 424 (1971).

254 *Nußberger*, in: *Sachs*, GG Art. 3 Rn. 248f.; *Jarass*, in: *Jarass/Pieroth*, GG Art. 3 Rn. 137; *Baer/Markard*, in: *v. Mangoldt/Klein/Starck*, GG Art. 3 Abs. 3 Rn. 421, 429 ff.; BVerfGE 97, 35, 43 f.; 121, 241, 254; 132, 72, 97.

einer Ungleichbehandlung ist,[255] muss bei den besonderen Gleichheitssätzen wie bei den allgemeinen Gleichheitssätzen auf die Auswirkungen einer Maßnahme in der Realität geachtet werden.[256]

Die Praxis ist zudem im europäischen und internationalen Recht durchgehend anerkannt: Der EuGH[257] und der EGMR[258] sehen die mittelbare Diskriminierung von den Gleichheitssätzen der Grundfreiheiten und der EMRK erfasst, im europäischen Sekundärrecht wird umfassend auf sie eingegangen und das Völkerrecht fordert etwa in Art. 1 ICERD und Art. 1 CEDAW Maßnahmen zur Bekämpfung mittelbarer Diskriminierung.[259]

Aus dem Umstand, dass das BVerfG diese Ausweitung bislang fast nur bei mittelbarer Diskriminierung wegen des Geschlechts angewandt hat, will die Gegenmeinung schlussfolgern, dass unter dieser Annahme nur Diskriminierungen wegen des Geschlechts oder der Behinderung erfasst sein könnten, weil es nur hierfür Anhaltspunkte im Wortlaut der Verfassung gebe.[260] Dies bildet zum einen nicht die Rechtsprechung des BVerfG ab, das u.a. auch mittelbare Diskriminierung aufgrund der Sprache – v.a. bei Dolmetscherkosten – nach Art. 3 Abs. 3 S. 1 GG für verfassungswidrig erklärt hat.[261] Zum anderen gibt der Wortlaut des Art. 3 keinen stärkeren Schutz vor Diskriminierungen aufgrund von Geschlecht und Behinderung her, mit dem eine sonst nicht zu begründende Schlechterstellung der anderen Merkmale zu rechtfertigen wäre.

β. Anwendung im ortsbezogenen Predictive Policing

Für die Annahme einer verfassungswidrigen Diskriminierung aufgrund der Merkmale Rasse und Herkunft müssen im Kontext des ortsbezogenen Predictive Policing zwei Fragen geklärt werden: Wann nimmt die Prognose und die darauf gestützte Streifenfahrt ein Ausmaß an, dass sie als Ungleichbehandlung zu werten

---

255 BVerfGE 85, 191, 206; 89, 276, 289; 121, 241, 254.

256 so Z. B. BVerfGE 3, 58, 158; 45, 376, 387; 110, 141, 167.

257 EuGH NJW 1972, 1639 (Sabbatini-Bertoni); EuGH NZA 1990, 771 (Kowalska); EuGH NZA 1994, 797 (Enderby).

258 EGMR, *D. H.* u.a. gg. *Tschechische Republik*, Urt. v. 13.11.2007, Bsw. 57325/00; EGMR *Orsus* u.a. gg. *Kroatien*, Urt. v. 16.3.2010, Bsw. 15766/03.

259 *Baer/Markard*, in: *v. Mangoldt/Klein/Starck*, GG Art. 3 Abs. 3 Rn. 421 Fn. 122 f. m. w. N.

260 *Langenfeld*, in: *Dürig/Herzog/Scholz*, GG Art. 3 Abs. 3 Rn. 38; *Kischel*, in: *Epping/Hillgruber* Art. 3 GG Rn. 215; *Wollenschläger*, in: *v. Mangoldt/Klein/Starck*, GG Art. 3 Abs. 1 Rn. 173 ff.

261 BVerfGK 1, 331, 334; 2, 36, 39 f.

ist – und wann ist eine Gegend so stark durch die Herkunft bzw. ethnische Zugehörigkeit ihrer Bewohner geprägt, dass eine mittelbare Diskriminierung deswegen angenommen werden kann?

Nach der „neuen Formel“ des BVerfG wird Art. 3 Abs. 1 GG verletzt, wenn eine Gruppe von Normadressaten im Vergleich zu anderen Normadressaten anders behandelt wird, obwohl zwischen beiden Gruppen keine Unterschiede von solcher Art und solchem Gewicht bestehen, dass sie die ungleiche Behandlung rechtfertigen könnten.[262] Evident ist hier das Problem, dass sowohl die Prognose als auch die Streifenfahrt für sich keine Adressaten haben und auch nicht auf Befugnisnormen, sondern bloß auf Aufgabenzuweisungsnormen beruhen. Nach diesem Maßstab können Prognose und Streifenfahrt also schon begrifflich keine Ungleichbehandlung darstellen. Auch aus dem Willkürverbot abgeleitete Pflichten des Staates – insbesondere die Pflicht zur gleichheitskonformen Ermessensausübung[263] – knüpfen primär an Maßnahmen der Eingriffsverwaltung an und haben insbesondere für die Selbstbindung der Verwaltung Relevanz.

Losgelöst von dem Fokus der deutschen Systeme auf den Wohnungseinbruchsdiebstahl und mit Blick auf die amerikanische Praxis, welche über ortsbezogene Prognosen auch Streifen zu Drogendelikten umfasst, muss zunächst geklärt werden, auf welchen Ebenen es einen Verstoß gegen Art. 3 GG und die damit verbundenen Grundsätze darstellen würde, wenn bestimmte Delikte nur noch selektiv geahndet würden. Die Pflicht zur gleichheitskonformen Ermessensausübung verbietet Behörden, ihr Ermessen ohne erkennbaren Grund unterschiedlich, systemwidrig oder planlos auszuüben.[264] Soweit sich die Behörden auf Einzelfälle beschränken, müssen sie dies begründen.

Wie weit für die Gefahrenaufklärung unterhalb der Eingriffsschwelle die Grundsätze des pflichtgemäßen Ermessens gelten, wird innerhalb der Rechtswissenschaft kaum erörtert. Zwar gibt es in allen Polizeigesetzen neben den Standardmaßnahmen, welche in der Regel ein auf Ermessen deutendes Wort wie „kann“ enthalten, Vorschriften wie § 5 Abs. 1 NPOG, nach dem die Polizei ihre Maßnahmen immer nach pflichtgemäßem Ermessen zu treffen hat. Dieser Formulierung wird jedoch teilweise ein eigenständiger normativer Gehalt abgesprochen.[265] Für den konkreten Fall hängt das auch damit zusammen, dass nicht eindeutig ist, ob die hier behandelten Tätigkeiten als Maßnahmen im Rechtssinne zu qualifizieren sind.

---

262 BVerfGE 55, 72, 88.

263 *Wollenschläger*, in: *v. Mangoldt/Klein/Starck*, GG Art. 3 Abs. 1 Rn. 191.

264 BVerwG BauR 2014, 1923.

265 *Wehr*, in: *Wehr*, BPolG § 16 Rn. 1.

Der Begriff der Maßnahme kommt aus dem allgemeinen Verwaltungsrecht und ist polizeirechtlich ausschließlich im niedersächsischen Polizei- und Ordnungsrecht legaldefiniert. Nach § 2 Nr. 7 NPOG sind Maßnahmen Verordnungen, Verwaltungsakte und andere Eingriffe. Tätigkeiten unterhalb der Eingriffsschwelle sind somit vom Begriff her keine Maßnahmen im Sinne des NPOG. Andere Polizeigesetze gehen implizit von einem weiteren Maßnahmenbegriff aus: § 1 Abs. 5 PolG NRW und § 1 Abs. 5 BbgPolG sprechen wortgleich davon, dass die Polizei Maßnahmen, die in Rechte einer Person eingreifen, nur treffen darf, wenn dies aufgrund dieses Gesetzes oder anderer Rechtsvorschriften zulässig ist. Sie gehen sprachlich davon aus, dass es auch Maßnahmen geben kann, welche nicht in die Rechte von Personen eingreifen – dieser Maßnahmenbegriff muss somit auch Tätigkeiten unterhalb der Eingriffsschwelle erfassen. Dass diesem Bereich bislang kaum praktische Relevanz zukam, zeigt sich auch daran, dass der Begriff in der polizeirechtlichen Kommentarliteratur oft nicht oder eher unscharf definiert ist und eine einheitliche Definition oder zumindest eine gewisse Systematisierung nicht vorhanden ist. Überwiegend wird dabei das Erfordernis eines Eingriffs verlangt.[266] Teilweise werden aber auch darunter alle Handlungen, mit denen die Polizei nach außen in Erscheinung tritt, verstanden, wodurch die Streifenfahrt eindeutig als Maßnahme zu qualifizieren wäre.[267] Diese Definition findet sich bemerkenswerterweise in einem Kommentar zum NPOG und schließt an die (auch zu Zeiten des NSOG bereits) unzutreffende Feststellung an, dass der Begriff der Maßnahme im NPOG nicht definiert sei.

Im allgemeinen Verwaltungsrecht ist der Begriff der Maßnahme hingegen recht klar definiert – insbesondere dank seiner zentralen Rolle in § 35 VwVfG, wo der Verwaltungsakt als jede Verfügung, Entscheidung oder andere hoheitliche Maßnahme definiert wird. Das Merkmal wird dabei im Grundsatz zwar als eher unscharfer Oberbegriff verstanden. Einigkeit besteht trotzdem darin, dass Gegenstand der Maßnahme immer ein Handeln mit Erklärungswert ist, also eine behördliche Willenserklärung abgegeben wird.[268] Als solche müssen sie immer auf einen rechtlichen Erfolg gerichtet sein. Prognosen und Streifenfahrten sind jedoch nur Realakte, bei denen ein Regelungswille fehlt und die nur auf einen tatsächlichen Erfolg wie eine verbesserte Lageeinschätzung und das Ausbleiben

266 *Trurnit*, in: BeckOK PolR BW § 3 PolG BW, Rn. 3; weniger eindeutig, aber im Ergebnis wohl auch zustimmend *Müller-Franken*, in: BeckOK PolR Hessen § 4 HSOG Rn. 22 ff.

267 *Ullrich*, in: BeckOK PolR Nds, § 4 NPOG Rn. 11.

268 *Stelkens*, in: *Stelkens/Bonk/Sachs*, VwVfG § 35 Rn. 69 f.; *Pautsch*, in: *Pautsch/Hoffmann*, VwVfG, § 35 Rn. 20; *Knauff*, in: *Schoch/Schneider*, VwVfG § 35 Rn. 52 f.; *Windoffer*, in: *Mann/Sennekamp/Uechtritz*, VwVfG § 35 Rn. 33.

von Straftaten gerichtet sind. Für letzteres Ziel ist die Streifenfahrt als Mittel zu unkonkret, als dass von einer Regelung gesprochen werden könnte, die auf das Unterlassen von Straftaten durch potentielle Täter gerichtet wäre – insbesondere liegt hier definitiv kein Erklärungsgehalt vor. Sie stellen somit keine Maßnahmen im verwaltungsrechtlichen Sinne dar, weswegen für sie die Vorschriften zum Ermessen nicht gelten und sie über diese Ebene nicht an Art. 3 GG gebunden sind.

Gleiches gilt jedoch auf der Ebene der Strafverfolgung, welche das Resultat der über eine Streifenfahrt gewonnenen Erkenntnisse sein kann. Hier gilt kein Ermessensspielraum, sondern das Legalitätsprinzip gem. §§ 152 Abs. 2, 160 Abs. 1 StPO, das nach § 163 Abs. 1 StPO auch die Polizei bindet. Das Opportunitätsprinzip, welches Ausnahmen zum Legalitätsprinzip begründet, spielt erst bei der Entscheidung zur Anklage eine Rolle, während die durch ortsbezogene Prognosen möglicherweise verstärkten Probleme auf der Ebene entstehen, die bereits gem. § 160 Abs. 1 StPO eine Pflicht zur Sachverhaltsaufklärung begründen.

χ. *Drohende Lücken im Grundrechtsschutz*

Auf diese Weise droht eine Lücke zu entstehen, in der potentiell diskriminierendes staatliches Verhalten an Art. 3 GG vorbei geschieht. Bei der Erkenntnisgewinnung ohne Eingriffe in die Grundrechte der Bürger ist die Polizei so frei, dass ein an verfassungsrechtlichen Maßstäben orientiertes Handeln nicht notwendig erscheint, während bei der daraus resultierenden mit Eingriffen verbundenen Rechtsdurchsetzung kein Korrektiv mehr vorgesehen ist und auch lebensfremd wäre – es wäre abwegig, nach Kenntniserlangung zu Straftaten von der Strafverfolgung abzusehen, weil ein überproportional großes Hellfeld an dem Tatort zu Ungleichbehandlungen führen könnte.

Würden durch ortsbezogenes Predictive Policing die Risiken einer gleichheitswidrigen Strafverfolgung steigen, entstünde hierdurch kein Präzedenzfall. Dass einzelne Bevölkerungsgruppen allein wegen bestimmter Eigenschaften oder Merkmale wie Ethnizität und sozialer Herkunft einem überdurchschnittlichen Strafverfolgungsrisiko ausgesetzt sind, ist Teil der sozialen Realität in Deutschland und in erheblichem Umfang von Faktoren bestimmt, die in der Planung operativer Polizeiarbeit kaum bis gar nicht beeinflussbar sind. Hierzu gehören – um nur einige Beispiele zu nennen – rassistische Denkmuster in Teilen der Polizei, die sich in „Racial Profiling“ und anderen Verhaltensweisen niederschlagen,[269]

---

269 Vgl. etwa *Abdul-Rahman/Espín Grau/Klaus* SIAK-Journal 2/2021, S.12 ff.; *Belina*, Der Alltag der Anderen: Racial Profling in Deutschland?, in: *Dollinger/Schmidt-Semisch* (Hrsg.) Sicherer Alltag?, 2016, S. 125 ff.

eine deutlich erhöhte Anzeigebereitschaft gegenüber als ethnisch fremd wahrgenommenen Tätern und einem damit verbundenem deutlich größerem Hellfeld[270] sowie eine Vielzahl von anderen Determinanten, die die Selektion im Bereich der Kriminalitätsbekämpfung prägen.[271] Diese Umstände haben nur dann eine verfassungsrechtliche Bedeutung, wenn (wie bei „Racial Profiling") bei Maßnahmen mit Eingriffscharakter zumindest faktisch an ein verbotenes Merkmal nach Art. 3 Abs. 3 S. 1 GG angeknüpft wird.

Soweit ortsbezogenes Predictive Policing diese Effekte verstärken kann – was bei Wohnungseinbruchsdiebstahl mit verschwindend geringem Dunkelfeld zwar schwer vorstellbar, bei Delikten mit signifikantem Dunkelfeld aber unvermeidbar ist – würde somit keine Ungleichbehandlung neu erzeugt werden, die nicht schon ohnehin der aktuellen Praxis der Kriminalitätsbekämpfung inhärent ist. Dennoch gibt es entscheidende Unterschiede: Während Polizeibeamte in der Regel wissen, dass ihre kriminalistischen Erkenntnisse nur einen verzerrten Teil der Realität abbilden, stellen die vorhandenen Daten für die Systeme gewissermaßen die gesamte Realität dar – sie können die Verzerrungseffekte kaum in die Prognosen miteinbeziehen.[272] Diesem Unterschied kommt im Kontext des Predictive Policing eine besondere Bedeutung zu, gerade weil dieser Effekt bekannt und in seine Verstärkung durch die Entscheidung für oder gegen die Nutzung solcher Software steuerbar ist. Es wäre somit allein aus politischen Erwägungen bereits unverantwortlich, jenseits des Wohnungseinbruchdiebstahls auch bei Delikten mit größerem Dunkelfeld ortsbezogenes Predictive Policing einzusetzen.

δ. Lösung: Die objektiv-rechtliche Schutzfunktion der Grundrechte

Neben der an dieser Stelle sehr offensichtlichen kriminologisch-politischen Dimension des Problems bleibt jedoch immer noch die Frage, ob für diese Praxis eine verfassungsrechtliche Hürde besteht. Die Frage nach dem Vorliegen eines Eingriffs ist für eine mögliche Verletzung der Grundrechte nicht ausschließlich maßgebend. Wie allen anderen Grundrechten kommt Art. 3 GG nicht nur die Funktion eines subjektiv-öffentlichen Rechts zu, die Norm hat vielmehr auch eine objektiv-rechtliche Schutzfunktion.[273] Seit dem Lüth-Urteil des BVerfG ist anerkannt, dass das Grundgesetz im Grundrechtsabschnitt eine objektive

270 *Pfeiffer/Baier/Kliem*, Zur Entwicklung der Gewalt in Deutschland, 2018, S. 75.

271 Vertiefend hierzu etwa *Sack* KJ 1971, 384, insb. ab S. 397; *Meier*, Kriminologie 2021, S. 267 ff.

272 *Singelnstein*, NStZ 2018, 1, 4.

273 Zu Art. 3 Abs. 1 GG *Nußberger*, in: *Sachs*, GG Art. 3 Rn. 65; zu Art. 3 Abs. 3 GG *Langenfeld*, in: *Dürig/Herzog/Scholz*, GG Art. 3 Abs. 3 Rn. 75.

Wertordnung errichtet hat, welche die Geltungskraft der Grundrechte verstärkt.[274] Dieses Prinzip hat seit seinem Ursprung vor allem Einfluss auf das Konzept der mittelbaren Drittwirkung im Privatrecht, wobei der Umfang des Einflusses insbesondere im Bereich des Antidiskriminierungsrechts heftig umstritten ist.[275] Das Konzept ist darauf jedoch nicht beschränkt, sondern hat auch Auswirkungen auf das öffentliche Recht. Zu sehen ist dies etwa im Hochschulurteil des BVerfG, in welchem geurteilt wurde, dass die durch die Grundrechte getroffenen Wertentscheidungen nicht nur einen Schutz vor Eingriffen gewähren sollen, sondern den Staat auch zu einer aktiven Mitwirkung bei der Realisierung dieser Wertentscheidungen verpflichten sowie ein Handeln gebieten, welches einer Aushöhlung der Garantien vorbeugt.[276] Mit einer sehr ähnlichen Argumentation hat das BVerfG in der Rechtsprechung zum Schwangerschaftsabbruch die Frage der Grundrechtsfähigkeit des *nasciturus* offen gelassen und ihm trotzdem verfassungsrechtlichen Schutz gewährt.[277]

Diese Linie findet nach der hier vertretenen Auffassung auch auf Systeme des ortsbezogenen Predictive Policing Anwendung, soweit diese geeignet sind, Diskriminierungen jeglicher Art, insbesondere aber nach Art. 3 Abs. 3 S. 1 GG verbotene Benachteiligungen herbeizuführen. Zum einen ist ein solches Handeln aus der durch das Grundgesetz geschaffenen Wertordnung, welche sich gegen jegliche Form von Diskriminierung richtet, geboten und nur konsequente Anwendung bzw. Weiterführung der bisherigen Rechtsprechung. Zum anderen ist diese Entscheidung schlicht notwendig, um gravierende Schutzlücken und Wertungswidersprüche abzuwenden. In einem Komplex, der in seiner Gesamtheit massives Diskriminierungspotential bietet, darf dem Staat nicht die Möglichkeit gegeben werden, effektiven Grundrechtsschutz zu unterlaufen, wenn die einzelnen Schritte entweder zu klein sind, um Grundrechtsrelevanz zu haben, oder der Sachverhalt zu fortgeschritten ist, als dass für das spezifische Grundrecht noch Raum ist. Die Anerkennung der Grundrechte als wertentscheidende Grundsatznormen mit einer entsprechenden Ausstrahlungswirkung gebietet vielmehr die Gewährleistung eines effektiven Schutzniveaus.[278]

Bestimmte Handlungsanweisungen für den Staat lassen sich daraus jedoch nicht ableiten: Die objektiv-rechtliche Schutzfunktion der Grundrechte ist

274 BVerfGE 7, 198, 205.
275 Exemplarisch hierfür *Baer* ZRP 2002, 290.
276 BVerfGE 35, 79, 114.
277 BVerfGE 39, 1, 40 f.
278 BVerfGE 6, 55, 71 f.; *Herdegen*, in: *Dürig/Herzog/Scholz*, GG Art. 1 Abs. 3 Rn. 62.

grundsätzlich unbestimmt, weshalb die Staatsorgane in eigener Verantwortung entscheiden müssen, wie sie diesen Entwicklungen entgegenwirken wollen.[279]

Ab wann eine Gegend so stark durch die Herkunft bzw. ethnische Zugehörigkeit ihrer Bewohner geprägt ist, dass eine mittelbare Diskriminierung deswegen angenommen werden kann, kann nicht im Wege einer festen Grenzziehung ermittelt werden. Es handelt sich dabei immer um eine Einzelfallbetrachtung, wobei es zum Zwecke der Rechtsdurchsetzung sinnvoll sein dürfte, der Polizei diesbezüglich die Beweislast aufzuerlegen.[280] Insbesondere ist es nicht möglich, hierfür feste statistische Kriterien zu entwickeln.[281]

Schlussendlich bleibt immer noch die Frage, ob ortsbezogenes Predictive Policing rein durch lagebezogene Prognosen und Streifenfahrten zu Grundrechtseingriffen irgendeiner Art führen kann. Eine Prognose allein, ohne jeden Personenbezug, hat für sich keinerlei Außenwirkung. Soweit die Prognose eine faktische Wirkmächtigkeit erzeugt, welche die Polizei etwa zu Kontrollen von Personen motivieren kann, besteht der Grundrechtseingriff nicht in der Prognose selbst, sondern in dem jeweiligen Eingriff. Die aus der Prognose resultierende Streifenfahrt gilt als Standardbeispiel für eine polizeiliche Maßnahme ohne Eingriffsqualität und kann nur in besonderen Ausnahmefällen auch einen Grundrechtseingriff darstellen. Angenommen wurde dies etwa, wenn bei der Streife Personen auf eine Art und Weise beobachtet werden, dass Unbeteiligte den Eindruck bekommen, sie würden wegen eines schwerwiegenden Verstoßes gegen die Rechtsordnung so beobachtet.[282] Streifenfahrten zur Verhinderung von Wohnungseinbruchsdiebstählen werden diese hohe Schwelle in der Praxis so gut wie nie überschreiten, vor allem weil ihr Anknüpfungspunkt beim ortsbezogenen Predictive Policing gerade nicht täter- sondern tatortbezogen ist.

1.2. Die Bedeutung des Verhältnismäßigkeitsgrundsatzes in der ortsbezogenen Prognose

Die Hürden, welche der Anwendung des Grundsatzes der Selbstbindung der Verwaltung und ähnlichen Erwägungen bei der ortsbezogenen Prognose

---

279 BVerfGE 133, 59, 76; 96, 56, 64; detailliertere Auseinandersetzung mit der Fragestellung weiter unten S. 211 ff.

280 *Tischbirek/Wihl* JZ 2013, 219, 223.

281 Ab S. 180 wird in dieser Arbeit dargestellt, weshalb ein solcher Maßstab für Diskriminierung durch Algorithmen nicht widerspruchsfrei sein kann. Die dortigen Ausführungen zum personenbezogenen Predictive Policing sind zwar nicht vollständig, aber in großen Teilen auch auf die hier vorliegende Problematik übertragbar.

282 VG Hannover, Urteil vom 12. Dezember 2017 – 10 A 1242/17 –, Rn. 24, juris.

entgegenstehen, können auch bei anderen Verfassungsgrundsätzen für Probleme sorgen. Besonders gilt dies für den Grundsatz der Verhältnismäßigkeit bzw. das Übermaßverbot. Im Kontext des ortsbezogenen Predictive Policing spielt dieser – sollte er anwendbar sein – vor allem deshalb eine Rolle, weil die Geeignetheit und die Erforderlichkeit der Systeme schwer zu beurteilen ist: Es wurde bislang weder belegt noch widerlegt, ob ortsbezogenes Predictive Policing tatsächlich zur Kriminalprävention beitragen kann.

Auf einfachgesetzlicher Ebene zeigt sich an dieser Stelle wie beim Ermessen das Problem, dass der Verhältnismäßigkeitsgrundsatz nur in Bezug auf Maßnahmen in den Polizeigesetzen verankert ist.[283] Es ist jedoch allgemein anerkannt, dass das Verhältnismäßigkeitsprinzip nicht nur bei Grundrechtseingriffen Anwendung findet, sondern auch darüber hinausgeht, weil es sich dabei um einen Teil des Rechtsstaatsprinzips handelt. Nach der verfassungsrechtlichen Literatur soll es immer dann angewendet werden, wenn in auf irgendeine Art geschützte Rechtspositionen bzw. autonome Rechts- oder Kompetenzsphären eingegriffen wird.[284] Eine Ausweitung des Anwendungsbereiches in diese Richtung führt nicht notwendigerweise dazu, dass Realakte unterhalb der Eingriffsschwelle kontrolliert werden können, sondern zielt insbesondere darauf ab, dass der Grundsatz auch zwischen staatlichen Organen gewahrt werden muss.

Die Rechtsprechung des BVerfG hierzu ist uneinheitlich: Zunächst wurde der Verhältnismäßigkeitsgrundsatz als eine „Leitregel allen staatlichen Handelns“ etabliert.[285] Unter einen so umfangreichen Begriff können alle Elemente des ortsbezogenen Predictive Policing ohne Zweifel subsumiert werden. Die den Leitsatz weiterverwendende Rechtsprechung ist diesbezüglich jedoch nicht besonders aufschlussreich: Teilweise wird der Leitsatz immer noch zitiert, jedoch nur in Fällen, bei denen es auf den Anwendungsbereich gerade nicht ankommt.[286] Ähnlich ist es in der Rechtsprechung des BVerwG, welches das Diktum immer im Kontext von Disziplinarverfahren gegen Soldaten im Ruhestand zitiert und dabei den Eindruck erweckt, eher eine alte und nebensächliche Floskel regelmäßig zu wiederholen als für einen quasi allumfassenden Anwendungsbereich des Prinzips zu plädieren.[287]

283 Vgl. etwa § 4 Abs. 2 NPOG.

284 *Grzeszick*, in: *Dürig/Herzog/Scholz*, GG Art. 20 Rn. 108; *Sommermann*, in: *v. Mangoldt/Klein/Starck*, GG Art. 20 Rn. 318; *Sachs*, in: *Sachs*, GG Art. 20 Rn. 146.

285 BVerfGE 23, 127, 133.

286 BVerfG NJW 1998, 2202, 2203; BVerfG NStZ-RR 1998, 121, 122.

287 BVerwGE 93, 69, 70; BVerwG NVwZ-RR 1995, 679; 2020, 646, 647; BVerwG, Beschluss vom 11.02.2021 – 2 WDB 10.20.

Bei kritischen Abgrenzungsfragen im Staatsorganisationsrecht vertrat das BVerfG hingegen regelmäßig die Position, dem Verhältnismäßigkeitsgrundsatz komme nur eine die individuelle Rechts- und Freiheitssphäre verteidigende Funktion zu.[288] Später führt es im Verhältnis zwischen Bund und Ländern trotzdem eine Verhältnismäßigkeitsprüfung durch, ohne sich mit der entgegenstehenden bisherigen Rechtsprechung auseinanderzusetzen.[289] Eine klare Positionierung zu der Grundfrage, wie weit der Anwendungsbereich des Verhältnismäßigkeitsgrundsatzes reicht, kann hieraus nicht gelesen werden.

Bemerkenswert und auch für die abschließende Argumentation relevant ist ein Beschluss zu einer konkreten Normkontrolle in Bezug auf die Wehrpflicht: Das vorlegende Gericht hatte die Wehrpflicht auf Grundlage des oben genannten Leitsatzes einer Verhältnismäßigkeitsprüfung unterzogen. Das BVerfG kritisierte das Vorlagegericht, weil es die Frage, ob auch Verfassungsnormen am Maßstab des Verhältnismäßigkeitsprinzips überprüft werden dürfen, nicht gestellt hatte – und implizierte damit, dass eine solche Prüfung nicht stattfinden darf.[290]

Zusammenfassend muss festgestellt werden, dass es keine gefestigte Rechtsprechung des BVerfG zum Anwendungsbereich des Verhältnismäßigkeitsgrundsatzes gibt. Teilweise besteht sogar der Eindruck, dass bestimmte Äußerungen eher als Floskeln verwendet wurden und nicht als Grundsätze einer ständigen Rechtsprechung. Gegen die Bindung „allen staatlichen Handelns“ im umfassendsten Sinne spricht vor allem, dass das Prinzip der Verhältnismäßigkeit schon begrifflich ein relatives ist: Das staatliche Handeln braucht immer irgendeinen Bezugspunkt, zu dem es ins Verhältnis gesetzt werden kann. Der Grundsatz gilt in diesem Sinne niemals für sich, sondern ist akzessorisch.[291] Zudem würde eine konsequente Anwendung des Grundsatzes auf jedes staatliche Handeln – wie vom BVerfG bereits zum Thema Wehrpflicht bemerkt – zu Folge haben, dass auch die Anwendung von Verfassungsnormen selbst einer Verhältnismäßigkeitsprüfung unterzogen werden müssten.

Aus diesen Erwägungen heraus ist es vorzugswürdig, den Grundsatz nicht streng auf jedwedes staatliche Handeln anzuwenden, sondern ihn darauf zu beschränken, wo staatliches Handeln die individuelle Rechts- und Freiheitssphäre berührt. Es gibt keine ersichtlichen Rechtspositionen dieser Art, in welche durch Streifenfahrt oder Prognose in der aktuellen Praxis eingegriffen werden könnte; einzige Ausnahme diesbezüglich war der Eingriff in das informationelle

---

288 BVerfGE 79, 311, 341; 81, 310, 338.

289 BVerfGE 102, 62, 149.

290 BVerfGE 105, 61, 71.

291 *Sommermann*, in: *v. Mangoldt/Klein/Starck*, GG Art. 20 Rn. 318.

Selbstbestimmungsrecht durch die Nutzung exakter Geokoordinaten bei PRECOBS in Bayern.[292]

Konsequenz dieser Position ist, dass die Polizei für diese Tätigkeiten auch auf Methoden zurückgreifen könnte, deren Nutzen zweifelhaft ist oder die gar evident ungeeignet sind. Ihre Grenzen würde eine solche Praxis nicht im Verhältnismäßigkeitsgrundsatz finden, sondern eher in verfassungs- und verwaltungsrechtlichen Wirtschaftlichkeits- bzw. Sparsamkeitsgrundsätzen. Relevante Kontrollinstanz hierfür wären nicht die Gerichte, sondern auf Bundesebene der Bundesrechnungshof gem. Art. 114 Abs. 2 GG und auf Landesebene die Landesrechnungshöfe nach Maßgabe der Landesverfassungen (z. B. Art. 70 Abs. 1 Verf ND).

1.3. Die Eingriffsschwelle der ortsbezogenen Prognose

Bei den aktuellen in Deutschland genutzten ortsbezogenen Prognosesystemen wird von den meisten Polizeibehörden streng darauf geachtet, dass keine personenbezogenen Daten verarbeitet werden.[293] Bei ausschließlich auf dem Near-Repeat-Phänomen beruhenden Prognosen besteht dieses Problem auch nicht.[294] Zu den verarbeiteten Daten gehören aber teilweise eben nicht nur Informationen zu Tatort und Tatmodalitäten. Das für die Öffentlichkeit völlig intransparente Berliner System verarbeitet „frei zugängliche infrastrukturelle und demografische Daten des Amtes für Statistik Berlin-Brandenburg".[295] Noch stärker setzt das nordrhein-westfälische System SKALA auf eine ganze Reihe soziostruktureller Daten aus polizeiexternen Datensätzen. Dazu gehört z. B. die Zahl der PKW-Neuzulassungen in der Gemeinde, die Kaufkraft oder Arbeitslosenquote im Wohnquartier, die Entfernung eines Straßenabschnitts zur Bundesstraße und die Affinität seiner Bewohner für Urlaubsreisen sowie die Wohnungsgrößen von Gebäuden.[296] Diese Daten werden zwar nicht individualisiert, sondern nur aggregiert verarbeitet, jedoch stellt sich schon hier die Frage, welche Anforderungen an die Aggregation zu stellen sind, damit die Daten nicht mehr als personenbezogen gelten. Informationen, die Rückschlüsse auf die Einbruchsopfer zulassen, wie die

292 Siehe dazu die Ausführungen auf den S. 92 ff.

293 *Schweer*, Die Kriminalpolizei 1/2015, S. 13 ff.; *Thüne*, Predictive Policing 2020, S. 109, siehe dort insbesondere auch das Interview mit *Gluba* S. 291.

294 Wie im letzten Absatz ist die einzige Ausnahme diesbezüglich die Nutzung exakter Geokoordinaten bei PRECOBS in Bayern.

295 AH-Drs. 18/17562, S. 3.

296 *Landeskriminalamt NRW*, Abschlussbericht Projekt SKALA 2018, S. 56.

Beutehöhe, werden nicht immer anonymisiert, sondern teilweise mit exakten Geokoordinaten verbunden. Die Einbindung von täterbezogenen Informationen ist auch im Rahmen von Prognosen zum Wohnungseinbruchsdiebstahl denkbar. Insbesondere bei Prognosen, die ganz klassisch von Ermittlern mit kriminalistischem Wissen durchgeführt werden, spielen diese eine wesentliche Rolle.[297]

a. Eröffnung des Schutzbereichs des Rechts auf informationelle Selbstbestimmung

Das BVerfG hat im Rahmen des Volkszählungsurteils aus Art. 2 Abs. 1 i.V.m. Art. 1 Abs. 1 GG das Recht auf informationelle Selbstbestimmung entwickelt, welches inzwischen in Rechtsprechung und Literatur unumstritten ist.[298] Das Recht soll insbesondere Gefahren wie die Möglichkeit einer totalen Katalogisierung und Registrierung sowie die Abrufbarkeit eines umfassenden Persönlichkeitsprofils abwehren.[299] Es handelt sich dabei um ein aus dem allgemeinen Persönlichkeitsrecht fließendes Recht, selbst über Preisgabe und Verwendung der eigenen persönlichen Daten zu bestimmen. Der Schutzbereich umfasst jede Form der Erhebung, schlichter Kenntnisnahme, Speicherung, Verwendung, Weitergabe oder Veröffentlichung von persönlichen, also individualisierten oder individualisierbaren Informationen.[300]

α. Öffentlich zugängliche Daten

Strittig ist, ob in den Schutzbereich auch dann eingegriffen wird, wenn die verarbeiteten Informationen aus öffentlich zugänglichen Quellen kommen. In der Literatur werden hierzu beide Positionen vertreten, oft ohne gesonderte Argumentation.[301] Im Kontext der Internetaufklärung hat das BVerfG entschieden, dass

---

297 Exemplarisch hier *Gluba* im Interview bei *Thüne*, Predictive Policing 2020, S. 292: "[…] Und was wir gemerkt haben, wenn wir so beobachtet haben, wie die Kollegen eben gearbeitet haben: Die haben sehr stark personenorientiert gearbeitet. Eben wirklich so: „Mensch, unsere rumänischen Frauenbanden, die kommen immer im März in die Südstadt …"[…]". Hier dürfte allerdings eher von „tätergruppenbezogenen" als von „täterbezogenen" Informationen gesprochen werden.

298 BVerfGE 65, 1, 43; 96, 171, 181; 101, 106, 121; *Di Fabio*, in: *Dürig/Herzog/Scholz*, GG Art. 2 Abs. 1 Rn. 173.

299 BVerfGE 65, 1, 52 f.

300 *Di Fabio*, in: *Dürig/Herzog/Scholz*, GG Art. 2 Abs. 1 Rn. 176.

301 Den Eingriff verneinend etwa *Di Fabio*, in: *Dürig/Herzog/Scholz*, GG Art. 2 Abs. 1 Rn. 177 f.; hingegen einen Eingriff bejahend *Ambrock*, in: *Jandt/Steidle*, Datenschutz im Internet, A. II. Rechtliche Grundlagen Rn. 21.

die bloße Erhebung von Kommunikationsinhalten, die sich an einen unbestimmten Personenkreis richten, keinen Grundrechtseingriff darstellt. Die Schwelle zum Grundrechtseingriff ist erst dann überschritten, wenn Informationen, die durch die Sichtung allgemein zugänglicher Inhalte gewonnen wurden, gezielt zusammengetragen, gespeichert und gegebenenfalls unter Hinzuziehung weiterer Daten ausgewertet werden und sich daraus eine besondere Gefahrenlage für die Persönlichkeit des Betroffenen ergibt.[302]

Eine Übertretung dieser speziellen Eingriffsschwelle ist im Rahmen des ortsbezogenen Predictive Policing für die meisten deutschen Systeme nicht ersichtlich. SKALA nutzt aus öffentlichen Quellen nur meteorologische Daten und Kalenderdaten.[303] Das Berliner System KrimPro nutzt frei zugängliche infrastrukturelle und demografische Daten des Amtes für Statistik Berlin-Brandenburg, welche höchstwahrscheinlich so aggregiert sind, dass sich kein Personenbezug herstellen lässt – auch wenn eine definitive Feststellung mangels genauerer Angaben nicht möglich ist. In diesen Fällen gibt es mangels Personenbezug auch keine möglichen Betroffenen, deren Schutzbereich eröffnet sein könnte.

Angenommen, es würden für ortsbezogenes Predictive Policing öffentlich zugängliche personalisierte Daten unter Hinzuziehung weiterer Daten ausgewertet, dürfte dies jedoch in den meisten Fällen keinen Eingriff in die informationelle Selbstbestimmung Betroffener darstellen (zumindest nicht, wenn man der Rechtsprechung des BVerfG folgt). Soweit Daten von Opfern verarbeitet würden, ergäbe sich hieraus in keinem aktuell vorstellbaren Szenario eine besondere Gefahrenlage für die Persönlichkeit der Betroffenen.

β. Soziostrukturelle Daten

Verfassungsrechtlich unbedenklich, aber dennoch erwähnenswert ist an dieser Stelle die Nutzung soziostruktureller Daten im nordrhein-westfälischen System SKALA. Dabei handelt es sich nicht um öffentlich zugängliche Daten, sondern um bei einem privaten Anbieter eingekaufte Daten.[304] Personenbezogene Daten werden dabei jedoch nicht verarbeitet – alle Daten, die einen Personenbezug aufweisen könnten, wurden immer auf eine Größe von etwa 400 Haushalten hochaggregiert, auch wenn in den zugrundeliegenden Datensätzen die Anzahl der Haushalte pro Quartier von 997 bis 1 schwankt.[305] Objektbezogen werden

---

302 BVerfGE 120, 274, 345 f.

303 *Landeskriminalamt NRW*, Abschlussbericht Projekt SKALA 2018, S. 24.

304 vgl. auch S. 38 f.

305 *Landeskriminalamt NRW*, Abschlussbericht Projekt SKALA 2018, S. 56.

nur bauliche Merkmale wie die Gebäudehöhe und die Art eines Gebäudes verarbeitet.[306]

Würden Behörden auf diese Art und Weise personenbezogene Daten verarbeiten (etwa, wenn die Daten nicht von Anfang an in aggregierter Form vorlägen), wäre dies immer ein Eingriff in die informationelle Selbstbestimmung, da die Informationen nicht aus öffentlich zugänglichen Quellen kommen. Für ein solches Vorgehen bieten die Polizeigesetze für Prognosen aber keine Ermächtigungsgrundlage. Grundsätzlich darf die Polizei zur Abwehr von Gefahren Daten über jede Person erheben.[307] Erforderlich ist hierfür jedoch eine konkrete Gefahr, die bei ortsbezogenem Predictive Policing gerade nicht vorliegt. Andere Rechtsgrundlagen für die Datenerhebung sind nicht ersichtlich. Selbst wenn eine Ermächtigungsgrundlage vorliegen würde, wäre die Erhebung bei Dritten rechtlich praktisch ausgeschlossen. Grundsätzlich sind personenbezogene Daten immer bei der betroffenen Person zu erheben. Bei Dritten ist dies nur unter engen Voraussetzungen möglich. Einschlägig wäre in diesem Kontext der Fall, dass die Erhebung bei der betroffenen Person einen unverhältnismäßigen Aufwand erfordern würde und keine Anhaltspunkte dafür bestünden, dass überwiegende schutzwürdige Interessen der betroffenen Person beeinträchtigt wären.[308] Freilich wäre es unverhältnismäßig, die soziostrukturellen Daten ganzer Wohnquartiere abzufragen. Ein höherer Zeit- und Kostenaufwand ist aber allein nicht ausreichend, um eine Ausnahme zu rechtfertigen.[309]

χ. Geokoordinaten und damit verbundene Informationen

Eine Art von potentiell personenbezogenen Daten wird bei manchen ortsbezogenen Predictive Policing-Systemen tatsächlich verwendet: Die für die Prognosen benötigten Geokoordinaten, insbesondere von betroffenen Häusern, in Verbindung mit Informationen zu den dort begangenen Taten (etwa der Beutehöhe). Präzise Geokoordinaten verbunden mit Informationen zu einem Einbruch ermöglichen es zumindest bei Einfamilienhäusern problemlos, die von dem Einbruch betroffenen Personen zu identifizieren. Es handelt sich um Informationen, die sich auf identifizierbare natürliche Personen beziehen – also um personenbezogene Daten.[310] Dabei handelt es sich nicht um öffentlich zugängliche Daten,

---

306 *Landeskriminalamt NRW*, Abschlussbericht Projekt SKALA 2018, S. 24.

307 vgl. § 31 Abs. 1 S. 1 NPOG.

308 § 30 Abs. 1 S. 2 Nr. 5 NPOG.

309 *Röcker*, in: BeckOK PolR BW § 14 PolG BW Rn. 20.

310 i.E. auch vertreten von *Thüne*, Predictive Policing 2020, S. 162; *Steinebach/Winter/Halvani et al.*, Chancen durch Big Data und die Frage des Privatsphärenschutzes 2015, S. 14.

sondern um Daten aus polizeilichen Ermittlungsverfahren – durch die Verarbeitung der Daten wird also immer auch in das Recht auf informationelle Selbstbestimmung eingegriffen.

In der Praxis wird hierbei nicht einheitlich vorgegangen, weil die Datenschutzbeauftragen der Länder unterschiedliche Rechtsauffassungen vertreten: Die Landesdatenschutzbeauftragten in Baden-Württemberg und Schleswig-Holstein halten die Verarbeitung von Geokoordinaten in personalisierter Form für problematisch, der bayerische Beauftragte jedoch nicht.[311] Bei PRECOBS in Baden-Württemberg war der Bezugspunkt von Geokoordinaten deshalb nie eine einzelne Adresse, sondern der Mittelpunkt mehrerer Adresseinheiten mit einem Umfang von mindestens fünf Haushalten.[312] Bei SKALA werden zudem auch Angaben zur Beutesumme und Beutehöhe gemittelt.[313]

Soweit Datenschutzbeauftragte die Verwendung exakter Geokoordinaten nicht beanstanden, wird aber wohl kaum der Eingriff in das Recht auf informationelle Selbstbestimmung bestritten, es darf vielmehr angenommen werden, dass der vorhandene einfachgesetzliche Rahmen die Praxis erlaubt.[314] Die Landespolizeigesetzte erlauben es den Polizeibehörden, personenbezogene Daten, die sie im Rahmen strafrechtlicher Ermittlungsverfahren gewonnen haben, zur Gefahrenabwehr zu nutzen – für Bayern ist dies Art. 52 Abs. 2 PAG, in Baden-Württemberg § 15 Abs. 2 PolG und in Niedersachsen § 39 Abs. 3 NPOG. In vielen Polizeigesetzen ist die Datennutzung zur Gefahrenabwehr zwar eingeschränkt, die Beschränkungen haben jedoch in keinem Gesetz Relevanz für ortsbezogenes Predictive Policing bei Wohnungseinbruchsdiebstählen. Nach den Polizeigesetzen stellt es auch keinen Verstoß gegen den Grundsatz der Zweckbindung dar, wenn Daten über vergangene Wohnungseinbruchsdiebstähle zur Verhütung zukünftiger gleichgelagerter Taten verarbeitet werden.

---

311 *Thüne*, Predictive Policing 2020, S. 161 f.; *Bayerischer Landesbeauftragter für den Datenschutz*, 27. Tätigkeitsbericht, 2017, S. 52.

312 *Gerstner*, Predictive Policing als Instrument zur Prävention von Wohnungseinbruchdiebstahl – Evaluationsergebnisse zum Baden-Württembergischen Pilotprojekt P4, 2017, S. 28.

313 *Bode* im Interview in *Thüne*, Predictive Policing, 2020, S. 300.

314 Detaillierte Schlüsse lassen die sehr allgemein gehaltenen Aussagen des bayerischen Landesdatenschutzbeauftragten nicht zu, aufschlussreich ist in dieser Hinsicht nur der Satz „Abgesehen von Angaben zum Tatort, zur Tatzeit und zu besonderen Tatumständen bereits zurückliegender Einbrüche verwendet das System keine personenbezogenen Daten um die Tatvorhersagen zu berechnen“ (*Bayerischer Landesbeauftragter für den Datenschutz*, 27. Tätigkeitsbericht, 2017, S. 52.).

Eine gesonderte Ermächtigungsgrundlage bräuchte es entsprechend nur im Falle einer Zweckänderung – also für andere Zwecke gespeicherte Daten verwendet würden. Im Bereich des personenbezogenen Predictive Policing ist dies bereits der Fall, dort haben die Länder bereits erste Rechtsgrundlagen für ein solches Vorgehen geschaffen.[315] Für ortsbezogenes Predictive Policing haben solche Szenarien aber nicht nur wegen der abnehmenden Bedeutung der Anwendungen aktuell ausgesprochen theoretischen Charakter. Sie werden wohl auch in Zukunft höchstwahrscheinlich ohne Praxisrelevanz bleiben: Sowohl in Deutschland als auch in Amerika wurde bislang sehr stark betont, dass ortsbezogene Systeme keine personenbezogenen Daten verarbeiten und dies auch nicht angestrebt werde.[316]

b. Mögliche Rechtfertigung

Einschränkungen und Eingriffe in das Recht auf informationelle Selbstbestimmung stehen unter einem einfachen Gesetzesvorbehalt. Nach der Rechtsprechung des BVerfG muss der Einzelne Einschränkungen seines Rechts auf informationelle Selbstbestimmung im überwiegenden Allgemeininteresse grundsätzlich hinnehmen.[317] Ein Mittel darf nicht zur Durchsetzung von Allgemeininteressen genutzt werden, wenn die damit einhergehenden Grundrechtsbeeinträchtigungen schwerer wiegen als die durchzusetzenden Belange. Ausnahmslos unzulässig ist lediglich eine umfassende Registrierung und Katalogisierung der Persönlichkeit durch die Zusammenführung einzelner Lebensdaten und Personaldaten zur Erstellung von Persönlichkeitsprofilen, welche bei ortsbezogenen Systemen nicht zu befürchten ist.[318]

Zu beachten ist an dieser Stelle, dass die Erhebung und die Verarbeitung von personenbezogenen Daten jeweils einzelne, separat rechtfertigungsbedürftige Grundrechtseingriffe darstellen.[319] Unproblematisch ist dabei zunächst die Erhebung der Daten im Rahmen der Ermittlung von Straftaten. Ohne die Aufnahme personenbezogener Daten der Opfer von Straftaten wäre ein Strafverfahren oft praktisch unmöglich, in der Regel hat auch das Opfer hieran ein großes Interesse.

---

315 Dazu vertieft S. 140 ff.

316 *Schweer*, Die Kriminalpolizei 1/2015, S. 13ff; *Thüne*, Predictive Policing 2020, S. 109; AH-Drs. 18/17562, S. 4; *Geolitica*, ROI on PredPol White Paper, S. 3; *ShotSpotter*, ShotSpotter Connect Product FAQ 2021, S. 1.

317 BVerfGE 65, 1, 44; 115, 320, 345; 118, 168, 195.

318 BVerfGE 27, 1, 6; 65, 1, 53.

319 BVerfGE 120, 378, 400; 150, 244, 264 ff.

Deutlich problematischer ist es, wenn personenbezogene Daten erhoben werden, um mit ihrer Hilfe ortsbezogene Prognosen durchzuführen. Die erste große Frage dazu stellt sich gleichzeitig auf der Ebene der Geeignetheit und der Erforderlichkeit: Sind die zu erhebenden Daten geeignet, das damit verfolgte Ziel der Verhütung von Straftaten durch computergestützte Prognosen zu erreichen? Ist die Erhebung zudem erforderlich und ließe sich die gleiche Prognoseleistung nicht auch ohne sie erzielen? Diese Frage ist insbesondere während der Pilotphase eines solchen Projekts regelmäßig nicht zu beantworten. Es wäre zwar denkbar, den Einsatz der Systeme für einen gewissen Zeitraum diesbezüglich nicht zu beanstanden, fraglich ist aber, wie lange ein solcher „Puffer" zugestanden werden könnte. Bei SKALA, an dem sich entsprechende Systeme orientieren könnten, kamen die Forscher nach einem Zeitraum von 11 bis 29 Monaten zu dem Schluss, dass die Zeit für aussagekräftige Befunde zu kurz war.[320] Es wäre für Gerichte auch unter Hinzuziehung von Sachverständigen kaum möglich, zu entscheiden, ob die Aussage, noch mehr Zeit zu benötigen, begründet ist oder lediglich eine Schutzbehauptung darstellt.

Auch bei der Verarbeitung der Daten stellt sich zuerst die Frage, ob die Verarbeitung wirklich geeignet und erforderlich ist. Dabei stellen sich gleich eine Reihe von Problemen. Zunächst besteht das gleiche Problem wie bei der gesonderten Erhebung personenbezogener Daten: Es liegen aktuell und wahrscheinlich auch bei ähnlichen zukünftigen Systemen keine Informationen darüber vor, ob die Systeme funktionieren und ob für ihr Funktionieren wirklich mit personenbezogenen Daten gearbeitet werden muss – sowohl die Geeignetheit als auch die Erforderlichkeit der Maßnahme können so nicht bewiesen werden. Auf Ebene der Erforderlichkeit gäbe es darüber hinaus bei der Nutzung exakter Geokoordinaten und damit zusammenhängender Tatinformationen zum Beispiel das in Baden-Württemberg auch umgesetzte mildere Mittel, stattdessen den Mittelpunkt mehrerer Adresseinheiten mit einem Umfang von mindestens fünf Haushalten zu verwenden – es ist nicht ersichtlich, dass dies in irgendeiner Weise weniger effektiv wäre. Ähnlich wäre es, wenn sich aus soziostrukturellen Daten ein Personenbezug herstellen ließe: Es dürfte der Effektivität einer Maßnahme nicht schaden, wenn diese Daten aggregiert verarbeitet werden.

Unterstellt, die Wirksamkeit eines Systems und die Notwendigkeit der Verarbeitung personenbezogener Daten für seinen Einsatz könnten bewiesen werden, bestünden für die Angemessenheit immer noch hohe Hürden. Die Personen, deren Daten verarbeitet würden, haben für die Verarbeitung ihrer Daten keinen

320 *Landeskriminalamt NRW*, Projekt SKALA – Evaluation 2019, S. 137.

Anlass gesetzt – sie sind bei Geokoordinaten nur Opfer des Verhaltens anderer und haben bei soziostrukturellen Daten überhaupt keinen Bezug zum verfolgten Zweck. Die informationelle Selbstbestimmung der Betroffenen ist dadurch besonders hoch zu gewichten und ein Eingriff in die Rechte kann nur durch überragend wichtige Allgemeininteressen gerechtfertigt werden.[321] Zwar ist die Kriminalitätsbekämpfung ein wichtiges Allgemeininteresse (insbesondere, da es sich bei Wohnungseinbruchsdiebstahl um ein Verbrechen handelt), die Wirksamkeit von ortsbezogenem Predictive Policing als hiergegen eingesetztes Mittel ist nach aktuellem Kenntnisstand jedoch nicht hinreichend bewiesen, um derzeit einen Eingriff zu rechtfertigen.

Die hier angestellten Erwägungen machen deutlich, dass der verfassungsrechtliche Rahmen für die Verarbeitung personenbezogener Daten bei ortsbezogenen Prognosen so eng ist, dass ein verfassungsrechtlich zulässiger Einsatz kaum vorstellbar ist. Die zentralen Hürden bleiben dabei die Beweise der Geeignetheit eines solchen Systems und der Erforderlichkeit der Datenverarbeitung.

1.4. Probleme um die Einhaltung des verfassungsrechtlichen Rahmens

Bei einigen der bislang diskutierten Grenzen besteht das Problem, dass ihre Verletzung nur schwer gerügt oder gar festgestellt werden kann. Bei den möglichen Beeinträchtigungen der informationellen Selbstbestimmung ist eine Klage relativ einfach – es gibt klare Betroffene, welche etwa bei einer Feststellungsklage über die Rechtmäßigkeit der Erhebung und Verarbeitung ihrer Daten klagebefugt wären. Bei Verstößen gegen die objektiv-rechtliche Funktion der Grundrechte wäre eine solche Klage aber mangels Klagebefugnis unzulässig. Es gäbe auch keine Ermächtigungsgrundlage, welche im Rahmen einer abstrakten bzw. konkreten Normkontrolle überprüft werden könnte. So sind Szenarien denkbar, in denen ein verfassungswidriger Einsatz der Systeme nicht gerichtlich kontrollierbar ist.

Unter diesem Gesichtspunkt ist auch problematisch, dass Länder wie Berlin und Hessen unter Berufung auf kriminalistische Notwendigkeiten so gut wie keine Informationen über ihre Systeme bereitstellen. In einem gewissen Rahmen ist dem Staat bei Fragen der Gefahrenabwehr und der Strafverfolgung ein Geheimhaltungsinteresse zuzugestehen. Die engen Voraussetzungen für eine verdeckte Datenerhebung greifen in den hier diskutierten Sachverhalten jedoch nicht.[322] Ansprüche auf Offenlegung gewisser Daten aus den Informationsfreiheitsgesetzen

---

321 Vgl. etwa BVerfGE 109, 276, 353.

322 für die Voraussetzungen vgl. § 30 Abs. 2 S. 2 NPOG.

– eingeschlossen die Frage, ob und wie personenbezogene Daten dabei verarbeitet werden – gibt es nicht, weil in diesen sehr weite Ausnahmen für Belange der öffentlichen Sicherheit bestehen.[323] Teilweise kann dies über kleine Anfragen in den Landesparlamenten geklärt werden. Diesen gegenüber gibt es eine Auskunftspflicht und grundsätzlich kein schützenswertes Geheimhaltungsinteresse, da das Staatswohl im deutschen Regierungssystem Parlament und Regierung gleichermaßen anvertraut werden.[324] Ein wirklich vollständiger Eindruck kann auf diese Art und Weise zwar nicht gewonnen werden, durch ein wachsames Parlament können jedoch die wahrscheinlichsten denkbaren Grundrechtseingriffsszenarien überprüft werden. Aus sonstigen Verfassungsgrundsätzen lassen sich keine Transparenzpflichten herleiten.

Die Frage der Durchsetzbarkeit der einschlägigen Verfassungsnormen ist nicht auf das ortsbezogene Predictive Policing beschränkt. Im Bereich des personenbezogenen Predictive Policing ergeben sich auch in Fällen, in denen es um deutlich gravierendere Grundrechtsverstöße geht, Durchsetzungsprobleme. Da sich aus den Verfassungsgrundsätzen als solchen in der Regel keine konkreten Handlungsspielräume ergeben, ist der Gesetzgeber hier vor allem aus rechtspolitischen Erwägungen gefordert, aktiv zu werden und einen verfassungskonformen Einsatz von Predictive Policing und damit vergleichbaren Systemen sicherzustellen.[325]

1.5. Fazit

Ortsbezogenes Predictive Policing wird in der bisherigen wissenschaftlichen Debatte nicht als verfassungsrechtliches Problem betrachtet. Für den bisherigen Einsatz in Deutschland ist diese Betrachtung weitestgehend zutreffend. Einzige Ausnahme diesbezüglich war die Verarbeitung exakter Geokoordinaten in Verbindung mit Tatinformationen bei der inzwischen eingestellten PRECOBS-Variante in Bayern.

Wie der Umfang der in diesem Kapitel angestellten Überlegungen zeigt, ist diese Schlussfolgerung jedoch alles andere als trivial. So zeigen sich anhand der dabei aufgeworfenen Fragen völlig neue verfassungsrechtliche Probleme, die einen präziseren Umgang mit grundlegenden Prinzipien des Grundgesetzes einfordern – exemplarisch ist hierfür die Frage nach dem Geltungsbereich des Verhältnismäßigkeitsgrundsatzes. Darüber hinaus wird deutlich, dass nur

---

323 Vgl. § 3 Abs. 2 IFG, § 4 Abs. 1 Nr. 2 LIFG BW; zum Schutzbereich *Schoch* IFG § 3 Rn. 154 ff.; vertieft dazu siehe auch S. 101 f. 112 ff.

324 vgl. auf Bundesebene *Klein*, in: *Dürig/Herzog/Scholz*, GG Art. 43 Rn. 103.

325 Zum Thema Durchsetzbarkeit der Transparenzgrundsätze siehe S. 112 ff.

minimale Veränderungen erforderlich sind, damit der Einsatz von ortsbezogenem Predictive Policing verfassungsrechtlich hochbedenklich oder gar eindeutig unzulässig wird. Dies gilt insbesondere für den Einsatz bei Delikten mit signifikantem Dunkelfeld, wie er z. B. in den USA praktiziert wird. Problematisch wäre dieser Einsatz auch, weil nicht alle Aspekte ohne Weiteres gerichtlich kontrolliert werden könnten. Auch wenn das Interesse der deutschen Polizeibehörden an ortsbezogenem Predictive Policing in den letzten Jahren merklich zurückgegangen ist, ist eine weitere kontinuierliche Betrachtung des Themas durch Wissenschaft und Politik unerlässlich, um einen verfassungskonformen Einsatz sicherzustellen. Insbesondere die ebenfalls bei personenbezogenen Systemen auftretenden Fragen zeigen, dass für den Gesetzgeber Handlungsbedarf besteht, neu entstehende Probleme bei der Durchsetzung des Verfassungsrechts zu schließen.

2. Transparenz als übergreifende verfassungsrechtliche Grenze

Die verfassungsrechtlichen Probleme im Rahmen von orts- und personenbezogenem Predictive Policing werden in dieser Arbeit strikt getrennt voneinander behandelt, weil die damit verbundenen Fragestellungen überwiegend völlig unterschiedlich sind: Ortsbezogene Systeme greifen normalerweise nicht in Grundrechte potentiell Betroffener ein, die Herausforderung besteht vor allem darin, die Eingriffsschwelle herauszuarbeiten. Bei personenbezogenem Predictive Policing stellt hingegen die Prognose immer einen Grundrechtseingriff dar, sodass hier vor allem die Grenzen der Einsatzmöglichkeiten aufgezeigt werden sollen. An einer Stelle überschneiden sich jedoch die mit den Systemen verbundenen Herausforderungen zumindest teilweise: Bei der Frage, wie transparent die eingesetzten Systeme sein müssen. Die bisher eingesetzte Software und die damit verbundenen Entscheidungsprozesse sind bei beiden Kategorien je nach Anwendung höchst verschieden transparent. Daher wird das Thema der verfassungsrechtlichen Anforderungen und Grenzen in Bezug auf die Transparenz der Systeme im Folgenden – soweit dies möglich ist – als übergreifende, sowohl orts- als auch personenbezogene Anwendung betreffende Frage behandelt.

Die Gliederung dieses Kapitels und die mit dem Thema verbundenen Fragestellungen unterscheiden sich deutlich von den anderen verfassungsrechtlichen Grenzen. Das hat mehrere Gründe: Zum einen findet der Begriff der Transparenz keinen eindeutig zuzuordnenden Entsprechungspunkt im Grundgesetz. Vor allem aber sind Fragen um die Transparenz staatlichen Handelns in vielen Aspekten keine Fragen der Grenzen für Predictive Policing im Sinne des Arbeitstitels – obwohl diese Aspekte für die Sicherstellung eines verfassungskonformen Einsatzes der Systeme unabdingbar sind. Aus diesem Grund wird im Folgenden zunächst der Begriff der Transparenz eingeordnet, dann verfassungsrechtliche Fragen des Informationszugangs geklärt, anschließend im engen Sinne verfassungsrechtliche Grenzen formuliert und schlussendlich gefragt, wie diese überhaupt durchzusetzen sind.

2.1. Verschiedene Formen der Intransparenz

Die Begriffe Transparenz und Intransparenz wurden in dieser Arbeit bis zu diesem Punkt immer recht pauschal und ohne weitere Erläuterung genutzt. Im Kontext des Predictive Policing sind sie jedoch sehr vielschichtig und bedürfen einer ausführlicheren Erläuterung. Im Wesentlichen gibt es drei verschiedene Gründe, weshalb ein Algorithmus als intransparent bezeichnet werden kann: Geheimhaltung durch Staat bzw. Anbieter, erhebliches Fachwissen erfordernde Komplexität und auch für Experten nicht zu durchdringende inhärente Komplexität.[326]

Die erste Ebene der Intransparenz, die Geheimhaltung, ist – wenn auch in unterschiedlichem Ausmaß – bei allen Predictive Policing-Systemen anzutreffen. Nirgendwo wird der gesamte Code, das gesamte Verfahren offengelegt. Private Anbieter berufen sich dabei auf Betriebsgeheimisse, der Staat auf kriminalistische Notwendigkeiten. Neben diesen rechtlichen Erwägungen stehen einer vollen Offenlegung auch tatsächliche Gesichtspunkte entgegen, etwa weil Entscheidungen in Entwicklungsprozessen nicht dokumentiert wurden.

Die zweite Ebene betrifft das Fachwissen, welches erforderlich ist, um die offenbarten Informationen zu verarbeiten. Hierfür ist in vielerlei Hinsicht informationstechnologische Expertise erforderlich, welche etwa von den Eingriffen Betroffene, damit arbeitende Polizeibeamte und darüber urteilende Richter im Regelfall nicht besitzen. Dieses Problem ist durch das Hinzuziehen von Experten teilweise überwindbar, Lösungsversuche kommen aber schnell an praktische Grenzen, da der Spezialisierungsgrad dieser Experten regelmäßig sehr hoch sein muss.

Die dritte und letzte Ebene der Intransparenz bezieht sich auf Algorithmen, welche so komplex sind, dass selbst ihre Entwickler davon getroffene Entscheidungen nicht mehr nachvollziehen können. Dies ist insbesondere bei Machine Learning-Algorithmen der Fall, die Grenze zu dieser Kategorie verläuft jedoch fließend: Wird ein im Grunde erklärbarer Entscheidungsbaum oder ein vergleichbarer Algorithmus zu komplex, kann es auch seinen Entwicklern unmöglich sein, die Entscheidungen zu entschlüsseln.

---

326 Die Konzeption – auch für die nächsten drei Absätze – geht zurück auf *Sommerer*, Personenbezogenes Predictive Policing, 2020, S. 200 ff.

Intransparent im letzten Sinne sind nur wenige der in Deutschland bislang eingesetzten Systeme, insbesondere die in Hessen und Nordrhein-Westfalen eingesetzten Varianten Palantir Gotham, hessenDATA und DAR, welche auf Grundlage von Machine Learning-Algorithmen arbeiten. Innerhalb der anderen Transparenzebenen ist der Grad der Intransparenz sehr unterschiedlich: Das ortsbezogene SKALA arbeitet mit Entscheidungsbäumen, welche nicht den Black Box-Charakter künstlicher Intelligenz haben, verwendet aber eine Vielzahl von Variablen, sodass es um ein Vielfaches anspruchsvoller ist, hiermit getroffene Prognosen zu erklären, als dies etwa bei dem vergleichsweise einfach gestrickten PRECOBS der Fall wäre. Auf der Ebene der Geheimhaltung gibt es teilweise nur geringe Intransparenz, etwa bei SKALA, PRECOBS und PreMAP, die zwar ihren Code nicht veröffentlicht haben, aber ihre Funktionsweise nach außen hin sehr offen kommunizieren. Auf der anderen Seite stehen Systeme wie die ortsbezogenen Systeme KrimPro und KLB-operativ in Berlin bzw. Hessen, welche selbst auf Nachfrage so gut wie keine Informationen über ihre Arbeit herausgeben.

Zu den meisten Problemen auf allen Transparenzebenen gibt es eine Fülle von auf Predictive Policing zugeschnittene Lösungsansätze, die an dieser Stelle nur überblicksweise genannt werden: Gefordert werden unter anderem die vorherige Registrierung bzw. Lizensierung; eine regelmäßige, unter Umständen auch durch einen größeren Personenkreis bzw. die Öffentlichkeit durchgeführte Prüfung der Software oder gesonderte staatliche Kontrollinstitutionen.[327] Rechtspolitisch sinnvoll sind alle diese Maßnahmen, wie weit dafür auch eine verfassungsrechtliche Notwendigkeit besteht, wird zumindest für einzelne Maßnahmen im weiteren Verlauf dieses Kapitels untersucht.

2.2. Staatliche Geheimhaltungsbefugnisse

Das Recht des Staates, Informationen vor seinen Bürgern geheim zu halten, hat in Deutschland eine jahrhundertealte Tradition. Entsprungen aus der absolutistischen Vorstellung der Trennung von Staat und Gesellschaft sind die damit verbundenen Einstellungen auch über die konstitutionelle Monarchie hinweg bis zum demokratischen Rechtsstaat fester Bestandteil deutscher Verwaltungsmentalität geblieben.[328] Die Pflege der deutschen Arkantradition weit über sachlich zu

327 *Sommerer*, Personenbezogenes Predictive Policing, 2020, S. 207 ff.; ab S. 215 ff. auch mit weiteren Forderungen zu komplexeren Algorithmen.

328 Zum Kontext vgl. überblickend *Brink*, in: *Brink/Polenz/Blatt* IFG § 1 Rn. 24ff., insb. 33 f.; *Gröschner* VVDStRL 63 (2004), 344, 346 ff.; vertiefend *Wegener*, Der geheime Staat 2006.

rechtfertigende Geheimhaltungsinteressen hinaus war bereits in der Herrschaftssoziologie *Max Webers* wesentlicher Bestandteil bürokratischer Herrschaft.[329]

Dabei handelt bzw. handelte es sich im Vergleich zu anderen westlichen Ländern um eine Ausnahme, vor Inkrafttreten des IFG gab es in der EU neben Deutschland nur in Österreich und Luxemburg kein voraussetzungsloses Zugangsrecht zu Verwaltungsinformationen.[330] Zugang zu Behördeninformationen gab es nur im Rahmen des subjektiven Rechtsschutzes, 1968 entschieden durch das BVerwG und 1977 in § 29 VwVfG kodifiziert.[331] Die erste Öffnung in dieser Hinsicht erfolgte ausgesprochen widerwillig durch die Einführung des Umweltinformationsgesetzes (UIG), welches aufgrund einer EWG-Richtlinie eingeführt werden musste und zu seiner Einführung zwei EuGH-Urteile (davon eine Verurteilung Deutschlands in einem von der Kommission eingeleiteten Vertragsverletzungsverfahren) benötigte.[332]

Einen Paradigmenwechsel leitete das 2006 auf Bundesebene in Kraft getretene Informationsfreiheitsgesetz ein. Durch das IFG wurde das Amtsgeheimnis von der Regel zur Ausnahme. Zu diesem Zeitpunkt hatten einzelne Länder bereits entsprechende Gesetze, fast alle sind inzwischen nachgezogen: Nur Bayern und Niedersachsen haben keine Informationsfreiheitsgesetze, in Niedersachsen ist das Vorhaben der Einführung eines Transparenzgesetzes erneut Gegenstand eines Koalitionsvertrages.[333] Der Trend zu mehr Transparenz hat sich seitdem fortgesetzt durch entsprechende Gesetze im Verbraucher- und Agrarrecht.

Auch wenn das Recht auf Informationszugang grundsätzlich zur Regel geworden ist, gibt es immer noch weite Ausnahmen. So besteht nach § 3 Abs. 2 IFG und den oft ähnlich lautenden Landesgesetzen kein Anspruch auf Zugang, wenn das Bekanntwerden der Information die öffentliche Sicherheit gefährden kann. Diese ausgesprochen weitreichende Ausnahme ist bei ihrer Einführung scharf kritisiert worden, auch weil sie den Bereich des Gefahrenabwehrrechts, aus dem sie stammt, weit überschreitet: Bei fast jeder staatlichen Information kann auf irgendeine Weise argumentiert werden, dass sie für Gesetzesverstöße ausgenutzt werden kann – darüber hinaus kann auch das Bekanntwerden von Gesetzesverstößen

---

329 *Weber,* Wirtschaft und Gesellschaft, [1976], S. 573.

330 *Masing* VVDStRL 63 (2004), 377, 381 m. w. N.

331 BVerwGE 30, 154.

332 EuGH EuZW 1998, 470; 1999, 763.

333 *SPD Landesverband Niedersachsen/BÜNDNIS '90/DIE GRÜNEN Niedersachsen*, Sicher in Zeiten des Wandels, 2022, S. 102, abrufbar unter https://www.gruene-niedersachsen.de/wp-content/uploads/2022/11/Koalitionsvertrag.pdf (zuletzt abgerufen am 31.07.2023).

die öffentliche Sicherheit gefährden.[334] Der Zugang zu Informationen zum Thema Predictive Policing kann auf Grundlage dieser Ausnahmeregelungen jedenfalls erheblich eingeschränkt werden.

2.3. Die Rolle der Transparenz im Verfassungsrecht

Die Rolle von Transparenz und Informationszugangsfreiheit in der Verfassung ist nicht eindeutig geklärt. Dabei kommt ihr im vorliegenden Kontext eine beachtliche praktische Bedeutung zu, etwa wenn sie mit dem von den Softwareherstellern geltend gemachten Schutz von Geschäfts- und Betriebsgeheimnissen gem. Art. 12 Abs. 1 GG i.V.m. Art. 14 Abs. 1 GG in Einklang gebracht werden müsste: Hätten diese Prinzipien Verfassungsrang, wäre die Abwägung eine Frage der praktischen Konkordanz.

Wie bereits in der Einleitung dieses Kapitels erwähnt, ist die Frage nach der verfassungsrechtlichen Einordnung dieser Themen keine Frage nach einer Grenze des Predictive Policing, welche in dieser Arbeit identifiziert werden soll. Informationszugangsrechte, effektiver Rechtsschutz, Rechtsstaats- und Demokratieprinzip sowie viele andere verfassungsrechtliche Grundsätze werden an dieser Stelle jedoch als gesamtheitliche Notwendigkeit gesehen, um einen verfassungskonformen Einsatz von Predictive Policing zu gewährleisten. Daher werden auch viele Fragen diskutiert, die isoliert betrachtet keine verfassungsrechtliche Grenze für den Einsatz der Systeme darstellen.

a. Informationsfreiheit

Erster Ansatzpunkt für eine Einordnung ist die Informationsfreiheit gem. Art. 5 Abs. 1 S. 1 Alt. 2 GG. Früher war weithin anerkannt, dass diese kein Recht auf Zugang zu Behördeninformationen einräumt. Als allgemein zugängliche Quellen im Sinne der Norm wurden immer nur von Privaten unterhaltene Informationsquellen wie Zeitungen aufgefasst, das Recht hatte überwiegend eine abwehrrechtliche Schutzrichtung.[335] Inzwischen schließt das BVerfG nicht mehr aus, Zugangsansprüche aus dem IFG über die Informationsfreiheit abzusichern – aber eben nur so weit, wie diese durch das IFG eröffnet wurden.[336] Viel Beachtung fand in diesem Kontext die in demselben Beschluss des BVerfG zitierte Entscheidung des EGMR, in der ebendieser ein Recht auf Informationszugang gegenüber dem

334 *Schoch* IFG § 3 Rn. 154 f.

335 *Schemmer*, in: *Epping/Hillgruber* GG Art. 5 Rn. 26; *Grabenwarter*, in: *Dürig/Herzog/Scholz*, GG Art. 5 Rn. 1020.

336 BVerfGE 145, 365, 372 f.; *Grabenwarter*, in: *Dürig/Herzog/Scholz*, GG Art. 5 Rn. 1011.

Staat aus Art. 10 EMRK ableitete.[337] Dieses gilt nach dem EGMR allerdings nicht allgemein, sondern nur, wenn der Antragssteller in einer Watchdog-Funktion beabsichtigt, die Öffentlichkeit zu informieren, die Informationen im Rahmen der öffentlichen Willensbildung verarbeiten will und die Informationen von öffentlichem Interesse sind.

In Teilen der Literatur wird seit einiger Zeit gefordert, im Rahmen einer weiten Interpretation der Verfassung die Informationsfreiheit nicht mehr primär als Abwehrrecht zu verstehen, sondern aus ihr einen verfassungsunmittelbaren Zugangsanspruch abzuleiten.[338] Festgemacht wird dies zunächst an der Entwicklung der Transparenzgesetzgebung von der Arkantradition über die mit den Informationsfreiheitsgesetzen eingeleitete reaktive Transparenz zu der sich insbesondere in den letzten Jahren in den Ländern stärker verbreitenden proaktiven Transparenz mit festen Transparenzpflichten.[339] Darüber hinaus wird die Argumentation, Verwaltungsinformationen seien keine allgemein zugängliche Quelle, als zirkulär empfunden: Die Informationen sind nicht allgemein zugänglich, weil sie nicht allgemein zugänglich sind – obwohl diese Argumentation nach Einführung der Informationsfreiheitsgesetze bröckeln muss. Zudem würde damit die aus vordemokratischen Zeiten stammende Tradition perpetuiert.[340]

Die Annahme eines so tiefgreifenden Verfassungswandels kann zumindest aktuell nicht überzeugen. Der ursprüngliche Charakter der Norm als Abwehrrecht, die vor allem unter dem Eindruck nationalsozialistischer Eingriffe wie dem Verbot, „Feindsender" zu hören, entstand und den Zugriff auf bestehende öffentliche Quellen sichern sollte, wird dabei auch von den Kritikern der herrschenden Meinung nicht bestritten.[341] Die Einführung des IFG hat diesen Charakter verändert. Dadurch wurden aber nur jene Quellen zusätzlich öffentlich zugänglich, welche durch das IFG eröffnet wurden – mehr gibt der Wortlaut der Norm nicht her und für einen breiteren Verfassungswandel gibt es keine Anhaltspunkte.[342]

---

337 EGMR 8.11.2016 (GK), *Magyar Helsinki Bizottság ./. Ungarn*, Nr. 18030/11 Z. 117–180.

338 *Wegener*, Der geheime Staat 2006 S. 480 ff.; *Kühling*, in: *Gersdorf/Paal*, BeckOK Informations- und Medienrecht Art. 5 GG Rn. 42.

339 *Kühling*, in: *Gersdorf/Paal*, BeckOK Informations- und Medienrecht Art. 5 GG Rn. 42.

340 *Wegener*, Der geheime Staat 2006 S. 480 f.

341 *Wegener*, Der geheime Staat 2006 S. 477.

342 Im Ergebnis so auch Z. B. *Starck/Paulus*, in: *v. Mangoldt/Klein/Starck*, GG Art. 5 Abs. 1 Rn. 117.

Informationszugangsansprüche gegen den Staat sind somit nur in dem Umfang verfassungsrechtlich abgedeckt, in dem sie auch einfachgesetzlich gewährt werden.

b. Rechtsstaats- und Demokratieprinzip

Transparenz und Öffentlichkeit bzw. Publizität sind unabdingbare Bestandteile des demokratischen Rechtsstaats. Auch wenn sie in ihrem Wesen ähnlich sind, haben sie eine unterschiedliche Geschichte: Die Publizität geht auf die Traditionen Athens und der römischen Republik zurück und ist zentraler Bestandteil der Demokratie, während die Transparenz als Grundvoraussetzung der Kontrolle staatlichen Handelns wesentliches Element des Rechtsstaats ist.[343] Als solche setzt sie dem Staat auch objektiv-rechtlich Grenzen. Subjektiv-öffentliche Transparenzansprüche lassen sich aus den Demokratieprinzip jedoch nicht ableiten, das Rechtsstaatsprinzip schützt in subjektiver Hinsicht auch nur das Recht auf Akteneinsicht.[344]

Während die Öffentlichkeit der Justiz mit § 169 GVG und die Öffentlichkeit des Bundestags mit Art. 42 Abs. 1 S. 1 GG sowie den entsprechenden Normen für Bundesrat und Landesparlamente gesetzlich normiert sind, gibt es keinen Grundsatz der Öffentlichkeit der Verwaltung. Dabei ist jedoch evident, dass ohne Transparenz, welche es möglich macht, Entscheidungen zu verfolgen, Demokratie nicht möglich ist – Transparenz und Legitimität stehen bei diesen Aspekten in engem Zusammenhang.[345] Auch ein Rechtsstaat kann nur funktionieren, wenn Machtausübung nachvollziehbar ist – intransparente Machtausübung ist dem Grundgesetz deswegen fremd.[346] Im Verwaltungsrecht drückt sich dies durch Normen wie der Begründungspflicht für Verwaltungsakte in § 39 VwVfG aus.

Das Rechtsstaatsprinzip ist im Grundgesetz nur teilweise ausgeformt, es lassen sich hieraus nicht immer detaillierte Ge- und Verbote ableiten.[347] Dennoch ist es nicht nur abstraktes Prinzip, welches erst durch einfachgesetzliche Konkretisierungen wirksam wird: Gewisse Grundsätze müssen immer gewahrt bleiben. Hierzu gehören unter anderem Bestimmtheitsgebot, Normenklarheit, Verhältnismäßigkeitsprinzip und das Gebot effektiven Rechtsschutzes.[348] Einige davon

---

343 *Gröschner* VVDStRL 63 (2004), 344, 346.

344 *Brink*, in: *Brink/Polenz/Blatt* IFG § 1 Rn. 10 ff.

345 BVerfGE 40, 296, 327.

346 *Boehme-Neßler* K&R 2019, 767, 769 f.

347 BVerfGE 65, 283, 290.

348 *Bröhmer* Transparenz als Verfassungsprinzip 2004 S. 147.

verlangen notwendigerweise ein transparentes Handeln des Staates. Hierzu gehört z. B. der Gesetzesvorbehalt, aufgrund dessen die Öffentlichkeit Gelegenheit hat, zu möglichen Grundrechtseingriffen Stellung zu nehmen und zu debattieren – eine Entscheidung zugunsten eines transparenten legislativen Prozesses und zu Lasten eines deutlich weniger transparenten Verwaltungsverfahrens.[349]

Für die vorliegenden Probleme ergeben sich die konkretesten Gebote aus dem Verhältnismäßigkeitsprinzip und damit untrennbar verbunden aus dem Gebot effektiven Rechtsschutzes gem. Art. 19 Abs. 4 GG. Transparenz ist zwingende Voraussetzung für Rechtssicherheit, die es den Bürgern ermöglicht, sich entsprechend zu verhalten und die Betroffenen überhaupt die Möglichkeit effektiven Rechtsschutzes bietet.[350] Gleichzeitig ist Transparenz Bedingung effektiver gerichtlicher Kontrolle.

In den letzten Jahren spielten diese Grundsätze eine entscheidende Rolle in der Rechtsprechung des BVerfG zu Überwachungsgesetzen. Hier ist die Rede von einem Grundsatz der Offenheit der Erhebung und Nutzung von personenbezogenen Daten, aus dem eine Pflicht resultiert, eine heimliche Datenverarbeitung nur unter Richtervorbehalt durchzuführen und unmittelbar Betroffene nachträglich zu informieren.[351] Zudem gilt, dass die Anforderung an die Transparenz des Behördenhandelns umso höher ist, je weniger subjektiver Rechtsschutz gewährleistet werden kann.[352] Soweit individueller Rechtsschutz wenig bis nicht gewährleistet werden kann, kommt einer effektiven Kontrolle durch staatliche Aufsichtsbehörden, insbesondere den Datenschutzbeauftragten, eine hohe Bedeutung zu, was mit gesteigerten Erfordernissen an die Verhältnismäßigkeit einhergeht.[353] Dies wird in der Arbeit an späterer Stelle intensiver erörtert.[354]

c. Sonstige Grundrechte

Subjektiv-öffentliche Rechte im Kontext der Transparenz bietet ansonsten noch das allgemeine Persönlichkeitsrecht gem. Art. 2 Abs. 1 i.V.m. Art. 1 Abs. 1 GG. Bereits im Volkszählungsurteil des BVerfG, in welchem das Recht auf informationelle Selbstbestimmung erstmals anerkannt wurde, wird die Rolle eines transparenten Staatshandelns für die Ausübung von Grundrechten besonders betont: Bürger könnten ihre Freiheiten nicht wahrnehmen, wenn sie nicht wüssten, „wer

349 BVerfGE 85, 386, 403f; *Bröhmer* Transparenz als Verfassungsprinzip 2004 S. 149.
350 BVerfGE 133, 277, 366.
351 BVerfGE 125, 260, 335 f.
352 BVerfGE 133, 266, 367.
353 BVerfGE 133, 266, 269; 141, 220, 284.
354 Siehe dazu S. 118 ff.

was wann und bei welcher Gelegenheit über sie weiß."[355] Sonst würden sie sich zu einem unauffälligen Verhalten genötigt fühlen.

Die Probleme um das Recht auf informationelle Selbstbestimmung werden in dieser Arbeit weitestgehend selbstständig eingeordnet, weil sie über den Komplex Transparenz deutlich hinausgehen und dabei erhebliche Unterschiede zwischen orts- und personenbezogenen Systemen bestehen. Während es dabei aber primär um die Frage geht, wann ein Eingriff in das Recht auf informationelle Selbstbestimmung erfolgt und ob dieser zu rechtfertigen ist, stellt sich an dieser Stelle die Frage, welche Informationsansprüche Bürgern zustehen, in deren informationelle Selbstbestimmung eingegriffen wird.

Eng verknüpft mit dem Rechtsstaatsprinzip, aber auch selbstständig ergeben sich aus dem Gebot effektiven Rechtsschutzes gem. Art. 19 Art. 4 GG Transparenzrechte. Werden Maßnahmen gegen Betroffene verheimlicht, haben diese keine Möglichkeit, sich dagegen gerichtlich zu wehren.

d. *Landesverfassungen*

Verfassungsrechtliche Transparenzvorgaben ergeben sich in Deutschland nicht nur aus dem Grundgesetz, sondern in sehr eingeschränkter Form auch aus den Landesverfassungen. Die meisten Landesverfassungen gehen in Bezug auf Transparenz nicht weiter als das Grundgesetz, einzelne Verfassungen haben höchstens ein eigenständiges Recht auf Datenschutz. Positive Ausnahme diesbezüglich ist Brandenburg: Nach Art. 21 Abs. 4 LV Bbg hat jeder nach Maßgabe des Gesetzes das Recht auf Einsicht in Akten und sonstige amtliche Unterlagen, soweit nicht überwiegende öffentliche oder private Interessen entgegenstehen. Für Predictive Policing lassen sich daraus aktuell jedoch keine konkreten Schlussfolgerungen ziehen, da Brandenburg aktuell keine Predictive Policing-Systeme einsetzt.

e. *Europarecht*

Von potentiell zunehmender Bedeutung sind Initiativen der EU in Bezug auf Predictive Policing. Neben dem Musterabgleich nach der PNR-Richtlinie gehören hierzu insbesondere die aktuell getesteten und geplanten Systeme für Grenzkontrollen. Das Primärrecht gewährt den Unionsbürgern neben einem „Recht auf gute Verwaltung" aus Art. 41 GRCh sowie einigen Normen des AEUV[356] ein praktisch verfassungsunmittelbares Recht auf Zugang zu Dokumenten aus Art. 42 GRCh und

---

355 BVerfGE 65, 1, 43.

356 Insb. Art. 24 Abs. 4, Art. 296 Abs. 2 und Art. 298 Abs. 1 AEUV.

Art. 15 Abs. 3 AEUV. Dieses steht in Art. 15 Abs. 3 AEUV unter Gesetzesvorbehalt, welcher über Art. 52 Abs. 2 GRCh auch auf den im Wortlaut schrankenlosen Art. 42 GRCh übertragen wird. Entsprechend wird das Recht praktisch vor allem über die Transparenzverordnung 1049/2001/EG ausgeformt. Nach Art. 4 Abs. 1 a) Var. 1 dieser Verordnung besteht jedoch kein Anspruch auf Zugang zu Dokumenten, wenn deren Veröffentlichung den Schutz des öffentlichen Interesses in Hinblick auf die öffentliche Sicherheit beeinträchtigt. Der Begriff der öffentlichen Sicherheit umfasst nur eine tatsächliche und hinreichend schwere Gefährdung, die ein Grundinteresse der Gesellschaft berührt.[357] Nach der Rechtsprechung des EuGH steht den Organen der Union jedoch ein erhebliches Ermessen in Bezug auf die Frage zu, ob eine Beeinträchtigung der öffentlichen Sicherheit vorliegt.[358]

2.4. Verfassungsrechtliche Anforderungen an die Transparenz von Predictive Policing-Systemen

a. Grundsätze

Aus diesen Grundsätzen lassen sich mehrere Mindeststandards für die Transparenz von Predictive Policing-Systemen ableiten. Der offensichtlichste Aspekt dieser Anforderungen ergibt sich aus dem Verhältnismäßigkeitsgrundsatz und dem Recht auf effektiven Rechtsschutz: Jeder Eingriff muss transparent begründet werden. „Der Computer hat gesagt" ist – solange die Prognose des Computers nicht lückenlos nachvollziehbar ist – kein Argument für einen Eingriff. Eine solch intransparente Gewaltausübung könnte mangels Überprüfbarkeit keine Rolle in einer Abwägung der Verhältnismäßigkeit spielen und würde keinen effektiven Rechtsschutz ermöglichen, weil ein solches Argument auch nicht effektiv begründet werden kann. Ein Grundrechtseingriff kann daher nicht mit der Prognose eines inhärent intransparenten Algorithmus (wie insbesondere Machine Learning-Algorithmen) begründet werden.

Weniger eindeutig ist die Lage, wenn die Intransparenz nicht systemeigen und damit für niemand durchschaubar ist, sondern auf staatlicher Geheimhaltung beruht oder erhebliche technische Kenntnisse erfordert. Entsprechende Situationen lassen sich mit den bereits eingesetzten Systemen leicht konstruieren: So wurde die Prognose von RADAR-iTE bereits in mehreren Entscheidungen des BVerwG erwähnt, in denen es um die Abschiebung von Gefährdern ging, also um eine der grundrechtsinvasivsten Tätigkeiten, die das deutsche Recht vorsieht. In einem

357 *Schoch* IFG § 3 Rn. 151.

358 EuGHE 2007, 1233 Rn. 34, 46; *Schoch* IFG Einl. Rn. 123.

Urteil kam das BVerwG zu dem Ergebnis, dass auch die mittels des wissenschaftlichen Risikobewertungsinstruments RADAR-iTE vorgenommene Analyse für den Antragsteller „ein hohes Risiko für die Durchführung eines Anschlags" ergab und u.a. deswegen eine konkrete Gefahr bestehe, dass er terroristische Handlungen begehen könnte.[359] Diese Argumentation ist problematisch, da sie nicht transparent ist: Das BVerwG hat – genau wie der Kläger – keine Möglichkeit, zu überprüfen, ob RADAR-iTE tatsächlich wissenschaftlichen Standards genügt und wieweit die Prognose plausibel ist. Denkbar ist in dieser wie in zukünftigen Prognosen auch, dass die Prognose nur auf Grundlage der öffentlich vorgebrachten Argumente erstellt wurde und damit ohne das Wissen von Betroffenen und Gerichten kein zusätzliches Argument darstellt, sondern nur eine Wiederholung des ohnehin schon Gesagten mit sich bringt.

In der großen Mehrzahl der Fälle vermeidet das BVerwG jedoch, die Einschätzung von RADAR-iTE als Argument in der Entscheidungsfindung zu verwenden. Mehrfach zitierter Grundsatz ist dabei, dass ein solches System für „eine erste Risikoeinschätzung nützlich und hilfreich [ist] und etwa die sicherheitsbehördliche Entscheidung über das Ob und den Umfang zu treffender Maßnahmen unterstützen kann", jedoch kein Instrument ist, „dessen Einsatz notwendige Voraussetzung der gebotenen gerichtlichen Gesamtschau ist."[360] Es spricht tatsächlich wenig dagegen, dass Sicherheitsbehörden, die vollen Zugriff auf den Kriterienkatalog haben, ein solches System zumindest im Rahmen einer Plausibilitätsprüfung verwenden. Diese ist aus Betroffenensicht auch dann nicht transparent, wenn sie aufgrund ausschließlich analog durchgeführter Prognosen erfolgt. In Bezug auf die gerichtliche Beurteilung geht der Ansatz des BVerwG jedoch nicht weit genug – das Prognoseergebnis von RADAR-iTE sollte nicht nur kein notwendiger Teil der gerichtlichen Beurteilung sein, sondern darf gar kein Teil der Gesamtschau sein. Dies gilt insbesondere für Maßnahmen wie die hier diskutierte Abschiebeanordnung nach § 58a AufenthG, bei dem sowohl Tatsachenbewertung als auch Prognose vom Gericht voll überprüfbar sind und entsprechend nachvollziehbar sein müssen.[361] Eine Einschätzungsprärogative steht den Behörden in diesem Fall nicht zu. Daraus folgt auch, dass das Urteil über die Wissenschaftlichkeit eines solchen Systems im Fall der Klage nicht den Behörden zusteht, sondern

359 BVerwG Beschl. v. 19.9.2017 – 1 VR 8.17, BeckRS 2017, 128308 Rn. 35.

360 BVerwG Beschl. v. 31.5.2017 – 1 VR 4.17, BeckRS 2017, 113651 Rn. 35; BVerwG NVwZ 2017, 1531, 1538; BVerwG Beschl. V. 22.05.2018 – 1 VR 3.18 (1 A 1.18), BeckRS 2018, 11917 Rn. 39, BVerwG Urt. v. 27.3.2018 – 1 A 5.17, BeckRS 2018, 11167 Rn. 51.

361 BVerwG NVwZ 2017, 1057 Rn. 18 ff.; *Huber*, in: *Huber/Eichenhofer/Endres de Oliveira*, Aufenthaltsrecht Rn. 1164.

den Gerichten, denen bei RADAR-iTE die für eine Bewertung notwendigen Informationen fehlen.

Schwerer in die zu Kapitelbeginn beschriebenen drei Schichten der Intransparenz einzuordnen sind Systeme wie SKALA, deren Mechanismen zumindest auf dem Papier weder geheim noch undurchdringlich komplex sind, aber so viele Variablen enthalten, dass es nur mit erheblichem Aufwand möglich ist, die Gründe für eine Prognose einzeln zu entschlüsseln. Für diese Konstellation gibt es bislang keine Rechtsprechung, da SKALA derzeit nicht für Grundrechtseingriffe eingesetzt wird, ein solches Szenario wäre jedoch sowohl mit SKALA als auch mit ähnlich konstruierten Systemen vorstellbar. Soweit den Sicherheitsbehörden bei der Maßnahme, welche der Prognose folgt, keine Einschätzungsprärogative zusteht und die Entscheidung gerichtlich voll überprüfbar ist, gilt jedoch der gleiche Maßstab wie bei Intransparenz aufgrund von Geheimhaltung. Eine Prognose, welche für ein Gericht nicht nachvollziehbar ist, ist als Gegenstand einer Überprüfung untauglich. Nicht eindeutig einzuordnen sind zuletzt Prognosen, die nur mit erheblichem Arbeitsaufwand bzw. Fachwissen einzuordnen sind. So würde es bei der gerichtlichen Kontrolle einer SKALA-Prognose maßgeblich darauf ankommen, für wie stichhaltig das urteilende Gericht die dem System zugrundeliegenden kriminologischen Thesen hält. Eine solche Analyse wird in der Praxis jedoch auch bei Hinzuziehung von Sachverständigen kaum zu erbringen sein, weshalb im Streitfall wohl regelmäßig zulasten der beweisbelasteten Behörde entschieden werden dürfte.

b. Exkurs: State v. Loomis

Als kurzer rechtsvergleichender Exkurs lohnt ein Blick in die Vereinigten Staaten, wo 2016 ein Urteil zu dieser Fragestellung größere Aufmerksamkeit erregte. Im Fall *State v. Loomis* klagte der Berufungskläger *Eric Loomis* vor dem Wisconsin Supreme Court gegen die Verwendung des Risikobewertungsinstruments COMPAS bei der Einschätzung seiner Rückfallwahrscheinlichkeit in einem Strafprozess gegen ihn.[362] Die Funktionsweise des proprietären Algorithmus war weder ihm noch dem urteilenden Gericht bekannt, weshalb er eine Verletzung seiner verfassungsrechtlichen Verfahrensrechte – insbesondere des Rechts auf ein individualisiertes Urteil und des Anspruchs einer Verurteilung auf Grundlage zutreffender Informationen – geltend machte.[363] Für den Gerichtshof war maßgeblich, dass die

362 *State v. Loomis,* 881 N.W.2d 749 (Wis. 2016); einordnende Zusammenfassung etwa bei 130 Harv. L. Rev. 1530 (2017).

363 *State v. Loomis,* 881 N.W.2d 757.

Entscheidungen nicht ausschließlich auf Grundlage der Prognose getroffen wurden. Die Richter stellten dazu einzelne Grundsätze auf: So dürfte die COMPAS-Prognose nicht verwendet werden, um das Strafmaß zu bestimmen oder nicht bei der Frage, ob eine Haftstrafe angetreten werden muss, eingesetzt werden.[364] Raum für den Einsatz des Systems bleibt damit vor allem bei Prognosen um die Strafvollstreckung, wofür es ursprünglich auch entwickelt wurde. Die künftig urteilenden Richter müssen dabei in ihren Entscheidungen ausführlich auf die über die COMPAS-Prognose hinausgehenden entscheidungserheblichen Umstände eingehen. Die Presentence Investigation Reports (vergleichbar etwa mit den Berichten der Jugendgerichtshilfe im deutschen Jugendstrafrecht), die das Prognoseergebnis beinhalten, müssen über die sich aus der Bewertungsmethode ergebenden Probleme warnen. *Loomis* zog gegen das Urteil vor den Supreme Court der Vereinigten Staaten, welcher den Fall jedoch nicht zur Entscheidung annahm.[365]

Aus der Perspektive des deutschen Verfassungsrechts ist die Entscheidung nicht haltbar: Auch wenn andere, für sich genommen hinreichende Gründe für eine Entscheidung angegeben werden, bleibt eine intransparente Prognose ein für den Betroffenen unwiderlegbares Argument und genügt damit rechtsstaatlichen Anforderungen nicht. Beachtet werden muss zudem auch eine zweite, rechtlich schwer fassbare Gefahr: Die automatisierte Prognose kann aufgrund der ihr zugeschriebenen Objektivität einen „Anker" setzen, welchem das Gericht folgen will und wodurch der Rest der Begründung faktisch nur noch dazu dient, das Prognoseergebnis zu stützen.[366]

c. *Transparenz bei ortsbezogenen Systemen*

Zuletzt jedoch zu den Anforderungen an ortsbezogene Systeme: Bei ortsbezogenem Predictive Policing ist im Wesentlichen zwischen zwei möglichen Kategorien zu unterscheiden, welche verfassungsrechtlich eine unterschiedliche Relevanz haben und an deren Transparenz daher unterschiedliche Anforderungen zu stellen sind. In der ersten Kategorie finden sich die Systeme, deren Prognosen in keine Grundrechte eingreifen und auch nicht in ihrer objektiv-rechtlichen Schutzfunktion beeinträchtigen. Mit Ausnahme der inzwischen eingestellten bayerischen PRECOBS-Variante gehören alle in Deutschland eingesetzten ortsbezogenen Systeme in diese Kategorie.[367]

---

364 *State v. Loomis,* 881 N.W.2d 769.

365 *Loomis v. Wisconsin,* 137 S.Ct. 2290 (2017).

366 So auch 130 Harv. L. Rev. 1530, 1536 (2017).

367 Zu KrimPro in Berlin und KLB-operativ in Hessen kann dies aufgrund der mangelhaften Quellenlage jedoch nur vermutet werden, vgl. auch S. 91.

Die Anforderungen an die Transparenz dieser Systeme ist denkbar gering: Da sich die verfassungsrechtliche Notwendigkeit der Transparenz vor allem aus dem Verhältnismäßigkeitsgrundsatz und dem Recht auf effektiven Rechtsschutz ergibt, entfällt ihre Notwendigkeit auch, wenn diese Prinzipien keine Anwendung finden.[368] An eine verfassungsrechtliche Grenze würden die Systeme somit erst stoßen, wenn sie so intransparent sind, dass ihre Wirtschaftlichkeit nicht mehr nachgewiesen werden kann – was aber zunächst mit (einfachgesetzlichen) haushaltsrechtlichen Wirtschaftlichkeitsgrundsätzen in Konflikt geraten würde, die erst als Prüfungsmaßstäbe des Bundesrechnungshofs gem. Art. 114 Abs. 2 GG (bzw. von den Landesrechnungshöfen nach Maßgabe der Landesverfassungen, z. B. Art. 70 Abs. 1 Verf ND) verfassungsrechtliche Relevanz hätten.[369] Auf verfassungsrechtlicher Ebene gibt es hierfür auch keinen praktisch wirksamen Durchsetzungsmechanismus.

Die zweite Kategorie ortsbezogener Systeme hat zwei Unterkategorien: Zum einen fallen hierunter jene Prognosen, welche zwar keinen Eingriff in die informationelle Selbstbestimmung darstellen, jedoch die objektiv-rechtliche Schutzfunktion von Art. 3 GG beeinträchtigen. Dazu gehören die Systeme, welche keine personenbezogenen Daten verwenden, jedoch durch den Einsatz bei Delikten mit hoher Dunkelziffer diskriminierende Selektionsmechanismen massiv verstärken können.[370] In Deutschland gibt es hierzu keine Anwendungsfälle, es finden sich jedoch zahlreiche Beispiele in Amerika.[371]

Die höchsten Anforderungen gelten für ortsbezogene Systeme, welche auch personenbezogene Daten verarbeiten – etwa wenn sie für ortsbezogene Prognosen Daten verwenden, die Rückschlüsse auf Personen ermöglichen. An dieser Stelle zeigt sich wieder, dass orts- und personenbezogenes Predictive Policing nicht trennscharf voneinander abgrenzbar sind: Für diese Prognosekategorien müssen die gleichen verfassungsrechtlichen Maßstäbe wie für personenbezogene Systeme gelten. Transparenzanforderungen ergeben sich hier vor allem aus dem Verhältnismäßigkeitsprinzip. Die Prognose muss mindestens so transparent sein, dass nachvollzogen werden kann, wie weit sie geeignet ist, das legitime Ziel zu verwirklichen. Dies ist für ortsbezogenes Predictive Policing als Ganzes jedoch bereits eine erhebliche Herausforderung, da der Nutzen der Prognosen trotz intensiver wissenschaftlicher Studien nicht belegt ist. Da der Entscheidung zum Einsatz

---

368 Vgl. auch zu die Ausführungen zur Notwendigkeit der Verhältnismäßigkeit unterhalb der Eingriffsschwelle, S. 89.

369 *Butzer*, in: *Epping/Hillgruber* Art. 114 GG Rn. 16.

370 S. o. S. 83 f.

371 Für einen Überblick darüber s. o. S. 45 f.

ortsbezogener Systeme nie auf eine Initiative der Gesetzgeber zurückzuführen war, können sich die Behörden auch nicht auf deren Einschätzungsprärogative berufen. Wie den Überlegungen im Kapitel zu ortsbezogenem Predictive Policing zu entnehmen ist, sind Grundrechtseingriffe durch entsprechende Prognosen selbst bei sehr transparenten Systemen kaum zu rechtfertigen, weshalb der Transparenz als eigenständigem Verfassungsprinzip in der Praxis kaum eigenständige Bedeutung zukommen dürfte.[372]

Die wesentliche praktische Hürde liegt darin, dass vorab kontrolliert werden muss, ob die Schwelle zum Grundrechtseingriff überschritten wird. Auf der Ebene der informationellen Selbstbestimmung kommen die Landesbeauftragten für den Datenschutz dieser Aufgabe bereits nach.[373] Für ortsbezogene Systeme, welche die öffentlich-rechtliche Schutzfunktion des Art. 3 GG beeinträchtigen, aber keine personenbezogenen Daten verarbeiten, gibt es in Deutschland bislang keinen Anwendungsfall, aber auch kein wirksames Kontrollsystem.

2.5. Kontrolle und Durchsetzung der Transparenzregeln

Die Frage der vorhandenen Kontrollsysteme und deren Wirksamkeit stellt sich für Predictive Policing auf sehr vielen Ebenen. Bei der Kontrolle der Systeme ist zwischen drei Gruppen mit Kontrollfunktionen zu unterscheiden, welche verfassungsrechtlich höchst unterschiedliche Rollen spielen.[374] Zunächst ist dies die Öffentlichkeit, welche (wenn auch nur in eingeschränktem Umfang) verfassungsrechtliche Informationszugangsrechte geltend machen kann. Stärker von den Prognosen geschützt sind subjektiv Betroffene, welche Transparenz insbesondere unter Berufung auf ihre verletzten Grundrechte in Verbindung mit dem Recht auf effektiven Rechtsschutz nach Art. 19 Abs. 4 GG geltend machen können. Ist subjektiver Rechtsschutz nicht oder nur eingeschränkt möglich, muss es staatliche Kontrollinstanzen geben, die die Einhaltung des verfassungsrechtlichen Rahmens gewährleisten.

a. Rolle der Öffentlichkeit

Die breite Öffentlichkeit spielt bei der Kontrolle von Predictive Policing-Systemen vor allem eine politische Rolle, indem sie Entwicklung und Nutzung im Rahmen politischer Partizipation kritisch begleitet. Zur Wahrnehmung dieser Rolle ist sie

---

372 Siehe auch die Überlegungen zur Rechtfertigung von Grundrechtseingriffen durch ortsbezogenes Predictive Policing auf S. 94 ff.

373 S. o. S. 93.

374 Auf dieser Ebene vertiefend *Sommerer*, Personenbezogenes Predictive Policing 2020, S. 208 ff.

auf Informationen angewiesen, auf die sie teilweise auch einen verfassungsrechtlichen Anspruch hat. Dieser Anspruch beruht auf der Informationsfreiheit gem. Art. 5 Abs. 1 S. 1 Alt. 2 GG, die im einfachgesetzlich gewährten Umfang auch eine Informationszugangsfreiheit ist.[375]

Wie bereits an vorheriger Stelle ausgeführt, sehen die einfachgesetzlichen Regelungen im Bereich des Gefahrenabwehrrechts weitereichende Ausnahmen vor.[376] Insbesondere besteht nach § 3 Abs. 1 c) IFG kein Anspruch auf Zugang, wenn das Bekanntwerden der Information nachteilige Auswirkungen auf Belange der inneren oder äußeren Sicherheit haben kann, zudem besteht nach § 3 Abs. 2 IFG kein Anspruch auf Zugang, wenn das Bekanntwerden der Information die öffentliche Sicherheit gefährden kann.

Der Begriff der inneren Sicherheit gem. § 3 Abs. 1 c) IFG ist relativ eng: Er umfasst nur Bedrohungen von Bestand und Funktionsfähigkeit des Staates und seiner Organe durch Private und hat eine Erheblichkeitsschwelle.[377] Wohnungseinbruchsdiebstähle (die ohnehin nicht von Bundesbehörden bekämpft werden) oder vergleichbare Delikte überschreiten diese Schwelle nicht. Die von den Bundesbehörden bislang eingesetzten Systeme dienen aber primär oder auch der Terrorabwehr, die unzweifelhaft Belang der inneren Sicherheit ist. Wie weit hier eine Gefahrenprognose vorgenommen werden muss bzw. in welchem Umfang diese substantiiert werden muss und gerichtlich überprüfbar ist, ist im Detail umstritten. Nach Meinung von *Schoch* müssen die Behörden sehr ähnlich wie bei § 3 Abs. 2 IFG eine Gefahrenprognose wie im Polizei- und Ordnungsrecht anstellen und mit konkreten Angaben darlegen, weshalb der Anspruch auf Informationszugang nicht besteht, bloß abstrakte Erwägungen reichen hiernach nicht aus.[378] In der Rechtsprechung und in Teilen der Literatur wird hingegen vertreten, dass bereits abstrakte Gefahren ausreichen und die Prognose von den Gerichten nur sehr eingeschränkt überprüfbar ist.[379] Hierfür spricht klar der Wortlaut der Norm, nach der anders als bei § 3 Abs. 2 IFG nicht davon gesprochen wird, dass die Veröffentlichung die öffentliche Sicherheit gefährden kann, es reicht aus, wenn es nachteilige Auswirkungen haben kann. Für alle Predictive Policing-Systeme, die der inneren Sicherheit dienen, besteht somit auf Bundesebene nur ein sehr stark eingeschränktes Informationszugangsrecht.

---

375 Zur Herleitung S. 102 f.

376 S. o. S. 101.

377 *Schoch* IFG § 3 Rn. 56, 58.

378 *Schoch* IFG § 3 Rn. 62.

379 OVG Berlin-Brandenburg NVwZ 2012, 1196, 1199; *Polenz*, in: *Brink/Polenz/Blatt* IFG § 3 Rn. 23.

Der Begriff der öffentlichen Sicherheit gem. § 3 Abs. 2 IFG wird hingegen wie im Polizei- und Ordnungsrecht definiert, umfasst also die Unversehrtheit der Rechtsordnung, der grundlegenden Einrichtungen des Staates sowie grundlegender Individualrechtsgüter.[380] In Anbetracht dieses sehr weitgehenden Schutzumfangs ist eine sehr enge Auslegung der Ausnahmetatbestände geboten. Anknüpfungspunkt sollten dabei jedoch nicht die klar definierten Schutzgüter, sondern der Begriff der „Gefährdung" sein.[381] Wie im Polizei- und Ordnungsrecht ist hier eine konkrete Gefahrenlage nötig, also wenn aus ex ante-Sicht bei ungehindertem Geschehensablauf (also bei Informationszugang) unter verständiger Würdigung der Sachlage in absehbarer Zeit mit hinreichender Wahrscheinlichkeit ein Schaden für das Schutzgut einträte – wobei die Anforderung an die Schadenswahrscheinlichkeit bei größeren möglichen Schäden geringer ist.[382] Zudem wird den für Gefahrenabwehr zuständigen Behörden in der Gesetzesbegründung ein berechtigtes Interesse zugestanden, sensible verwaltungsinterne Abläufe und Strukturen vor Bekanntwerden zu schützen.[383]

Dass Behörden in diesem Kontext nicht bis ins letzte Detail über ihre Gefahrenabwehrtätigkeiten Auskunft geben müssen, liegt auf der Hand und bedarf in diesem Kontext keiner besonderen Rechtfertigung. Soweit z. B. Informationen konkret dazu genutzt werden können, um unentdeckt Straftaten zu begehen, besteht evident kein Zugangsanspruch. Wie weit Informationen über Predictive Policing-Systeme, welche Prognosen für die Zukunft machen, potentiellen Straftätern effektivere Angriffsmöglichkeiten verschaffen können, ist jedoch teilweise fraglich.[384] Insbesondere bei ortsbezogenen Systemen wäre ein deutlich über die bloße Funktionsweise der Programme hinausgehendes Wissen erforderlich, um das Begehen von Wohnungseinbruchsdiebstählen weiter zu erleichtern. Diese Position scheinen einige Landeskriminalämter zu teilen, wie sich z. B. in den umfänglichen und proaktiv veröffentlichten Evaluationen in Baden-Württemberg und Nordrhein-Westfalen zeigt. Die Verschwiegenheit der Behörden in Berlin und Hessen zu KrimPro und KLB-operativ wären am Maßstab des IFG nicht zu rechtfertigen. Dabei ist anzumerken, dass nach Berliner Landesrecht für die Ausnahmen sogar ein noch strengerer Maßstab gilt, da der für die öffentliche Sicherheit geltende Ausnahmeparagraf § 9 IFG BE überwiegend auf

---

380 BT-Drs. 15/4493 S. 10.

381 *Schoch* IFG § 3 Rn. 156.

382 *Schoch* IFG § 3 Rn. 157.

383 BT-Drs. 15/4493 S. 10.

384 Als anschauliches, teilweise übertragbares Beispiel dient Z. B. *BfDI*, 2. Tätigkeitsbericht zur Informationsfreiheit, S. 49 ff.

Ermittlungsverfahren zugeschneidert ist und der Auffangausnahmetatbestand § 11 IFG BE nur greift, wenn das Bekanntwerden des Akteninhalts dem Wohle des Bundes oder eines deutschen Landes schwerwiegende Nachteile bereiten oder zu einer schwerwiegenden Gefährdung des Gemeinwohls führen würde.

Bei personenbezogenem Predictive Policing ist die Lage weniger eindeutig. Es wäre durchaus denkbar, dass ein zu Terrorakten bereiter Gefährder, der den Fragenkatalog aus RADAR-iTE kennt, Schlüsse auf das Level seiner Beobachtung ziehen könnte oder sein Verhalten nach außen hin auf eine Art und Weise ändert, die ihn für die Behörden als weniger gefährlich erscheinen lassen. Informationen über Komplexität, grobe Funktionsweise und abgefragte Themenkomplexe bei RADAR-iTE wurden dagegen bereits veröffentlicht.[385] Bei anderen Systemen wie etwa der automatisierten Videoüberwachung, dem PNR-Abgleich und den Palantir-Varianten ist ohne Detailkenntnisse schwer zu sagen, ob potentielle Straftäter durch ihr Verhalten die Datengrundlagen und damit erstellte Prognosen so beeinflussen könnten, dass diese verzerrt werden. Für Fragen des Informationszugangs sollte es ausreichend sein, wenn die Sicherheitsbehörden eine solche Möglichkeit plausibel darstellen – es wäre dann umso wichtiger, dass eine entsprechende Überprüfung durch staatliche Kontrollinstanzen erfolgt.

Der Umfang der Informationsfreiheit als Informationszugangsfreiheit lässt sich an dieser Stelle nicht abschließend bestimmen und muss unscharf bleiben – zu unterschiedlich sind die IFGs des Bundes und der verschiedenen Länder, als dass es möglich wäre, allgemeingültige Grundsätze aufzustellen. Allein eine oberflächlichere vergleichende Untersuchung stände vom Umfang her bereits im erheblichen Missverhältnis zu ihrer Relevanz für die Forschungsfragen. Die oben vor allem am Maßstab des im Vergleich eher restriktiven Bundes-IFGs angestellten Überlegungen zeigen jedoch, dass einfachgesetzlich und damit auch verfassungsrechtlich zwar ein Anspruch auf Zugang zu oberflächlichen Informationen besteht, keineswegs jedoch auf tiefergehende Auskünfte.

Bereits an dieser Stelle stellt sich dazu noch die Frage, wie weit sich der Staat und die Unternehmen, welche die Software für den Staat entwickeln, auf Geheimhaltungsinteressen wie Geschäftsgeheimnisse nach Art. 12 i.V.m. Art. 14 GG berufen können.[386] Die Rechtslage ist diesbezüglich unterschiedlich: Der Bund und einige Länder gewähren keinen Anspruch auf Informationszugang, wenn der Schutz geistigen Eigentums entgegensteht bzw. es um Zugang zu Betriebs- oder

385 Der Öffentlichkeit bekannt wurden sie jedoch nicht durch eine IFG-Anfrage oder eine proaktive Veröffentlichung, sondern durch eine kleine Anfrage im Bundestag: BT-Drs. 19/12859 S. 7.

386 BVerfGE 115, 205, 229 ff.

Geschäftsgeheimnissen geht.[387] In diesen Fällen ist ein Informationszugang kategorisch ausgeschlossen. Andere Länder haben unterschiedlich formulierte Abwägungsklauseln, bei denen auch ein Recht auf Informationszugang besteht, wenn das Informationsinteresse gegenüber dem Geheimhaltungsinteresse der Betroffenen überwiegt.[388] Die Ebene der Geschäftsgeheimnisse, welche insbesondere die Entwicklungsdokumentation und den Quellcode betreffen dürfte, mit dem die Algorithmen programmiert sind, wird es aber wohl regelmäßig ermöglichen, so detaillierte Rückschlüsse auf die Funktionsweise zu ziehen, dass sie von potentiellen Straftätern missbraucht werden könnten – womit eine Gefährdung der öffentlichen Sicherheit gegeben sein dürfte. Auch nach den Landes-IFGs, welche ein verhältnismäßig umfangreiches Zugangsrecht gewähren, besteht in diesen Situationen kein Anspruch auf Informationszugang.

b. Rechte von Prognosen Betroffener

Die verfassungsrechtliche Stellung von Prognosen Betroffener in Bezug auf Transparenz ist wesentlich stärker: Da in ihre Grundrechte weit über die Frage des Informationszugangs eingegriffen wird, haben sie Abwehrrechte, zu deren Geltendmachung ihnen in Verbindung mit Art. 19 Abs. 4 GG effektiver Rechtsschutz gewährt werden muss. Effektiver Rechtsschutz für den Betroffenen umfasst insbesondere auch die Möglichkeit einer vollständigen Nachprüfung der ihn betreffenden und von ihm angegriffenen Maßnahme sowohl in rechtlicher als auch in tatsächlicher Hinsicht.[389] Sie müssen eine ausreichend konkrete Vorstellung von den Eingriffen in ihre Rechte haben, um sich dagegen wehren zu können. Dieser Anspruch hat Vorwirkung auf das Verwaltungsverfahren, in dem diese Rechte ebenso geltend gemacht werden können.[390]

Die in diesem Zusammenhang relevanteste Ausprägung des Anspruchs auf effektiven Rechtsschutz findet das Gebot im Recht auf Akteneinsicht, welches zwar im Gegensatz zu den Informationszugangsrechten nicht allgemein gilt, aber für die zum Rechtsschutz notwendigen Informationen anwendbar ist.[391] Auch dieses kann jedoch eingeschränkt werden, wie insbesondere in § 29 VwVfG[392]:

387 So etwa § 6 IFG, § 6 BremIFG, § 6 IZG LSA.
388 So etwa § 7 IFG BE, § 8 IFG NRW.
389 *Sachs*, in: *Sachs*, GG Art. 19 Rn. 145.
390 *Schmidt-Aßmann*, in: *Dürig/Herzog/Scholz*, GG, Art. 19 Rn. 248.
391 *Schmidt-Aßmann*, in: *Dürig/Herzog/Scholz*, GG, Art. 19 Rn. 256.
392 Wobei § 29 VwVfG nicht nur im Rahmen der Vorwirkung durch Art. 19 Abs. 4 GG geschützt ist, sondern in erster Linie Ausprägung des Rechts auf ein faires Verwal-

Im Verwaltungsverfahren besteht nach § 29 VwVfG das Akteneinsichtsrecht, es sei denn, dass durch die Einsicht die ordnungsgemäße Erfüllung der Aufgaben der Behörde beeinträchtigt würde, das Bekanntwerden des Inhalts der Akten dem Wohl des Bundes oder eines Landes Nachteile bereiten würde oder soweit die Vorgänge nach einem Gesetz oder ihrem Wesen nach, namentlich wegen der berechtigten Interessen der Beteiligten oder dritter Personen, geheim gehalten werden müssen.

Die Berufung auf die ordnungsgemäße Aufgabenerfüllung hat im Kontext des Predictive Policing einen ähnlichen Rahmen wie die Versagungsgründe im Bereich des IFG: Würde durch die Akteneinsicht der Erfolg des Verfahrens gefährdet, kann die Behörde die Akteneinsicht verweigern.[393] Überall, wo Behörden konkret darlegen können, dass die Offenlegung von Informationen geeignet ist, die Funktion der Gefahrenabwehr einzuschränken, sind sie nicht zur Offenlegung verpflichtet.

Die möglichen Nachteile für das Wohl von Bund und Ländern sind für Predictive Policing ähnlich wie die mögliche Beeinträchtigung der inneren und äußeren Sicherheit gem. § 3 Abs. 1 c) IFG auszulegen: Diese liegen auch vor, wenn die Akteneinsicht die Tätigkeit der Sicherheitsdienste erschweren oder Leben, Gesundheit oder Freiheit von Personen gefährden würde.[394] Im Ergebnis sind die Versagungsgründe für Predictive Policing fast deckungsgleich: Auch hier kann eine Auskunft bei den aktuellen ortsbezogenen Systemen nicht verwehrt werden (Hierfür gibt es aktuell jedoch mangels Personenbezugs keinen Anwendungsbereich), bei den der Terrorismusbekämpfung dienenden Systemen (oder sonstigen Systemen, die Straftaten gegen Leben, Gesundheit oder Freiheit von Personen abwehren sollen) ist dies aber unzweifelhaft möglich.

Der letzte Versagungsgrund – bezogen auf Informationen, die einem Gesetz oder ihrem Wesen nach geheim zu halten sind – ist sehr eng auszulegen und vor allem im Kontext der Geheimdienste und bei persönlichen Informationen relevant.[395] Entsprechende Geheimhaltungsgesetze gibt es im Kontext des Predictive Policing nicht, es ist auch nicht ersichtlich, dass bestimmte Informationen aus diesem Bereich ihrem Wesen nach geheim zu halten sind.

---

tungsverfahren ist, welches aus dem Rechtsstaatsprinzip kommt, siehe etwa *Kallerhoff/Mayen*, in: *Stelkens/Bonk/Sachs*, VwVfG § 29 Rn. 54

393 *Kallerhoff/Mayen*, in: *Stelkens/Bonk/Sachs*, VwVfG § 29 Rn. 59 f.

394 *Kallerhoff/Mayen*, in: *Stelkens/Bonk/Sachs*, VwVfG § 29 Rn. 63; vgl. NVwZ 1994, 72, 72 f.; BVerfGE 75, 1, 14.

395 *Kallerhoff/Mayen*, in: *Stelkens/Bonk/Sachs*, VwVfG § 29 Rn. 66 ff.

Das zentrale Problem des Akteneinsichtsrechts liegt in der Praxis jedoch darin, dass viele entscheidende Informationen über die Art und Weise, mit der die Prognose erstellt wurde, nicht Teil der Akten sein dürften. Wirklich detaillierte Informationen wie der Quellcode eines Systems werden niemals Teil solcher einsehbaren Akten sein, vielmehr werden oft nur die Ergebnisse der Prognosen Teil des Akteninhalts sein. Der Transparenzgewinn durch Akteneinsicht wird also immer eingeschränkt bleiben, selbst wenn die Akteneinsicht umfassend gewährt wird. Nicht anders wäre es bei (mit den aktuellen Systemen noch nicht absehbaren) Situationen, in denen Akteneinsicht nach § 147 StPO zu gewähren ist.

c. *Rolle staatlicher Kontrollinstanzen*

α. *Bestehende und mögliche Kontrollinstanzen*

Ist eine transparente Datenverarbeitung und individueller Rechtsschutz nur eingeschränkt möglich, muss dies durch staatliche Kontrollinstanzen gewährleistet werden. Die obigen Ausführungen zeigen deutlich, dass die Öffentlichkeit und Betroffene in vielen Fällen nur sehr eingeschränkt in der Lage sind, eine solche Transparenz zu erzwingen. Zuständig hierfür sind bislang in erster Linie die Datenschutzbeauftragten des Bundes und der Länder. Die Beauftragten sind der mit der Zuständigkeit einhergehenden Verantwortung bei den in dieser Arbeit untersuchten Systemen auch im gebotenen Umfang nachgekommen. Streitige Themen wie die unterschiedliche Einordnung der Verknüpfung von Geokoordinaten mit Informationen über Einbrüche wurden an anderer Stelle bereits erörtert.[396] Beim Musterabgleich der PNR ist die Rolle der Datenschutzbeauftragen durch § 11 FlugDaG zudem gesetzlich festgeschrieben.

Dennoch besteht auch hier – wie bei anderen vergleichbaren Projekten der Sicherheitsbehörden – bereits jetzt eine gewisse Diskrepanz zwischen Rechtslage und Wirklichkeit: Der Bundesbeauftragte für den Datenschutz und die Informationsfreiheit vermeldete etwa bei RADAR-iTE, dass er über das System nicht vom BKA informiert wurde, sondern aus der Presse davon erfahren habe.[397]

Die Kontrollbefugnisse der Datenschutzbehörden sind darüber hinaus auch nicht unbegrenzt, sie greifen nur dann, wenn es um die Verarbeitung personenbezogener Daten geht. Dies ist zunächst der Grundsatz nach § 14 Nr. 1 BDSG und Art. 57 DSGVO, welche im Gefahrenabwehrrecht ihre Entsprechungen haben oder auf die in den Polizeigesetzen verwiesen wird – maßgeblich ist dafür

396 S. o. S. 92 ff.

397 *BfDI*, 27. Tätigkeitsbericht 2017/2018 (2019), S. 83.

auch die Richtlinie (EU) 2016/680. Im Landesrecht werden die entsprechenden Beauftragten z. B. über § 48 Abs. 2 NPOG oder § 98 PolG BW eingebunden. Nach § 69 BKAG werden die Befugnisse des Bundesbeauftragten noch auf den Informationsverbund des Bundeskriminalamts mit den Landespolizeibehörden ausgeweitet, die Einschränkungen von § 37 BPolG verweisen auf Normen des BDSG a.F.; nach § 45 BDSG (n.F.) gilt das BDSG auch für die Verhütung, Ermittlung, Aufdeckung, Verfolgung oder Ahndung von Straftaten oder Ordnungswidrigkeiten durch die zuständigen Stellen.

Zuletzt sind die Möglichkeiten der Datenschutzbehörden, ihre Kontrolle auszuüben, in vielen Ländern beschränkt: Die Anordnungsbefugnisse, welche die Behörden im Anwendungsbereich der DSGVO haben – also insbesondere die Kompetenzen nach Art. 58 Abs. 2 DSGVO, bestimmte Datenverarbeitungen zu verbieten und die Löschung bestimmter Daten anzuordnen – sollen den Aufsichtsbehörden nach Art. 47 Abs. 2 der Richtlinie (EU) 2016/680 zwar auch bei der Datenverarbeitung für Gefahrenabwehr und Strafverfolgung eingeräumt werden, dies ist jedoch nicht in allen Bundesländern umgesetzt. Bemerkenswert ist hier insbesondere der Gesetzgebungsprozess in Hamburg, wo die Anordnungsbefugnis zunächst umgesetzt wurde, bei der Neugestaltung der Polizeigesetze jedoch entschieden wurde, die Kompetenz wieder zu streichen – jetzt kann der Hamburgische Beauftragte für Datenschutz Verstöße gem. § 62 PolDVG HA nur noch beanstanden oder gerichtlich feststellen lassen.[398] Nach überzeugender Ansicht des Hamburgischen Beauftragten für Datenschutz stellt dieses Vorgehen einen klaren Verstoß gegen das Europarecht dar.[399] In anderen Bundesländern wurde die Richtlinie von Anfang an unzureichend umgesetzt – in Hessen besteht die Anordnungskompetenz gem. § 14 Abs. 3 HDISG nur bei erheblichen Verstößen, in Thüringen und Berlin besteht sie gar nicht.[400] Ohne die Anordnungsbefugnis ist die Kontrolle durch die Beauftragten jedoch ein zahnloser Tiger: Eine Beanstandung kann die Polizei ohne Konsequenzen ignorieren.

---

398 Die Anordnungskompetenz bestand zunächst nach § 6 EURL2016/680UmsAAG HA i.V.m. § 43 Abs. 1 HmbJVollzDSG, der anderthalb Jahre später eingeführte § 72 PolDVG HA hat nach § 2 Abs. 2 EURL2016/680UmsAAG HA demgegenüber jedoch Vorrang.

399 *Der Hamburgische Beauftragte für Datenschutz und Informationsfreiheit*, Stellungnahme zum Senatsdrucksachenentwurf zur „Änderung polizeirechtlicher Vorschriften", S. 15 f., abrufbar unter https://datenschutz-hamburg.de/assets/pdf/Stellungnahme_HmbBfDI_polizeirechtliche_Vorschriften_2019-06-24.pdf (zuletzt abgerufen am 31.07.2023).

400 Vgl. § 7 ThürDSG, § 13 BlnDSG, vertiefend auch *Golla*, KriPoZ 2019, 238, 243 f.

Die Beschränkung der Kontrollbefugnisse auf den Bereich der ordnungsgemäßen Datenverarbeitung schafft in der bisherigen Praxis des Predictive Policing zumindest in dem Sinne keine Schutzlücken, dass alle bestehenden Predictive Policing-Systeme, welche in Grundrechte eingreifen, von der Sachzuständigkeit der Kontrolle umfasst sind: Die informationelle Selbstbestimmung wird durch die Systeme fast immer gefährdet, es sind aktuell kaum Eingriffe in andere Grundrechte vorstellbar, die nicht gleichzeitig auch einen Eingriff in die informelle Selbstbestimmung der Betroffenen darstellen.

Grundrechtseingriffe durch Predictive Policing gehen jedoch oft deutlich über die informationelle Selbstbestimmung hinaus: Fraglich ist, ob die Datenschutzbeauftragten einen hinreichenden Grundrechtsschutz gewährleisten können, wenn neben ihrem eigentlichen Mandat auch noch in andere Grundrechte eingegriffen wird. Offensichtlich ist dieses Problem zunächst bei Verstößen gegen die Diskriminierungsverbote in Art. 3 GG. Auch hierfür gibt es mit den Antidiskriminierungsstellen des Bundes und der Länder staatliche Instanzen, welche aber auf Grundlage des AGG arbeiten und primär Betroffene beraten. Auch wenn es von ihnen schon Berichte zu Diskriminierung durch Algorithmen gibt, haben die Antidiskriminierungsstellen keinen mit den Datenschutzbehörden vergleichbaren Kontrollauftrag.[401] Mögliche daraus erwachsende Probleme sind jetzt schon absehbar: Etwa bei den möglichen Diskriminierungen durch ortsbezogenes Predictive Policing, gegen die Bürger nicht klagebefugt vorgehen können, wäre eine solche staatliche Kontrollinstanz dringend nötig.

Aktuell sieht es so aus, dass die Datenschutzbeauftragten weiterhin eine zentrale Rolle bei der Regulierung von Predictive Policing spielen werden. Das zeigt sich auch bei verwandten Aspekten, insbesondere bei der Regulierung künstlicher Intelligenz: Beim aktuellen Entwurf der EU-Kommission für eine KI-Verordnung („Artificial Intelligence Act") haben die Mitgliedsstaaten zwar die Möglichkeit, auch andere Behörden dafür zu benennen, aufgrund der zahlreichen Parallelen zur DSGVO wird es jedoch aller Voraussicht nach auf die Datenschutzbehörden herauslaufen.[402] Eine solche Übersicht wird für Predictive Policing jedoch immer defizitär sein, da zahlreiche Anwendungen auch bei einer weiten Auslegung des Begriffs künstliche Intelligenz nicht darunter subsumierbar sein werden.

In Anbetracht der aktuellen Defizite im Vollzug der DSGVO stellt sich jedoch neben der Frage der Zuständigkeit vor allem die Frage der Kapazitäten

401 *Orwat*, Diskriminierungsrisiken durch Verwendung von Algorithmen 2019.
402 *Geminn*, ZD 2021, 354, 358.

und Kompetenzen.[403] Kapazitäten können immer auch über eine Aufstockung des Budgets und/oder einen Ausbau der Behörden geschaffen werden, es wäre jedoch ebenso möglich, eine komplett neue Behörde aufzubauen. Nur bezogen auf Predictive Policing würden für den Aufbau einer solchen Behörde in Anbetracht der (noch) wenigen Anwendungsfälle Kosten und Nutzen wahrscheinlich außer Verhältnis stehen. Sollte etwa aufgrund der KI-Verordnung eine neue Behörde entstehen (oder neue Behörden, da das Gefahrenabwehrrecht Sache der Länder ist), wäre es sinnvoll, diesen über ihren dort vorgesehenen Zuständigkeitsbereich (der nach den aktuellen Entwürfen auch künstliche Intelligenz in der Strafverfolgung umfasst) hinaus auch Kontrollbefugnisse im Bereich des Gefahrenabwehrrechts zu übertragen. Besondere Aufmerksamkeit bedarf dabei auch die zum Zeitpunkt der Fertigstellung dieser Arbeit noch nicht geklärte Frage, wie stark Software automatisiert sein muss, um unter den Begriff der künstlichen Intelligenz im Sinne der Verordnung zu fallen. Diese wird zumindest Predictive Policing-Systeme mit niedrigem Automatisierungsgrad – wie etwa RADAR-iTE und die meisten ortsbezogenen Systeme – nicht umfassen. Da aufgrund bzw. mit Hilfe von Algorithmen, die nicht über maschinelles Lernen oder ähnlich komplexe Verfahren funktionieren, ebenfalls erhebliche Beeinträchtigungen für die Grundrechte Betroffener entstehen können, darf eine europäische Regulierung (die auch wegen ihrer Konsequenzen für die Privatwirtschaft nicht zu ausufernd sein darf) nicht dazu verleiten, weniger stark automatisierte, aber nicht notwendigerweise weniger grundrechtsinvasive Systeme von einer solchen Kontrolle auszuschließen.

Unter Berücksichtigung all dieser Faktoren spricht zwar nicht verfassungsrechtlich, aber rechtspolitisch viel dafür, eine neue, unabhängige Behörde für solche Fragestellungen zu schaffen. Hier ließen sich Synergien zur Lösung bereits absehbarer Herausforderungen schaffen: Die zunehmende, vor allem auf Unionsebene intensivierte Datenregulierung fordert von den Mitgliedsstaaten (unabhängige) Aufsichtsbehörden für eine zunehmende Zahl von Sachgebieten. Für die KI-Verordnung mögen die Datenschutzbeauftragten hier noch geeignet sein, als „Koordinator für digitale Dienste" nach dem Digital Services Act kämen sie eher nicht infrage – eine wirklich passende, bestehende Alternativbehörde gibt es jedoch auch nicht.[404]

---

403 *Sommerer*, Personenbezogenes Predictive Policing 2020, S. 213 sieht in den aktuellen Vollzugsdefiziten sogar bereits einen Grund, die Aufsicht über Personenbezogenes Predictive Policing nicht den Datenschutzbehörden zu überlassen, sondern neue Aufsichtsbehörden zu schaffen.

404 Zur Übersicht siehe *Jarusch*, Neue EU-Regeln für digitale Dienste: Warum Deutschland eine starke Plattformaufsicht braucht, 2022, abrufbar unter https://www.stif-

β. Rechtsprechung des BVerfG: ATDG und BKA-Gesetz

Im Kontext dieser möglichen allgemeineren europäischen Regulierung wird noch einmal sichtbar, dass genau geklärt werden muss, ab welchem Komplexitäts- bzw. Automatisierungsgrad eine verfassungsrechtliche Notwendigkeit zur Überprüfung von Predictive Policing-Systemen durch staatliche Kontrollinstanzen besteht. Liegt kein Grundrechtseingriff vor, benötigt es nämlich auch keine gesonderte Kontrollinstanz. Wie die Ausführungen zum ortsbezogenen Predictive Policing zeigen, ist es jedoch oft ausgesprochen schwierig, zu bestimmen, ob ein Grundrechtseingriff vorliegt oder nicht. Prognosesysteme können daher nicht von vornherein von einer Kontrolle durch Aufsichtsbehörden ausgeschlossen werden, es muss immer zumindest eine erste Evaluierung vorgenommen werden – bei ortsbezogenen Systemen nehmen die Landesbeauftragten für Datenschutz diese Aufgabe auch bereits wahr.

Mangels einer etablierten Rechtsprechung zur Kontrolle von Predictive Policing-Systemen kann nicht eindeutig gesagt werden, in welchem Ausmaß nach Ansicht des BVerfG eine verfassungsrechtliche Notwendigkeit für staatliche Kontrollinstanzen besteht und welche Kompetenzen diese haben müssen. In der Rechtsprechung zu verschiedenen Überwachungsmaßnahmen, bei denen die Problemkonstellation relativ ähnlich gelagert ist, hat das BVerfG jedoch einige Grundsätze entwickelt, die auch auf Predictive Policing-Prognosen anwendbar sein könnten oder zumindest eine gewisse Orientierung dafür bieten könnten. Im Urteil zum Antiterrordateigesetz gab das BVerfG Vorgaben für die Rolle der Kontrollinstanzen. Diese ergaben sich direkt aus dem Verhältnismäßigkeitsgrundsatz, da die Rolle der Kontrollinstanzen durch den eingeschränkten Individualrechtsschutz deutlich größer wird. Da die Arbeit der staatlichen Kontrollinstanzen ihrerseits keine mit Individualrechtsschutz vergleichbare Transparenz herstellen kann, muss diese Kontrolle auch wirksam sein.[405]

Für die Antiterrordatei ergab sich daraus zunächst die Pflicht für das BKA und die Landeskriminalämter, Zugriffe und Änderungen des Datenbestandes vollständig und für die Kontrollinstanz verwertbar zu protokollieren.[406] Zudem besteht die im Kontext des Predictive Policing weniger relevante Pflicht, sicherzustellen, dass die Kontrollmöglichkeiten aufgrund des Charakters der Datei als Verbunddatei

---

tung-nv.de/sites/default/files/snv_warum_deutschland_eine_starke_plattformaufsicht_braucht_0.pdf (zuletzt abgerufen am 31.07.2023).

405 BVerfGE 133, 277, 369.

406 BVerfGE 133, 277, 370.

nicht aufgrund unklarer föderaler Zuständigkeiten untergraben werden.[407] Die Kontrollen müssen regelmäßig durchgeführt werden, als Höchstmaß schlägt das BVerfG Kontrollen mindestens alle zwei Jahre vor. Zur Gewährleistung der Kontrolle sind sowohl Gesetzgeber als auch Behörden verpflichtet, der Gesetzgeber darf jedoch darauf vertrauen, dass die Behörden seine Vorgaben auch umsetzen. Außerdem sieht das BVerfG eine verfassungsrechtliche Notwendigkeit für Berichte des (für die Antiterrordatei zuständigen) Bundeskriminalamts an Parlament und Öffentlichkeit, die detailliert genug sein müssen, um eine öffentliche Debatte und demokratische Kontrolle zu ermöglichen.[408] Zuletzt müssen Löschpflichten gesetzlich festgelegt werden.

In seinem Urteil zum BKA-Gesetz hat das BVerfG alle diese Pflichten auch für heimliche Überwachungsmaßnahmen des BKA bestätigt.[409] Dass die im ATDG-Urteil aufgestellten Kontrollmechanismen nicht vorhanden waren, war einer der wesentlichen Gründe des BVerfG, das BKA-Gesetz für verfassungswidrig zu erklären.[410]

Zuletzt waren die Fragen der Transparenzanforderungen kurzer Gegenstand im Palantir-Urteil: Hier schlägt das BVerfG eine Aufgabenverteilung zwischen den Datenschutzbeauftragten der Länder und denen der Behörden als Möglichkeit vor, verlangt eigenständig ausformulierte Begründungen und stellt in Aussicht, dass bei fehleranfälliger Software gesetzliche Regelungen zum staatlichen Monitoring erforderlich sein können.[411] Da explizit hierzu geltend gemachte Fragen der streitgegenständlichen Verfassungsbeschwerde als unzulässig verworfen wurden, erfolgten diesbezüglich keine weiteren Ausführungen.

χ. *Übertragbarkeit auf Predictive Policing*

Fraglich ist, wie weit diese Rechtsprechung auf Predictive Policing-Systeme übertragbar ist. Bei der Antiterrordatei handelt es sich um eine standardisierte gemeinsame Datenbank der Polizeibehörden und Geheimdienste, in der persönliche Daten von Personen gesammelt werden, die terroristischen Vereinigungen im Sinne von §§ 129a, 129b StGB angehören bzw. diese unterstützen. Die Datei wird teilautomatisiert befüllt, das heißt, dass im Rahmen des Standardisierungsprozesses geprüft und ggf. übersetzt wird, ob die Katalogwerte in der

---

407 Ebd.

408 BVerfGE 133, 277, 372.

409 BVerfGE 141, 220, 284 ff.

410 BVerfGE 141, 220, 321 ff.

411 BVerfG, Urteil vom 16. Februar 2023 – 1 BvR 1547/19 -, Rn. 109.

Antiterrordatei mit denen aus den Quelldaten übereinstimmen.[412] Die Betroffenen werden naturgemäß nicht benachrichtigt oder um Zustimmung gebeten, wenn ihre Daten in die Datei eingetragen werden bzw. dort abgefragt werden, es besteht auch nur für einen Teil der Daten ein Auskunftsrecht nach § 57 BDSG.

Im BKA-Gesetz werden dem Bundeskriminalamt diverse Ermittlungsbefugnisse eingeräumt, insbesondere die Überwachung von Wohnraum und Telekommunikation sowie der Zugriff auf informationstechnische Systeme. Auch hier lag das Kernproblem bezüglich der Transparenz darin, dass Betroffene kaum Möglichkeiten hatten, Auskunft über den Umgang mit ihren Daten zu erhalten und gegen die Maßnahmen wirksam vorzugehen.

Die Antiterrordatei weckt trotz des niedrigen Automatisierungsgrades Assoziationen mit den in Deutschland eingesetzten Varianten von Palantir Gotham – auch hier geht es um Datensätze verschiedener Behörden, die als Verbunddatei ausgewertet werden können. Genau darin liegt auch der Unterschied zu anderen Predictive Policing-Systemen, bei denen die auf Dauer angelegte Sammlung von Daten nicht im Vordergrund stehen, sondern Abgleiche mit anderweitig aufgebauten Datenbanken bzw. die kurzfristige Speicherung der Daten (bei ortsbezogenen Systemen). Im Kern geht es aber in allen Themenkomplexen – wie auch bei den Überwachungsmaßnahmen im BKA-Gesetz – um die Frage, wie Grundrechte geschützt werden müssen, wenn es Betroffenen nicht oder nur deutlich eingeschränkt möglich ist, Individualrechtsschutz geltend zu machen. Die Rechtsschutzmöglichkeiten sind in beiden Gesetzen vor allem eingeschränkt, da die Betroffenen über die Eingriffe nicht informiert werden. Das ist auch bei Predictive Policing teilweise, aber nicht immer der Fall – über Prognosen nach RADAR-iTE oder Abfragen in den Palantir Gotham-Programmen werden die Betroffenen nicht informiert, eine automatisierte Videoüberwachung wird jedoch öffentlich ausgewiesen (zumindest war dies in den bisherigen Pilotphasen immer der Fall) und es ist dem FlugDaG eindeutig zu entnehmen, bei welchen Buchungen ein PNR-Musterabgleich stattfindet (auch wenn das FlugDaG in der Praxis nur einer kleinen Minderheit der Fliegenden bekannt ist). Nicht informiert werden die Betroffenen hingegen darüber, wie ihre Daten verarbeitet werden – entsprechende Fragenkataloge bzw. Flugdatenmuster könnten aber dennoch ungeeignet sein, einen Eingriff zu rechtfertigen. Die Mindeststandards, die für Antiterrordateigesetz und BKA-Gesetz gelten, müssen daher auch für alle Predictive Policing-Systeme gelten.

Nicht bei allen Prognosen ist die Eingriffsintensität mit den tiefgreifenden Überwachungsmaßnahmen aus dem BKA-Gesetz oder einer Aufnahme in die für

412 BVerfGE 133, 277, 396 f.

eine große Zahl von Sicherheitsbehörden zugängliche Antiterrordatei vergleichbar. Dies darf aber auch kein Kriterium sein: Wie die Verwendung von Geokoordinaten bei ortsbezogenem Predictive Policing zeigt, kann auch ein Eingriff mit relativ geringer Intensität nicht zu rechtfertigen sein.

Das BVerfG hat in seinen Urteilen nicht festgelegt, welche Behörden die Kontrollfunktion erfüllen müssen, und die Datenschutzbehörden nur als naheliegendste Stellen für diese Aufgabe genannt. Damit kann dahinstehen, ob die Datenschutzbehörden ausreichend Kompetenzen und Kapazitäten haben, über Eingriffe in die informationelle Selbstbestimmung hinaus eine effektive Grundrechtskontrolle durchzuführen. Sollten sie dazu jedoch nicht in der Lage sein, besteht aufgrund dieser Rechtsprechung eine verfassungsrechtliche Notwendigkeit, andere Stellen zu schaffen, welche die Kontrollfunktion wahrnehmen können.

Bei der Frage, wie die Kontrolle genau auszusehen hat, blieb das BVerfG bislang unkonkret. Eine Befugnis der Kontrollinstanzen, bei Rechtsverstößen verbindlichen Anordnungen erlassen zu können, lässt sich aus den Urteilen nicht als Grundsatz ableiten. Der Gesetzgeber ist jedoch verpflichtet, entsprechende Mechanismen zu schaffen, sollten die Behörden sich in der Praxis nicht kooperativ zeigen.[413] Es ist jedoch zweifelhaft, ob Sicherheitsbehörden und Gesetzgeber diesen Vertrauensvorschuss verdient haben: Die weiter oben bereits diskutierte Streichung der Anordnungsbefugnis im hamburgischen Polizeirecht ist möglicherweise auch Reaktion darauf, dass der Hamburgische Datenschutzbeauftragte die Löschung von im Rahmen des Protestes gegen den G20-Gipfel erhobenen biometrischen Daten anordnete – das bislang einzige Mal, dass er von dieser Kompetenz Gebrauch machte.[414] Große Initiativen der Gesetzgeber, Sicherheitsbehörden nach Skandalen stärker zu kontrollieren, waren in den letzten Jahren nicht zu beobachten, im Gegenteil wurden ihre Kompetenzen deutlich ausgeweitet und im Fall der anlasslosen Massenüberwachung durch den BND selbst medial massiv skandalisierte rechtswidrige Praktiken legalisiert.[415] Eine funktionierende staatliche Kontrollinstanz muss entsprechend durchsetzbare Anordnungsbefugnisse

---

413 BVerfGE 133, 277, 370.

414 *Ketterer*, Hamburger Polizeigesetz: Datenschützer soll wichtige Befugnis verlieren, in: netzpolitik.org vom 05.09.2019, abrufbar unter https://netzpolitik.org/2019/hamburger-polizeigesetz-datenschuetzer-soll-wichtige-befugnis-verlieren/ (zuletzt abgerufen am 31.07.2023).

415 *Meister*, Bundesnachrichtendienst erhält so viele Überwachungsbefugnisse wie noch nie, in: netzpolitik.org vom 26.03.2021, abrufbar unter https://netzpolitik.org/2021/bnd-gesetz-bundesnachrichtendienst-erhaelt-so-viele-ueberwachungsbefugnisse-wie-noch-nie/ (zuletzt abgerufen am 31.07.2023).

haben, sonst bleibt sie zahnloser Tiger. Zumindest in Bezug auf den Datenschutz durch die Polizeibehörden besteht hierzu zudem durch Art. 47 Abs. 2 der Richtlinie (EU) 2016/680 eine europarechtliche Notwendigkeit, wenngleich die erheblichen Umsetzungsdefizite in Deutschland in diesem Kapitel bereits angesprochen wurden.

Keine Rechtsprechung gibt es bislang zu der Frage, wie eine Aufsicht über mögliche Verletzungen von Art. 3 GG ausgestaltet werden muss. Im BKA-Urteil ging die Aufsicht zwar über die informationelle Selbstbestimmung hinaus und umfasste auch Eingriffe in andere Grundrechte, in der Praxis waren dies aber vor allem Eingriffe in das Fernmeldegeheimnis gem. Art. 10 GG und die Unverletzlichkeit der Wohnung gem. Art. 13 GG, bei denen die Probleme ähnlich gelagert sind wie bei Eingriffen in die informationelle Selbstbestimmung. Die im Bereich des Predictive Policing entstehenden Probleme sind jedoch teilweise deutlich komplexer – wodurch das Problem der Ausstattung und der Kenntnisse der Datenschutzbehörden wieder in den Vordergrund rückt.[416] Das Gebot einer wirksamen Kontrolle setzt aber voraus, dass die Aufsichtsbehörden in der Lage sind, alle in diesem Kontext aufkommenden Probleme zu erfassen. Der Gesetzgeber hätte damit also nur die Option, die Datenschutzbeauftragten besser auszustatten oder eine neue Behörde zu schaffen, welche diese Aufgaben effektiv wahrnehmen kann.

d. Rechte der Parlamente und Abgeordneten

Bei der Schaffung von Transparenz über die Funktionsweise von Predictive Policing-Systemen haben Parlamentarier bislang eine herausragende Rolle gespielt – weniger durch ihre Gesetzgebungstätigkeit als vielmehr durch das Stellen zahlreicher kleiner Anfragen, welche zahlreiche Systeme für die interessierte Öffentlichkeit deutlich transparenter gemacht haben. Zu sehen ist das auch in dieser Arbeit – bei der Bestandsaufnahme der in Deutschland eingesetzten Systeme machen Antworten auf kleine Anfragen einen erheblichen Teil der Fußnoten aus. Im Kontext des Predictive Policing gab es deswegen bislang auch noch keine Vorfälle, in denen sich Regierungen geweigert hätten, bestimmte Auskünfte zu erteilen. Da kleine Anfragen jedoch zwangsläufig nicht besonders detaillierte Informationen erfragen können, haben sie immer nur eine ergänzende Funktion und können nicht für umfangreiche Transparenz sorgen. Wird von vorneherein nicht transparent kommuniziert, wie ein System funktioniert, ist es schwer bis unmöglich, zielführende Fragen zu stellen. Deswegen sind auch Parlamentarier teilweise darauf angewiesen, der Allgemeinheit zustehende Informationszugangsrechte

416 So auch *Sommerer*, Personenbezogenes Predictive Policing 2020, S. 213.

geltend zu machen. Erwähnenswert ist in diesem Kontext das Verfahren des Europaabgeordneten Patrick Breyer, der Dokumente über das europäische System iBorderCtrl anfragte und als Reaktion ein 170-seitiges Dokument erhielt, welches zu weit über 90 Prozent geschwärzt war.[417] Einer Klage auf Veröffentlichung des ungeschwärzten Berichts gab der EuG nur teilweise statt, das Rechtsmittel am EuGH ist zum Zeitpunkt der Fertigstellung dieser Arbeit noch anhängig.[418]

Neben diesen Rechten hat das BVerfG in den bereits zitierten Urteilen zu Antiterrordateigesetz und BKA-Gesetz festgestellt, dass die Sicherheitsbehörden gegenüber den Parlamenten und der Öffentlichkeit Berichtspflichten haben. Diese bestehen, da die Speicherung und Nutzung der Daten weder für Öffentlichkeit noch für Betroffene wahrnehmbar ist und eine effektive Kontrolle durch die Wahrnehmung subjektiver Rechte nicht möglich ist.[419] Dieses Problem besteht bei den meisten (personenbezogenen) Predictive Policing-Systemen im gleichen Umfang, soweit das Problem besteht, sind diese Grundsätze somit ohne weiteres übertragbar. Übertragbar sind daher auch die recht allgemein gehaltenen Anforderungen des BVerfG an diese Berichte: Sie müssen hinreichend gehaltvoll sein, um eine öffentliche Diskussion über Art und Ausmaß der auf diese Befugnisse gestützten Datenerhebung, einschließlich der Handhabung der Benachrichtigungspflichten und Löschungspflichten, zu ermöglichen und diese einer demokratischen Kontrolle und Überprüfung zu unterwerfen.[420]

2.6. Fazit

Ein transparenter Umgang mit Predictive Policing ist und bleibt eine Herausforderung, der auf vielen Ebenen bislang nicht gewährleistet werden kann. Da es sich bei den Transparenzkriterien jedoch nicht nur um rechtspolitisch sinnvolle, sondern um verfassungsrechtlich notwendige Anforderungen handelt, besteht an dieser Stelle ein dringender Handlungsbedarf. Dieser richtet sich zum einen an den Gesetzgeber, der wirksame Kontrollstellen stärken oder aufbauen muss, etwa indem er Kapazitäten und Kompetenzen der Datenschutzbeauftragten stärkt. Handlungsbedarf besteht auch bei den Behörden, welche auch ihren bereits durch

417 Zur Veranschaulichung ist das geschwärzte Dokument hier zu sehen: https://www.asktheeu.org/de/request/6087/response/19711/attach/4/8%20D3%202%20First%20version%20of%20tech%20tools%20and%20subsystems%20redacted.pdf?cookie_passthrough=1 (zuletzt abgerufen am 31.07.2023).

418 EuG, Urteil Breyer, T 158/19, ECLI:EU:T:2021:902; vor dem EuGH anhängig als Rechtssache C-135/22 P.

419 BVerfGE 133, 277, 372; 141, 220, 285.

420 Ebd.

Rechtsprechung des BVerfG etablierten Pflichten nicht immer nachkommen. Wenn Datenschutzbehörden nur aus der Presse von der Einführung neuer Predictive Policing-Systeme erfahren, haben die Behörden gegen eine verfassungsrechtliche Pflicht verstoßen.

Transparenz als verfassungsrechtliche Grenze für den Einsatz von Predictive Policing-Systemen zeigt sich vor allem im Verhältnismäßigkeitsprinzip: Jede Prognose muss transparent genug sein, damit Betroffene und Gerichte nachvollziehen können, wie weit sie geeignet ist, einen anderen Eingriff zu rechtfertigen. Soweit dies nicht vollumfänglich möglich ist (etwa, weil es die Funktionsweise der Maßnahme unterlaufen würde), muss dies durch eine starke Einbindung von Datenschutzbeauftragten und Parlamenten kompensiert werden. Greift Predictive Policing in niemandes Grundrechte ein, gewähren verfassungs- und verwaltungsrechtliche Wirtschaftlichkeits- bzw. Sparsamkeitsgrundsätze ein Minimum an Verantwortlichkeit in Bezug auf Transparenz.

Die in der Praxis größte Herausforderung besteht darin, diese verfassungsrechtlich gebotenen Maßstäbe auch konsequent durchzusetzen. Aktuell ist dies ausgesprochen schwierig, weil Öffentlichkeit, Betroffene und (einzelne) Abgeordnete nur sehr eingeschränkt in der Lage sind, diese zu erzwingen. Dies verstärkt die Notwendigkeit handlungsfähiger Aufsichtsbehörden. Dabei darf nicht vergessen werden, dass die Öffentlichkeit auch diesen Behörden in großem Umfang vertrauen muss und sie nicht kontrollieren kann. Mit steigender Verantwortung der Aufsichtsbehörden steigt auch die Abhängigkeit der Öffentlichkeit und der von den Maßnahmen Betroffenen gegenüber diesen Behörden. Ein Blick in andere Länder zeigt, dass gerade solche Ombudspersonen gegenüber autoritären Regierungen angreifbar sind. Vor der Einführung weiterer Predictive Policing-Systeme muss daher – wie auch bei Überwachungsgesetzgebung – streng darauf geachtet werden, ob hierzu wirklich eine Notwendigkeit besteht. Ansonsten droht auch bei funktionierenden staatlichen Kontrollinstanzen, dass die Öffentlichkeit und damit das Volk als Souverän die Fähigkeit verliert, Handeln der Sicherheitsbehörden kritisch zu beobachten und zu kontrollieren. Noch stärker als in anderen Bereichen staatlichen Handelns benötigt es hier daher eine wachsame und laute Zivilgesellschaft, die Fragen stellt und die bei Problemen öffentlichen Druck aufbaut, um zu gewährleisten, dass die verfassungsrechtlichen Ansprüche auch in der Praxis gelebt werden.

3. Personenbezogene Fragen

Die besondere Relevanz der verfassungsrechtlichen Grenzen des personenbezogenen Predictive Policing ergibt sich nicht bloß daraus, dass seine Anwendungsfälle im Gegensatz zu ortsbezogenen Systemen aktuell erheblich zunehmen. Da bei personenbezogenen Prognosen qua Definition personenbezogene Daten verarbeitet werden, ist eine entsprechende Prognose immer auch ein Eingriff in das Recht auf informationelle Selbstbestimmung.

Eine systematische Darstellung der verfassungsrechtlichen Grenzen des personenbezogenen Predictive Policing ist nicht nur aufgrund der höheren Eingriffsqualität komplizierter, sondern auch, weil sich die hier eingesetzten Systeme – anders als bei ihren ortsbezogenen Äquivalenten – untereinander teilweise erheblich unterscheiden. In vielerlei Hinsicht kann dafür aber auch deutlich häufiger auf bestehende Rechtsprechung zurückgegriffen werden: Im Gegensatz zum ortsbezogenen Predictive Policing muss hier nicht millimetergenau geprüft werden, wann ein Eingriff vorliegt und wie bisher wenig problematisierte Methoden der Polizeiarbeit durch Automatisierung problematisch werden. Zudem kann auf eine breite Rechtsprechung zu ähnlichen Problemen zurückgegriffen werden.

Darüber hinaus hat *Sommerer* bereits einen wesentlichen Beitrag zur Einordnung einiger der hier behandelten Probleme in ihrer Arbeit zu personenbezogenem Predictive Policing geleistet.[421]

3.1. Recht auf informationelle Selbstbestimmung

a. Grundsätzliche Einordnung

Die Nutzung von personenbezogenem Predictive Policing stellt immer auch einen Eingriff in die informationelle Selbstbestimmung dar. Praktisch handelt es sich dabei in den meisten Fällen um mehrere Eingriffe, denn nach der ständigen Rechtsprechung des BVerfG stellen über den klassischen Eingriffsbegriff hinaus die Erhebung, die Verwendung und sogar die schlichte Kenntnisnahme persönlicher Daten immer jeweils eigenständige Grundrechtseingriffe dar.[422] Das Recht wurde ursprünglich anerkannt, um die Gefahr der totalen Registrierung und Katalogisierung und die Gefahr der Abrufbarkeit eines umfassenden Persönlichkeitsprofils zu verhindern.[423] Gerade in der öffentlichen Wahrnehmung des Predictive Policing, welches von *Minority Report* und ähnlich dystopischen Fantasien geprägt ist, wird genau in diesen Aspekten die größte Bedrohung gesehen.

---

421 *Sommerer*, Personenbezogenes Predictive Policing 2020.

422 *Di Fabio*, in: *Dürig/Herzog/Scholz*, GG Art. 2 Abs. 1 Rn. 173; BVerfGE 27, 1, 7 f.

423 *Di Fabio*, in: *Dürig/Herzog/Scholz*, GG Art. 2 Abs. 1 Rn. 176; BVerfGE 65, 1, 43; 67, 100, 143; 84, 239, 279.

Da das Recht auf informationelle Selbstbestimmung bei den ortsbezogenen Fragen zwar schon angerissen wurde, jedoch nur eine untergeordnete Rolle gespielt hat und bei personenbezogenen Systemen hingegen eine herausragende Bedeutung hat, wird an dieser Stelle zunächst die Genese und Bedeutung des Grundrechts herausgearbeitet.[424] Anschließend wird die relevante Rechtsprechung des BVerfG ausgewertet und konkrete Anforderungen für personenbezogenes Predictive Policing abgeleitet.

Nicht im Grundgesetz kodifiziert, wurde das Recht auf informationelle Selbstbestimmung vom BVerfG im Volkszählungsurteil aus dem allgemeinen Persönlichkeitsrecht gem. Art. 2 Abs. 1 i.V.m. Art. 1 Abs. 1 GG entwickelt.[425] Es handelt sich dabei um das Recht, selbst über Preisgabe und Verwendung der eigenen persönlichen Daten zu bestimmen. Dieses Recht wird insbesondere in der heutigen Zeit als zentrale Voraussetzung erachtet, um eine freie Entfaltung der Persönlichkeit zu gewährleisten.[426] Es soll dem Individuum ermöglichen, selbst zu entscheiden, wann und innerhalb welcher Grenzen persönliche Lebenssachverhalte offenbart werden.[427] Dafür ist ein gewisses Maß an Transparenz und Mitbestimmungsmöglichkeit unerlässlich. Gäbe es keine Klarheit darüber, welche (staatliche) Stelle welche Informationen wie sammelt und verarbeitet, könnte dies die individuellen Entfaltungsmöglichkeiten gravierend beschränken und Menschen dazu veranlassen, ihre Kommunikation und ihr Verhalten entsprechend anzupassen oder gar völlig auf die Wahrnehmung von Grundrechten verzichten.[428] In dem Ziel, der Gefahr der totalen Registrierung und Katalogisierung und der Gefahr der Abrufbarkeit eines umfassenden Persönlichkeitsprofils vorzubeugen, wird auch der Menschenwürdekern des Rechts auf informationelle Selbstbestimmung sichtbar: Das Individuum, welches keinen Überblick darüber hat, wer welche Informationen über es hat, wird bei systematischer Datensammlung schnell zu einem bloßen Objekt staatlicher Stellen oder kommerzieller Interessen.[429]

Der Schutzbereich der informationellen Selbstbestimmung umfasst jede Form der Erhebung, schlichten Kenntnisnahme, Speicherung, Verwendung, Weitergabe oder Veröffentlichung von persönlichen, also individualisierten oder

---

424 Zur informationellen Selbstbestimmung im ortsbezogenen Predictive Policing siehe S. 90 ff.

425 BVerfGE 65, 1, 43; 96, 171, 181; 101, 106, 121; *Di Fabio*, in: *Dürig/Herzog/Scholz*, GG Art. 2 Abs. 1 Rn. 173.

426 *Rixen*, in: *Sachs*, GG Art. 2 Rn. 72.

427 BVerfGE 65, 1, 42.

428 *Rixen*, in: *Sachs*, GG Art. 2 Rn. 73.

429 *Di Fabio*, in: *Dürig/Herzog/Scholz*, GG Art. 2 Abs. 1 Rn. 173.

individualisierbaren Informationen.[430] Bereits mit dem Volkszählungsurteil und in Abkehr vom davor geltenden Mikrozensus-Beschluss hat das BVerfG festgestellt, dass es im Zeitalter automatisierter Datenverarbeitung keine belanglosen Daten mehr gibt, weil die Informationstechnologie neue Verarbeitungs- und Verknüpfungsmöglichkeiten schafft.[431]

Wie bereits im Kontext des ortsbezogenen Predictive Policing erläutert, stellt die bloße Erhebung von Kommunikationsinhalten, die sich an einen unbestimmten Personenkreis richten, keinen Grundrechtseingriff dar.[432] Die Schwelle zum Grundrechtseingriff ist erst dann überschritten, wenn Informationen, die durch die Sichtung allgemein zugänglicher Inhalte gewonnen wurden, gezielt zusammengetragen, gespeichert und gegebenenfalls unter Hinzuziehung weiterer Daten ausgewertet werden und sich daraus eine besondere Gefahrenlage für die Persönlichkeit des Betroffenen ergibt.[433] Jede Form der Prognose setzt schon begrifflich eine vorhergegangene Analyse voraus, weshalb personenbezogene Systeme nicht auf diese Art und Weise einen Eingriff in die informationelle Selbstbestimmung vermeiden können.

Da es sich um ein Recht handelt, welches alle Elemente des Persönlichkeitsschutzes zusammenfasst, die auf Privatsphäre und Informationen über die Persönlichkeit bezogen sind, gelten für alle Eingriffe einheitliche Grundsätze für Grundrechtsbeschränkungen.[434]

b. *Die automatisierte Datenverarbeitung durch Sicherheitsbehörden in der Rechtsprechung des BVerfG*

Predictive Policing ist in vielerlei Hinsicht keine Revolution der Polizeiarbeit. Viele ähnliche Methoden haben bereits in der Vergangenheit vergleichbare Gefahren mit sich gebracht. So wird schnell vergessen, dass bereits beim im Jahr 1983 ergangenen Volkszählungsurteil die Abkehr von der bisherigen Rechtsprechung mit den neuen Gefährdungen durch automatisierte Datenverarbeitung begründet wurden. Vergangene Urteile über automatisierte Verarbeitung personenbezogener Daten durch Sicherheitsbehörden – insbesondere auch im Kontext der Überwachung – zeigen Grenzen für Maßnahmen auf, die Predictive Policing sehr ähnlich sind. Wie weit diese Ähnlichkeiten ausreichen, um daraus Grenzen

430 *Di Fabio*, in: *Dürig/Herzog/Scholz*, GG Art. 2 Abs. 1 Rn. 176.
431 BVerfGE 65, 1, 45; weiter auch BVerfGE 115, 320, 350; 118, 168, 185; 120, 378, 399.
432 S. o. S. 90 f.
433 BVerfGE 120, 274, 345 f.
434 *Rixen*, in: *Sachs*, GG Art. 2 Rn. 73.

für den Einsatz von Predictive Policing-Systemen abzuleiten, wird am Ende des Unterkapitels ausgewertet. Da die im Folgenden beschriebenen Urteile ein sehr anschauliches Bild über Schutzbereich der informationellen Selbstbestimmung, Eingriffe in diese sowie Rechtfertigungsmöglichkeiten der Eingriffe herstellen, werden sie umfangreich dargestellt.

α. Rasterfahndung

Die Rasterfahndung ist eine der ältesten polizeilichen Fahndungs- und Ermittlungsmethoden auf Grundlage elektronischer Datenverarbeitung. Die Polizei nutzt hierfür von anderen Stellen zu anderen Zwecken genutzte Daten, welche automatisiert nach bestimmten Merkmalen („Raster" vom lateinischen rastrum, „Rechen") abgeglichen werden. Zuerst bei der Fahndung nach RAF-Terroristen erprobt, war sie anfangs vor allem strafprozessuales Mittel mit § 98a StPO als Rechtsgrundlage.[435] Nach und nach fand die Rasterfahndung jedoch auch Eingang in die Polizeigesetze der Länder und bekam damit immer mehr den Charakter einer doppelfunktionalen Maßnahme. Nach den Terroranschlägen vom 11. September 2001, die u. a. von in Deutschland ansässigen Attentätern verübt wurden, versuchte man mit ihrer Hilfe insbesondere potentielle islamistische Terroristen (sog. „Schläfer") ausfindig zu machen. So verpflichtete in dem vor dem BVerfG verhandelten Verfahren die nordrhein-westfälische Polizei alle Einwohnermeldeämter und Universitäten sowie das Ausländerzentralregister, die Meldedaten sämtlicher zwischen 1960 und 1983 geborenen Männer an sie zu übermitteln. Dabei erhielten sie über 5 Millionen Datensätze, von denen Daten zu ca. 11.000 Personen nicht durch das Raster fielen. Rasterkriterien waren primär die islamische Religionszugehörigkeit, der (aktuelle oder frühere) Studentenstatus sowie die Herkunft aus bestimmten islamisch geprägten Ländern. Begründet wurde dies primär mit der Befürchtung, dass als Vergeltung gegen den damals bevorstehenden Afghanistan-Einsatz der Bundeswehr weitere Terroranschläge in Deutschland zu befürchten seien.

Das BVerfG befand die Ermächtigungsgrundlage der Rasterfahndung für rechtmäßig, die Durchführung der Maßnahme mit dieser unkonkreten Gefahrenprognose jedoch für verfassungswidrig. Es nahm einen Grundrechtseingriff bei den 11.000 Personen an, welche dem verwendeten Raster entsprachen, da diese an das BKA weitergeleitet wurden und auch danach noch den nordrhein-westfälischen Behörden zur Verfügung standen.[436] Nicht

435 Zur Geschichte und zum folgenden Sachverhalt BVerfGE 115, 320, 321 ff.
436 BVerfGE 115, 320, 344.

ausdrücklich, aber wohl implizit wurde für die restlichen 5 Millionen Datensätze kein Eingriff angenommen – nach der zitierten Rechtsprechung lag somit kein Eingriff vor, wenn Daten ungezielt und allein technikbedingt zunächst miterfasst, aber unmittelbar nach der Erfassung technisch wieder anonym, spurenlos und ohne Erkenntnisinteresse für die Behörden ausgesondert werden.[437]

Zur Bestimmung der Eingriffsintensität griff das BVerfG vor allem auf die bestehende Rechtsprechung zum Fernmeldegeheimnis gem. Art. 10 Abs. 1 GG und der Unverletzlichkeit der Wohnung gem. Art. 13 Abs. 1 GG zurück, da diese speziellen Ausprägungen der informationellen Selbstbestimmung sind. Es sind im Wesentlichen zwei Faktoren, die für die Eingriffsintensität bestimmend sind: Die Zahl der intensiven Beeinträchtigungen ausgesetzten Grundrechtsträger sowie die Frage, ob die Beeinträchtigten für den Eingriff einen Anlass gegeben haben.[438] Maßgeblicher Faktor ist darüber hinaus auch die Persönlichkeitsrelevanz der verarbeiteten Daten.[439] Die Eingriffsintensität wird ferner gesteigert, wenn Erhebung und Verknüpfung entsprechender Daten der Erstellung eines Persönlichkeitsprofils nahe kommen oder wenn Betroffenen aufgrund der Eingriffe Nachteile drohen bzw. diese von ihnen nicht ohne Grund befürchtet werden – beide Kriterien liegen bei der Rasterfahndung vor.[440] Problematisiert wurde weiterhin die potentiell stigmatisierende Wirkung für diejenigen, welche die Rasterkriterien erfüllen, da die Rasterungen sowohl bei Sicherheitsbehörden als auch in der Öffentlichkeit Vorurteile reproduzieren können.[441] Die Eingriffsintensität wurde bei der streitgegenständlichen Maßnahme zudem dadurch erhöht, dass einige der personenbezogenen Merkmale durch Art. 3 Abs. 3 GG sowie Art. 140 GG i.V.m. Art. 136 Abs. 3 WRV geschützt waren. Wie im Bereich der Transparenz mehrmals diskutiert betrachtete das Gericht auch hier die Heimlichkeit der Maßnahme als eingriffsverschärfend, die Polizei informierte am Ende nur einen kleinen Teil der Betroffenen über die Maßnahme.[442] Zudem blieben nicht alle Betroffenen durchgehend anonym.[443] Letzter und schwerwiegendster Grund für die besonders hohe Eingriffsintensität war, dass die Rasterfahndung verdachtsunabhängig und

437 BVerfGE 115, 320, 343 in Berufung auf BVerfGE 100, 313, 366; 107, 299, 328.
438 BVerfGE 115, 320, 347.
439 BVerfGE 115, 320, 349.
440 BVerfGE 115, 320, 351.
441 BVerfGE 115, 320, 353.
442 BVerfGE 115, 320, 353.
443 BVerfGE 115, 320, 354.

mit großer Streubreite durchgeführt wurde.[444] Die Ermittler suchten nach islamistischen „Schläfern“, welche sich gerade durch ihr unauffälliges und angepasstes Verhalten auszeichnen. So werden Betroffene (bei denen es sich in der überwältigenden Mehrheit um Nichtstörer handelt) umso mehr davon abgeschreckt, von ihren Grundrechten Gebrauch zu machen.

Zur Terrorabwehr – also zur Abwehr von Gefahren gegen Leib und Leben von Menschen sowie Gefährdungen des Bestands der Bundesrepublik und ihrer Organe – kann der Staat freilich auch intensivere Grundrechtseingriffe rechtfertigen. Das Grundgesetz enthält auch einen Auftrag zur Abwehr von Beeinträchtigungen der Grundlagen einer freiheitlichen demokratischen Ordnung in rechtsstaatlichem Rahmen.[445] Aus der hohen Eingriffsintensität folgert das BVerfG jedoch, dass die Rasterfahndung nur bei einer konkreten Gefahr zulässig ist.[446] Wie auch sonst im Gefahrenabwehrrecht gilt dabei, dass die Anforderungen an die Wahrscheinlichkeit der Rechtsgutsverletzung und die Fundiertheit der verdachtsbegründenden Tatsachen geringer sein können, je gravierender die drohende Rechtsgutsbeeinträchtigung bzw. der Grundrechtseingriff ist, wobei selbst bei schwerstmöglichen drohenden Gefahren nicht auf das Kriterium der hinreichenden Wahrscheinlichkeit verzichtet werden darf und nicht ins Blaue hinein ermittelt werden kann.[447] Im Gegensatz zum traditionellen Umgang mit Nichtstörern muss die Gefahr nicht gegenwärtig sein, zudem ist auch eine Dauergefahr ausreichend, solange sie hinreichend konkret ist.[448] Da die Befürchtungen der nordrhein-westfälischen Polizei nicht hinreichend substantiiert waren, um dem Maßstab der konkreten Gefahr zu entsprechen, war die Maßnahme verfassungswidrig.[449]

Die Rasterfahndung ist nicht nur verfassungsrechtlich, sondern auch kriminologisch höchst umstritten.[450] Insbesondere ist bis heute nicht geklärt, ob die für die Rasterkriterien ausschlaggebenden Verhaltensweisen der in Deutschland wohnhaften Attentäter bewusst gewählt waren oder auf Zufall zurückzuführen sind.[451]

---

444 BVerfGE 115, 320, 354 ff.

445 BVerfGE 111, 147, 158; 115, 320, 358; BVerfGK 2, 1, 5.

446 BVerfGE 115, 320, 360.

447 BVerfGE 115, 320, 360 f. unter Bezugnahme auf BVerfGE 100, 313, 392; 110, 33, 60; 112, 284, 297; 113, 348, 386.

448 BVerfGE 115, 320, 363 f.

449 BVerfGE 115, 320, 367 ff.

450 Überblickend vgl. etwa *Bischof* KJ 2004, 361ff.; *Sauer,* in: *Müller-Heidelberg et al. (Hrsg.)*: Grundrechte-Report 2003, S. 59 ff.

451 *Kett-Straub* ZIS 2006, 447, 448.

β. Automatisierte Kennzeichenerfassung

Im Jahr 2007 begannen Hessen und Schleswig-Holstein mit der automatisierten Erfassung von Kfz-Kennzeichen mit Hilfe von Videokameras. Dabei wurden die Kennzeichen mit einer Erkennungssoftware ausgelesen und mit polizeilichen Fahndungsdateien abgeglichen.[452] Bei Treffern wurden Kennzeichen sowie zusätzliche Informationen wie Ort und Zeit des Treffers gespeichert, dies konnte explizit Grundlage für eine anschließende polizeiliche Maßnahmen sein. Bei einem Nicht-Treffer wurden Bild und Kennzeichen sofort gelöscht.

Das BVerfG sah den Schutzbereich der informationellen Selbstbestimmung für eröffnet, obwohl die Kennzeichen als personenbezogene Information öffentlich zugänglich (und ihre Verwendung sogar gesetzlich vorgeschrieben) sind.[453] Jeder habe ein schützenswertes Interesse, dass auch in die Öffentlichkeit getragene Informationen nicht automatisiert erhoben und potentiell weiterverarbeitet werden. Durch die Öffentlichkeit wiege der Eingriff jedoch weniger schwer.[454] Wie bei der Rasterfahndung wurde bei den Nichttreffern, welche gleich wieder gelöscht wurden, kein Grundrechtseingriff angenommen, bei den gespeicherten und ggf. weitergenutzten Treffern jedoch schon.[455] In diesem Fall stellt bereits die Erfassung als solche einen Eingriff dar.

Zur Bestimmung der Eingriffsintensität griff das BVerfG im Wesentlichen auf die gleichen Kriterien wie bei der Rasterfahndung zurück. Maßgeblich wurde auf die Persönlichkeitsrelevanz der Informationen und die Frage, ob Betroffene für den Eingriff einen Anlass gesetzt haben, abgestellt. Für den Einschüchterungseffekt durch die große Streubreite und die Anlasslosigkeit spielt dabei keine Rolle, dass nur bei sehr wenigen Kennzeichen tatsächlich ein Grundrechtseingriff vorliegt, da auch bei den Nichttreffer-Fahrern Risiken des Missbrauchs und ein Gefühl des Überwachtwerdens entstehen können.[456] Zudem wird der Eingriff durch die (rechtsschutzeinschränkende) Heimlichkeit gravierender. Verschärfend wirkt sich weiterhin der Umstand aus, dass aus dem Ort und der Zeit der Erfassung regelmäßig auf das Verhalten des Fahrers geschlossen werden kann.[457] Ermöglicht der Einsatz der Systeme ein Bewegungsprofil, kommt der Eingriff durch diesen Umstand der verbotenen Erstellung eines Persönlichkeitsbilds sehr nahe.[458]

452 Hierzu und zur weiteren Beschreibung BVerfGE 120, 378, 379 f.

453 BVerfGE 120, 378, 399.

454 BVerfGE 120, 378, 404.

455 BVerfGE 120, 378, 399 f.

456 BVerfGE 120, 378, 402, 430.

457 BVerfGE 120, 378, 405 f.

458 BVerfGE 120, 378, 407.

Maßgeblich für die Verfassungswidrigkeit der Ermächtigungsgrundlage war jedoch ein bei der Rasterfahndung nicht bestehendes Problem: Der Verwendungszweck der Kennzeichenerfassung war so weit gefasst, dass er dem verfassungsrechtlichen Bestimmtheitsgrundsatz nicht mehr gerecht wurde. Nach den hessischen und schleswig-holsteinischen Polizeigesetzten durfte die Kontrolle zu Zwecken des Abgleichs mit dem Fahndungsbestand durchgeführt werden. Das BVerfG verlangt, dass in der Norm neben dem zulässigen Mittel auch dafür benötigte Anlässe und dafür zu verfolgende Zwecke benannt werden.[459] Als besonders schwerwiegend wurde angesehen, dass mit der Kennzeichenerfassung unproblematisch auch polizeiliche Beobachtungen durchgeführt werden konnten; so bekommt der Eingriff eine völlig neue Qualität, die eigentlich eine eigenständige Ermächtigungsgrundlage voraussetzt.[460] Es bedürfe bei dieser Art der Datenverarbeitung immer einer Zweckbindung.[461] Aufgrund der Eignung der Erfassung als doppelfunktionale Maßnahme sei zuletzt erforderlich, dass klar erkennbar ist, ob sie schwerpunktmäßig präventiven oder repressiven Zielen dient – dies sei in den vorliegenden Ermächtigungsgrundlagen allerdings nicht möglich.[462]

Der Aspekt der doppelfunktionalen Maßnahme und das damit verbundene Problem der auf die Gefahrenabwehr beschränkten Gesetzgebungskompetenz der Länder stand in zwei weiteren Beschlüssen des BVerfG zur Kennzeichenerfassung in Bayern[463] sowie in Baden-Württemberg und einer geänderten Fassung der hessischen Norm[464] stärker im Fokus. Trotzdem blieben Fragen der informationellen Selbstbestimmung weiterhin relevant. So gab das BVerfG bemerkenswerterweise seine Rechtsprechung auf, nach der Nichttreffer bei der Kennzeichenerfassung keine Grundrechtseingriffe mehr darstellen würden.[465] In Rückgriff auf die Rechtsprechung zur Rasterfahndung wurde dabei darauf abgestellt, dass auch die Erfassung größerer Datensätze als Mittel zum Zweck für eine weitere Verkleinerung der Treffer einen Eingriff darstellen kann, wenn sich bei einer Gesamtbetrachtung mit Blick auf den Überwachungs- und Verwendungszweck das behördliche Interesse bereits so verdichtet hat, dass das Betroffensein Eingriffsqualität bekommt.[466] Eine

459 BVerfGE 120, 378, 409.
460 BVerfGE 120, 378, 416.
461 BVerfGE 120, 378, 431.
462 BVerfGE 120, 378, 422 f.
463 BVerfGE 150, 244.
464 BVerfGE 150, 309.
465 BVerfGE 150, 244, 266 ff.
466 BVerfGE 150, 244, 266.

solche Verdichtung liegt hier vor, da die Einbeziehung der Daten von Personen, deren Abgleich zu Nichttreffern führt, nicht ungezielt und technikbedingt erfolgt, sondern notwendiger und gewollter Teil der Kontrolle ist und ihr überhaupt erst ihren Sinn verleiht.[467] Es kommt der Behörde schließlich gerade darauf an, alle an der Anlage vorbeifahrenden Fahrzeuge zu erfassen und bei Bedarf bestimmten Personen zuordnen zu können.

Bei der Prüfung der Verhältnismäßigkeit im engeren Sinne forderte das BVerfG neben einem hinreichend konkreten Anlass, dass die Kontrolle dem Schutz von Rechtsgütern von erheblichem Gewicht dient.[468] Anlasslose Kontrollen wurden nur dann als zulässig betrachtet, wenn sie an ein gefährliches oder risikobehaftetes Tun beziehungsweise an die Beherrschung besonderer Gefahrenquellen anknüpfen.[469] Die bayerischen Kennzeichenkontrollen entsprachen weitestgehend diesem Maßstab. Nicht vorhanden, aber dennoch verfassungsrechtlich geboten waren Dokumentationspflichten für die Behörden. Das BVerfG folgert aus dem Verhältnismäßigkeitsprinzip, dass die Entscheidungsgrundlagen für die Durchführung der Maßnahmen dokumentiert werden müssen.[470] Dies wird damit begründet, dass die Entscheidung verdeckt getroffen wird und sich nur innerhalb der Behörde vollzieht. Dabei werden drei Bezüge zur Verhältnismäßigkeit hergestellt: Zunächst mäßigt die Dokumentationspflicht als Rechtfertigungspflicht das Handeln der Behörde, weiter ermöglicht sie eine Kontrolle durch den Datenschutzbeauftragten und zuletzt erleichtert sie die verwaltungsgerichtliche Kontrolle, sollten Betroffene doch von einer Maßnahme erfahren und dagegen vorgehen.

Im Beschluss zur baden-württembergischen Kennzeichenerfassung sowie der hessischen Neuauflage wurde darüber hinaus die Regelung zur möglichen Zweckänderung, welche einen eigenständigen Grundrechtseingriff darstellt, wegen Unverhältnismäßigkeit gekippt.[471] Diese ist – wie das BVerfG bereits in seinem Urteil zur Vorratsdatenspeicherung feststellte – nur dann zulässig, wenn sichergestellt ist, dass die Maßnahme auch für die Erreichung des neuen Zwecks rechtmäßig gewesen wäre.[472] Eine solche Regelung fehlte jedoch in den streitgegenständlichen Gesetzen.

---

467 BVerfGE 150, 244, 267 f.
468 BVerfGE 150, 244, 280 f.
469 BVerfGE 150, 244, 282.
470 BVerfGE 150, 244, 302 f.
471 BVerfGE 150, 309, 342 f.
472 BVerfGE 150, 309, 342 f. mit Rückgriff auf BVerfGE 125, 260, 333; 133, 277, 372 f.; 141, 220, 327 f.

χ. Antiterrordateigesetz I und II

Das erste Urteil des BVerfG zur Antiterrordatei wurde in dieser Arbeit bereits unter dem Aspekt der verfassungsrechtlichen Anforderungen an die Transparenz von personenbezogenem Predictive Policing intensiv diskutiert.[473] In ihr werden Informationen zu Personen, welche Terrororganisationen nahestehen, standardisiert gespeichert und können über verschiedene Suchfelder von Sicherheitsbehörden automatisiert abgefragt werden. In begrenztem Umfang ist dabei auch ein Informationsaustausch zwischen Nachrichtendiensten und Polizeibehörden möglich.

Das BVerfG erklärte das Gesetz teilweise für verfassungswidrig. Es betonte die erhebliche Eingriffsintensität der Speicherung von Daten in der Datei, da Betroffene, die hiervon nicht wissen und sich entsprechend nicht wehren können, auf diese Weise terroristischen Kreisen zugeordnet werden und dadurch von weiteren Maßnahmen betroffen werden können.[474] Dieser Effekt ist besonders gravierend, da die Eintragung oft auf Prognosen beruht und Bürger von möglicherweise von Maßnahmen betroffen sind, ohne hierfür einen Anlass gegeben zu haben.[475] Weiter verschärft wird der Eingriff dadurch, dass sehr viele (38!) Behörden Zugriff auf die Datei haben und dabei ein Informationsaustausch zwischen den grundsätzlich zu trennenden Polizeibehörden und Nachrichtendiensten erfolgt.[476] Weniger gravierend wird der Eingriff hingegen dadurch, dass in der Datei nur bereits erhobene Daten gespeichert werden.

Im Wesentlichen scheiterten die Normen des ATDG vor dem BVerfG, weil sie dem Bestimmtheitsgrundsatz nicht genügten. Da es sich dabei um ein sehr allgemeines Verfassungsprinzip handelt, welches nicht direkt im Bezug zum Recht auf informationelle Selbstbestimmung steht, wird auf weitere Ausführungen hierzu an dieser Stelle verzichtet.

Deutlich stärker ist der Bezug zu Predictive Policing in der zweiten Entscheidung des BVerfG zum ATDG. Die in diesem Beschluss verhandelte Verfassungsbeschwerde richtete sich nicht gegen das gesamte Gesetz, sondern nur gegen den nach der ersten Entscheidung eingefügten § 6a ATDG, welcher die sog. erweiterte projektbezogene Datennutzung ermöglichte. Dadurch wurde die Möglichkeit geschaffen, innerhalb der Antiterrordatei Informationen miteinander zu verknüpfen

473 S. o. S. 122 ff.
474 BVerfGE 133, 277, 331.
475 BVerfGE 133, 277, 332.
476 BVerfGE 133, 277, 322 f.

und im Rahmen von Data Mining systematisch zu analysieren.[477] In § 6a Abs. 5 S. 1 ATDG wurde diese Nutzung definiert als „das Herstellen von Zusammenhängen zwischen Personen, Personengruppierungen, Institutionen, Objekten und Sachen, der Ausschluss von unbedeutenden Informationen und Erkenntnissen, die Zuordnung eingehender Informationen zu bekannten Sachverhalten sowie die statistische Auswertung der gespeicherten Daten". So sollte durch die Verbunddatei selbst, die ursprünglich nur zur Vorfeldaufklärung gedacht war, neue Erkenntnisse gewonnen werden. Diese Möglichkeit wurde bis zum Zeitpunkt des BVerfG-Beschlusses jedoch technisch noch nicht umgesetzt.[478]

Das BVerfG hielt dies zwar nicht für grundsätzlich verfassungswidrig, erklärte einen Teil der Regelung jedoch für mit dem Recht auf informationelle Selbstbestimmung unvereinbar. Im Wesentlichen stütze es diese Einschätzung auf Argumente, welche auch schon in den vorausgehenden Urteilen maßgeblich waren, insbesondere das informationelle Trennungsprinzip und der Grundsatz der hypothetischen Datenneuerhebung. Neu war jedoch der Aspekt des Data Mining, welcher die Eingriffsintensität nach Ansicht des Gerichts deutlich erhöhte.[479] Dies fiel besonders ins Gewicht, da die Datei vorher primär für die Informationsanbahnung genutzt wurde, was im letzten Urteil eingriffsmildernd gewertet wurde – nun hatte sich der Charakter der Datei deutlich verändert. Das Gericht nahm diesbezüglich auch explizit Bezug auf Ähnlichkeiten zur Rasterfahndung. Es war besorgt, dass das Data Mining „ein Gefühl des unkontrollierbaren Beobachtetwerdens hervorrufen und nachhaltige Einschüchterungseffekte auf die Freiheitswahrnehmung entfalten"[480] könne. Dadurch, dass beim Data Mining neue Erkenntnisse und Zusammenhänge entstehen, also auch neue durch das Recht auf informationelle Selbstbestimmung geschützte Daten generiert werden, besonders aber auch, da durch die gemeinsame Datennutzung von Polizeibehörden und Nachrichtendiensten das informationelle Trennungsprinzip durchbrochen wird, müssen sich die Eingriffsschwellen im Einklang mit der neueren Rechtsprechung des BVerfG nach dem Grundsatz der hypothetischen Datenneuerhebung richten.[481] Der Eingriff ist in diesem Fall nur zum Schutz von besonders gewichtigen Rechtsgütern wie Leib, Leben und Freiheit der Person sowie Bestand oder Sicherheit des Bundes oder eines Landes zulässig, hierbei müssen zumindest tatsächliche Anhaltspunkte

477 BVerfGE 156, 11, 14.
478 BVerfGE 156, 11, 14 f.
479 BVerfGE 156, 11, 39 f., 53.
480 BVerfGE 156, 11, 54.
481 BVerfGE 156, 11, 55.

für die Entstehung einer konkreten Gefahr vorliegen.[482] Diesem Maßstab wurde § 6a Abs. 3 S. 1 ATDG gerecht, § 6a Abs. 2 S. 1 ATDG jedoch nicht. Data Mining wurde also nicht für prinzipiell verfassungswidrig erklärt, die Schwelle für seine Zulässigkeit jedoch ausgesprochen hoch gesetzt.

δ. Palantir

Am 16. Februar 2023 fällte das BVerfG seine erste Entscheidung mit direktem Bezug zu einem Predictive Policing-System.[483] Gegenstand der behandelten Verfassungsbeschwerde war der hessische § 25a HSOG und der hamburgische § 49 HmbPolDVG. In Hessen wurde die Norm als Ermächtigungsgrundlage für die Nutzung der Palantir Gotham-Variante hessenDATA geschaffen, für Hamburg gab es zum Urteilszeitpunkt noch keine entsprechende Anwendung.[484] Die Normen sind im Wortlaut sehr ähnlich, beide ermöglichen die Weiterverarbeitung gespeicherter personenbezogener Daten mittels einer automatisierten Anwendung zur Datenanalyse (Hessen) bzw. Datenauswertung (Hamburg). Zulässig ist diese den Ermächtigungsgrundlagen nach zur vorbeugenden Bekämpfung von in § 100a Abs. 2 StPO genannten Straftaten oder zur Abwehr einer Gefahr für den Bestand oder die Sicherheit des Bundes oder eines Landes oder Leib, Leben oder Freiheit einer Person oder Sachen von bedeutendem Wert, deren Erhaltung im öffentlichen Interesse geboten ist; in Hessen war sie darüber hinaus auch zulässig, wenn gleichgewichtige Schäden für die Umwelt zu erwarten sind. Wortgleich präzisieren beide Normen in Abs. 2, dass durch die automatisierte Verarbeitung Zusammenhänge zwischen Personen, Personengruppierungen, Institutionen, Organisationen, Objekten und Sachen hergestellt, unbedeutende Informationen und Erkenntnisse ausgeschlossen, die eingehenden Erkenntnisse zu bekannten Sachverhalten zugeordnet sowie gespeicherte Daten statistisch ausgewertet werden können.

Das Gericht erklärte die Normen in Bezug auf die erste Alternative (vorbeugende Bekämpfung von Straftaten) für verfassungswidrig, da die Eingriffsschwellen für die (grundsätzlich zulässige) automatisierte Datenverarbeitung/-analyse zu niedrig waren und die Begrifflichkeiten zu unbestimmt waren. In den Verfassungsbeschwerden geltend gemachte Fragen zu Transparenz und Rechtsschutz sowie zu prozessualen Sicherungen bei künstlicher Intelligenz und vergleichbar komplexer Technik sowie zur zweiten Tatbestandsalternative wurden vom Gericht

482 BVerfGE 156, 11, 55.

483 BVerfG, Urteil vom 16. Februar 2023 – 1 BvR 1547/19 -.

484 BVerfG, Urteil vom 16. Februar 2023 – 1 BvR 1547/19 -, Rn. 7, 15.

als unzulässig verworfen.[485] In wesentlichen Aspekten setzte es die Rechtsprechung des inhaltlich sehr ähnlich gelegenen zweiten Urteils zur ATDG fort. Neben kurzen Ausführungen zur Zweckbindung, bei denen das Gericht im Wesentlichen die Rechtsprechung aus dem BKA-Gesetz bestätigte, ging es insbesondere um die Gewinnung neuer Informationen durch die Datenanalyse und -auswertung.[486] Betont wurde die deutlich erhöhte Eingriffsintensität damit, dass durch die verknüpfende Auswertung völlig neue Erkenntnisse gewonnen werden können, die durch die separaten Datenbestände nicht zur Verfügung gestanden hätten sowie dadurch, dass durch die Automatisierung bisherige praktische Grenzen des Erkenntnisgewinns nicht mehr gelten.[487]

Umfangreiche Ausführungen machte das Gericht zu den Faktoren, welche die Eingriffsintensität bestimmen. Dies sind u.a. die Komplexität der Auswertung, die Persönlichkeitsrelevanz des Wissens, Art und Umfang der Daten, die Fehler- und Diskriminierungsanfälligkeit der Software, die Nachvollziehbarkeit der Verknüpfungen sowie (wie schon bei der Rasterfahndung) die Frage, ob die Daten Ausgangspunkt weiterer operativer Maßnahmen sein können.[488] Es betonte, dass eine besonders hohe Eingriffsintensität vorliegt, wenn ein Sachverhalt durch das System eigenständig Sachverhalte bewertet, insbesondere dann, wenn „im Sinne eines „predictive policing“ maschinell Gefährlichkeitsaussagen über Personen getroffen werden“[489]. An dieser Stelle macht das BVerfG zum ersten Mal in seiner Rechtsprechung Aussagen über Predictive Policing.

An der Eingriffsintensität bestimmt sich die Eingriffsschwelle. Ermöglicht die automatisierte Analyse keine Erkenntnisse, die die Behörde nicht auch analog (wenn auch aufwendiger) hätte erlangen können, oder werden rein orts- und keine personenbezogenen Daten generiert, ist der Grundsatz der Zweckbindung als Schranke ausreichend.[490] Unter dem Erfordernis einer konkreten Gefahr ist die Auswertung nur zulässig, wenn die Eingriffsintensität erheblich reduziert wird; diese Reduktion benötigt eine gesetzliche Grundlage, Grundlagen in Bezug auf Art und Umfang automatisierter ausgewerteter Daten müssen vom Gesetzgeber selbst geregelt werden.[491] Insbesondere muss klar sein, auf welche Datenbestände

---

485 BVerfG, Urteil vom 16. Februar 2023 – 1 BvR 1547/19 -, Rn. 48.

486 BVerfG, Urteil vom 16. Februar 2023 – 1 BvR 1547/19 -, Rn. 55 ff. mit Verweis auf BVerfGE 141, 220, 324 ff.

487 BVerfG, Urteil vom 16. Februar 2023 – 1 BvR 1547/19 -, Rn. 69 f.

488 BVerfG, Urteil vom 16. Februar 2023 – 1 BvR 1547/19 -, Rn. 71 ff.

489 BVerfG, Urteil vom 16. Februar 2023 – 1 BvR 1547/19 -, Rn. 98.

490 BVerfG, Urteil vom 16. Februar 2023 – 1 BvR 1547/19 -, Rn. 108.

491 BVerfG, Urteil vom 16. Februar 2023 – 1 BvR 1547/19 -, Rn. 110, 115.

zugegriffen werden darf und wie hoch der Automatisierungsgrad sein soll, der Einsatz künstlicher Intelligenz muss explizit ausgeschlossen werden.[492]

Diesen Anforderungen genügten die Normen nicht. Sie regelten keine Differenzierung zwischen Personen, die einen Verdachtsanlass geben und Personen, deren Daten ohne von ihnen gesetztem Anlass erfasst sind (z. B. aufgrund von Funkzellenabfragen);[493] sie enthielten keine Limitierung der zu verwertenden Datensätze und deren Einbindung[494] und die Methoden der Datenverarbeitung sind nicht beschränkt.[495] Zudem war der Eingriffsanlass der „vorbeugenden Bekämpfung von Straftaten" zu unbestimmt und weitgehend.[496]

Neben diesen grundsätzlichen Ausführungen verdient aus dem Blickwinkel dieser Arbeit Rn. 100 des Urteils, die fast schon den Charakter eines obiter dictums hat, besondere Beachtung. Die Nummer lohnt es sich in ihrer Gänze zu zitieren:

> *„Besonderes Eingriffsgewicht kann je nach Einsatzart die Verwendung lernfähiger Systeme, also Künstlicher Intelligenz (KI), haben. […] Mittels einer automatisierten Anwendung könnten so über den Einsatz komplexer Algorithmen zum Ausweis von Beziehungen oder Zusammenhängen hinaus auch selbstständig weitere Aussagen im Sinne eines „predictive policing" getroffen werden. So könnten besonders weitgehende Informationen und Annahmen über eine Person erzeugt werden, deren Überprüfung spezifisch erschwert sein kann. […] Wird Software privater Akteure oder anderer Staaten eingesetzt, besteht zudem eine Gefahr unbemerkter Manipulation oder des unbemerkten Zugriffs auf Daten durch Dritte […]. Eine spezifische Herausforderung besteht darüber hinaus darin, die Herausbildung und Verwendung diskriminierender Algorithmen zu verhindern. Daher dürften selbstlernende Systeme in der Polizeiarbeit nur unter besonderen verfahrensrechtlichen Vorkehrungen zur Anwendung kommen, die trotz der eingeschränkten Nachvollziehbarkeit ein hinreichendes Schutzniveau sichern."*[497]

Der Absatz stellt die erste ansatzweise inhaltliche Auseinandersetzung des BVerfG mit dem Thema des Predictive Policing dar. Irritierend ist zunächst der hier hergestellte enge Zusammenhang zwischen dem Begriff des Predictive Policing und dem der künstlichen Intelligenz. Bemerkenswert ist, dass die Herkunft auf Grundlage künstlicher Intelligenz laufender Systeme gleich problematisiert wird. Der wohl wichtigste Satz ist jedoch der letzte: Die Aussage, dass selbstlernende

492 BVerfG, Urteil vom 16. Februar 2023 – 1 BvR 1547/19 -, Rn. 116, 121.
493 BVerfG, Urteil vom 16. Februar 2023 – 1 BvR 1547/19 -, Rn. 126.
494 BVerfG, Urteil vom 16. Februar 2023 – 1 BvR 1547/19 -, Rn. 127 ff.
495 BVerfG, Urteil vom 16. Februar 2023 – 1 BvR 1547/19 -, Rn. 146 ff.
496 BVerfG, Urteil vom 16. Februar 2023 – 1 BvR 1547/19 -, Rn. 152 ff.
497 BVerfG, Urteil vom 16. Februar 2023 – 1 BvR 1547/19 -, Rn. 100.

Systeme in der Polizeiarbeit nur unter besonderen verfahrensrechtlichen Vorkehrungen zur Anwendung kommen dürfen, setzt die Annahme ihrer grundsätzlichen Zulässigkeit voraus. Nach der hier vertretenen Ansicht ist der Einsatz nicht vollständig nachvollziehbarer Systeme in der Polizeiarbeit jedoch immer unzulässig.[498]

c. *Anwendbarkeit der Rechtsprechung auf personenbezogenes Predictive Policing*

Die hier beschriebenen Urteile ergingen zu polizeilichen Methoden und Systemen, welche erhebliche Ähnlichkeiten zu Predictive Policing aufweisen (bzw. sich im Palantir-Urteil direkt darauf beziehen). Erhebliche Parallelen zwischen der Rasterfahndung und dem Musterabgleich nach dem FlugDaG sowie zwischen dem Data Mining im ATDG und den Palantir-Systemen drängen sich förmlich auf. Dies bedeutet jedoch nicht, dass die dort aufgestellten Grundsätze ohne weiteres auf Predictive Policing übertragen werden können.

α. *Rasterfahndung – konkrete Gefahr*

So wird in der Literatur teilweise die Ansicht vertreten, die bei der Rasterfahndung erforderliche konkrete Gefahr würde beim Predictive Policing nicht mehr benötigt, wenn das System mit minimaler Streubreite Gefahren erkennen kann und die durch die Prognose gewonnenen Erkenntnisse selbst die Qualität eines Gefahrenverdachts haben.[499] Wie andere Stimmen zutreffend entgegnen, scheitert dieses Argument bereits an der fehlenden Möglichkeit zu sagen, ab wann ein Algorithmus präzise genug ist, um auf dieses Erfordernis zu verzichten.[500] Die aktuellen Trefferquoten etwa im Bereich der automatisierten Videoüberwachung oder des FlugDaG lassen zudem erhebliche Zweifel daran aufkommen, ob die Technik überhaupt so präzise sein kann, um diese Schwelle zu erreichen. Um die entsprechenden Zahlen noch einmal ins Gedächtnis zu rufen: Am Pilotprojekt automatisierte Videoüberwachung am Berliner Südkreuz waren 0,67 Prozent der Ergebnisse falsch positiv, bei 90.000 Personen täglich also erschreckende 600 falsche Alarme.[501] Noch viel größer ist die Fehlerquote beim FlugDaG-Abgleich, wo im ersten Beobachtungszeitraum bei 3,5 Millionen Datensätzen 94.098 technische Treffer erfolgten, jedoch nur 277 als tatsächlich positive Ergebnisse eingestuft

---

498 Vgl. insb. S. 107 ff.

499 *Rademacher* AöR 2017, 366, 396 f.

500 *Sommerer*, Personenbezogenes Predictive Policing 2020, S. 167.

501 S. o. S. 59 f.

wurden.[502] Es ist zwar denkbar und sogar wahrscheinlich, dass die Technik in Zukunft weniger fehleranfällig wird (zum rückblickenden Vergleich: Die Rasterfahndung nach dem 11. September in NRW fand bei über 11.000 Treffern keinen einzigen „Schläfer" und dürfte als Methode völlig ungeeignet gewesen sein), noch eher wird aber immer eine der Kriminalprognose inhärente Restungenauigkeit bleiben, da sich auch mit genausten Daten über Vergangenheit und Gegenwart die Zukunft nicht immer voraussagen lässt. In Verbindung mit der neueren Rechtsprechung des BVerfG, nach der auch Nichttreffer Eingriffe in das Recht auf informationelle Selbstbestimmung darstellen, scheint es höchst zweifelhaft, dass auch eine so präzise Prognose anlasslos zulässig ist.[503]

Das hierauf anschließende Argument gegen das Erfordernis einer konkreten Gefahr wurde auch schon von Kritikern des Rasterfahndungs-Urteils vorgebracht: Die Systeme sollen eine Gefahr erst erkennen – würde man sie erst einsetzen, wenn die Gefahr bereits identifiziert wurde, sind sie auch nicht mehr nötig und die durch sie geschaffenen Möglichkeiten verschenkt.[504] Das ist jedoch kein juristisches, sondern ein rein politisches Argument. Nach dieser Logik müsste sich das Verfassungsrecht den fortschreitenden technologischen Möglichkeiten anpassen und nicht umgekehrt, der Charakter der Verfassung als Rahmen staatlicher Macht würde entscheidend aufgeweicht. Soweit sich daraus Einschränkungen für die Nutzungsmöglichkeiten von Predictive Policing ergeben, sind diese notwendige Konsequenz der hohen Eingriffsintensität dieser Systeme.[505]

Die Streubreite der meisten personenbezogenen Systeme ist dabei mindestens genau so breit wie bei Rasterfahndung und Kennzeichenkontrollen. Der Abgleich nach dem FlugDaG und die automatisierte Videoüberwachung greifen weit überwiegend in die informationelle Selbstbestimmung von Menschen ein, welche für die Erhebung und Verarbeitung ihrer Daten keinen Anlass gesetzt haben. Bei den Palantir-Systemen erfolgen die Abfragen zwar zielgerichtet auf eine Person, im Gegensatz zum traditionellen Datenabgleich geht es aber gerade darum, Zusammenhänge zu anderen Personen, Gruppen, Institutionen etc. herzustellen und statistisch auszuwerten.[506] Entsprechend geht es auch hier gerade darum, dass viele Daten von Personen ausgewertet werden, die hierzu keinen Anlass gegeben haben. Die Nichttreffer bei FlugDaG und automatisierter Videoüberwachung sowie die in Zusammenhang gebrachten Personen bei Palantir sind notwendige

---

502 S. o. S. 64.

503 S. o. S. 135 f.; BVerfGE 150, 244, 282.

504 *Rademacher* AöR 2017, 366, 394.

505 So auch *Sommerer*, Personenbezogenes Predictive Policing 2020, S. 168.

506 So auch der Wortlaut von § 25a Abs. 2 HSOG und § 49 Abs. 2 HmbPolDVG.

Voraussetzung für die Funktion der Systeme und kein Beifang, der technisch nicht aussondiert werden kann. Die für eine Eingriffsqualität bei allen betroffenen Personen erforderliche Verdichtung des behördlichen Interesses ist hier deswegen noch stärker gegeben als bei Rasterfahndung und Kennzeichenkontrollen.

Anders ist die Lage bei RADAR-iTE des BKA: Hier werden die Prognosen nur bei sog. Gefährdern durchgeführt. Der Gefährderbegriff ist nicht gesetzlich, sondern lediglich polizeilich definiert als „Person, zu der bestimmte Tatsachen die Annahme rechtfertigen, dass sie politisch motivierte Straftaten von erheblicher Bedeutung, insbesondere solche im Sinne des § 100a der Strafprozessordnung, begehen wird".[507] Wesentliche Informationen über die Funktionsweise von RADAR-iTE sind nicht öffentlich, weshalb an dieser Stelle keine praxisnahe Bewertung erfolgen kann. Insbesondere ist bislang völlig unklar, welche Rolle die konkrete Gefahr bei den Prognosen spielt. Dennoch dürfte das System ein zukunftsträchtiges Muster für ein Gefahrverdacht bestätigendes personenbezogenes Predictive Policing darstellen, welches auch mit Hilfe von Mutmaßungen in den Blick genommen werden kann. Anhaltspunkt ist mit dem Gefährderbegriff eine Person, die in der Regel einen Anlass für die Verarbeitung ihrer Daten gesetzt hat. Sollten zur Prognose wirklich nur persönliche Daten der Gefährder verwendet werden, würde der Großteil der Bedenken gegen die anderen personenbezogenen Systeme an dieser Stelle nicht gelten, vor allem auch, da der Automatisierungsgrad von RADAR-iTE und RADAR-rechts sehr überschaubar und nicht im Ansatz mit der Komplexität der anderen Systeme vergleichbar ist. Daher ist zweifelhaft, ob auch hier am Erfordernis der konkreten Gefahr festgehalten werden kann. Im Rasterfahndungs-Urteil wird die konkrete Gefahr explizit deswegen gefordert, weil auch Nichtstörer erfasst werden.[508] Da diese Art von System jedoch nicht in die informationelle Selbstbestimmung von Nichtstörern eingreift, gibt es zumindest aus der Rechtsprechung zur Rasterfahndung heraus keinen Grund, auch hier an diesem Erfordernis festzuhalten. Damit ist nicht ausgeschlossen, dass sich das Erfordernis aus anderen Gründen ergibt – bei RADAR-iTE insbesondere aufgrund der Nähe zur verbotenen Bildung zu Persönlichkeitsprofilen.[509]

Umgekehrt darf eine Prognose mit RADAR-iTE aktuell ohnehin keine Grundlage für eine polizeiliche Gefahrenprognose sein, da letztere vollumfänglich

---

507 So definiert etwa auf der Webseite des Bundeskriminalamts auf den Themenseiten zur politisch motivierten Kriminalität, abrufbar unter https://www.bka.de/DE/UnsereAufgaben/Deliktsbereiche/PMK/pmk_node.html (zuletzt abgerufen am 31.07.2023).

508 BVerfGE 115, 320, 363 f.

509 Vertieft zum Aspekt der Persönlichkeitsprofile siehe weiter unten. S. 151.

gerichtlich überprüfbar sind und das System zu intransparent ist, als dass seine Prognosen hierfür herangezogen werden könnten.[510]

β. Kennzeichenkontrollen – anlasslose Überwachung

Wichtigste Erkenntnis aus den Urteilen zu den Kfz-Kennzeichenkontrollen für Predictive Policing dürfte die neue Eingriffsschwelle bei Nichttreffern sein, bemerkenswert ist dort jedoch auch die Grenze der Zulässigkeit anlassloser Kontrollen. Diese wurden als zulässig betrachtet, wenn sie an ein gefährliches oder risikobehaftetes Tun beziehungsweise an die Beherrschung besonderer Gefahrenquellen anknüpfen.[511] Damit stellt sich die Frage, ob es auch Situationen geben kann, in denen der anlasslose Einsatz von personenbezogenem Predictive Policing zulässig sein kann. Im Fall der Kennzeichenkontrollen galten die anlasslosen Kontrollen als zulässig, wenn mit ihnen Gefahren bekämpft werden, die sich gerade aus dem Betrieb der Kraftfahrzeuge ergeben, etwa die Durchsetzung der Kfz-Haftpflichtversicherungspflicht.[512] Hier zog das BVerfG Parallelen zu Straßenverkehrskontrollen oder anlasslosen Kontrollen im Bereich des Umwelt- oder Wirtschaftsverwaltungsrechts; in der Literatur wurde die Parallele zwischen stichprobenartigen Kontrollen im Straßenverkehr und einer anlasslosen Kontrolle aller Fahrer jedoch kritisiert.[513] Eindeutig ist jedoch die Übertragbarkeit der Rechtsprechung auf Gesichtserkennung und ähnliche Methoden aus dem Bereich des Predictive Policing: So merkte das BVerfG im Urteil an, dass gegen eine hohe Eingriffsintensität spreche, dass nicht an höchstpersönliche Merkmale wie das Gesicht angeknüpft werde.[514]

Die Frage der Zulässigkeit anlassloser Predictive Policing-Systeme hat aktuell höchste Relevanz: Der Musterabgleich nach dem FlugDaG wird anlasslos durchgeführt, ebenso funktioniert die biometrische Videoüberwachung anlasslos. Im Grenzbereich des Predictive Policing wurde überlegt, Dieselfahrverbote durch automatisierte Abgleiche zu kontrollieren (auch wenn diese Idee bislang nicht umgesetzt wurde).[515] Das Beispiel des BVerfG zur Durchsetzung der Kfz-Haftpflicht lässt sich ohne weiteres auf die automatisierte Kontrolle der Dieselfahrverbote übertragen, bei beiden wird an Gefahren angeknüpft, die sich gerade aus dem

510 S. o. S. 107 f.

511 BVerfGE 150, 244, 282.

512 BVerfGE 150, 244, 282.

513 *Kulick* NVwZ 2020, 1622, 1625.

514 BVerfGE 150, 244, 269.

515 Ausführlicher hierzu s. o. S. 66.

Betrieb der Kraftfahrzeuge ergeben – eine solche Maßnahme wäre also zumindest nicht grundsätzlich verfassungswidrig.

Die zulässigen Grenzen der Anknüpfung an ein „gefährliches oder risikobehaftetes Tun" beziehungsweise an die „Beherrschung besonderer Gefahrenquellen" sind jenseits des StVG jedoch kaum bestimmbar, eine Definition oder entsprechende Rechtsprechung existiert nicht. Sprachlich irritierend ist auch, dass es sich bei beiden Merkmalen streng genommen um Anlässe für eine Überwachung handelt, eine Anknüpfung daran also nicht mehr anlasslos ist.[516] Dies verdeutlicht vielmehr, dass eine genuin anlasslose Kontrolle grundsätzlich verfassungswidrig ist. Die Debatte um die Unschärfe der Begriffe hat für die vorliegenden Fälle wenig Bedeutung: Es besteht kein Zweifel daran, dass die aktuell anlasslos operierenden Predictive Policing-Systeme diesem Maßstab nicht entsprechen: Der im Rahmen des FlugDaG analysierte Kauf eines Flugtickets stellt kein gefährliches oder risikobehaftetes Tun dar, aus ihm ergibt sich keine besondere Gefahrenquelle. Erst recht ist dies nicht der Fall, wenn im Rahmen biometrischer Videoüberwachung überwachte Personen öffentliche Plätze überqueren. Anlass müsste vielmehr die Suche nach konkreten Personen, denen schwere Straftaten zur Last gelegt werden, sein.[517] Weiter wird teilweise vorgeschlagen, dass unter engen Auflagen an sog. „gefährliche Orte" angeknüpft werden könne.[518] Diese könnten eine „besondere Gefahrenquelle" im Sinne des Urteils darstellen. Auch wenn das Konstrukt des „gefährlichen Orts" im Polizeirecht eine immer stärkere Rolle spielt, stellt es keinen tauglichen Anhaltspunkt dar. Das Konstrukt des gefährlichen Raumes ist aufgrund kriminologischer Erwägungen als solches abzulehnen, weil damit – wie bei *Broken Windows* – in erster Linie nicht Kriminalprävention betrieben, sondern soziale Selektion reproduziert wird.[519] Selbst dann, wenn der Begriff als solcher zugelassen wird, ist er zu ungenau, um hinreichender Anknüpfungspunkt für eine anlasslose Überwachung (bzw. Anlass für Überwachung) zu sein; er räumt den Polizeibehörden einen für solche Eingriffe völlig unverhältnismäßig großen Spielraum ein.[520] Der Vorschlag, diesen unbestimmten Rechtsbegriff durch gesetzliche Auflagen zu präzisieren, dürfte darüber hinaus praktisch nicht im Sinne höherer Rechtssicherheit für Bürger umsetzbar sein.

516 So auch *Wehr* Nomos-BR/BPolG § 14 Rn. 42.

517 *Kulick* NVwZ 2020, 1622, 1625.

518 *Kulick* NVwZ 2020, 1622, 1625.

519 *Wehrheim*, Die überwachte Stadt – Sicherheit, Segregation und Ausgrenzung, S. 46 ff.; vertiefend *Belina/Wehrheim* Soziale Probleme 23, 207 ff.

520 Beispiele hierfür finden sich Z. B. bei *Stolle/Hefendehl* Krim. Journal 34, 257, 266 f.

Ergänzend sei an dieser Stelle noch angemerkt, dass die Grundsätze des BVerfG zur Vorratsdatenspeicherung – bei der ebenfalls anlasslos Daten gespeichert wurden – auch keine tauglichen Maßstäbe für personenbezogenes Predictive Policing sein können. Die Eingriffsintensität einer bloßen Speicherung ist nicht nur wesentlich geringer (Die weitere Verarbeitung der Daten erfolgt anlassbezogen), entscheidend ist vor allem, dass die Daten nicht zentral von den Sicherheitsbehörden, sondern dezentral von den Telekommunikationsanbietern gespeichert werden und die Behörden wiederum nur anlassbezogen Zugriff auf die Datensätze bekommen.[521] Das BVerfG macht in ebendiesen Ausführungen vielmehr deutlich, dass die anlasslose Speicherung personenbezogener Daten dem Staat strengstens untersagt ist.

Zusammenfassend kann festgestellt werden, dass die Rechtsprechung des BVerfG zur anlasslosen Verarbeitung personenbezogener Daten im Rahmen der automatisierten Kfz-Kennzeichenkontrollen nicht auf personenbezogenes Predictive Policing übertragbar ist. Auch Rechtsprechung zu anderen anlasslosen Maßnahmen wie der Vorratsdatenspeicherung können nicht auf Predictive Policing angewandt werden. Anlass für einen Eingriff in die informationelle Selbstbestimmung muss damit in der Regel weiterhin eine konkrete Gefahr sein.

χ. ATDG, Palantir –Zweckbindung und hypothetische Datenneuerhebung im Licht der technischen Entwicklung

Bereits mit dem Volkszählungsurteil etablierte das BVerfG die Grundsätze der Zweckbindung und Zweckänderung. Damit gelten zwei verschiedene Anforderungen für die Nutzung personenbezogener Daten: Werden Daten über das ursprüngliche Verfahren, in dem die Daten erhoben wurden, hinaus verwendet, ist dies soweit verfassungsrechtlich unbedenklich, wenn damit die ursprünglichen Zwecke der Datenerhebung und -verarbeitung verfolgt werden.[522] Werden die Daten jedoch zu einem anderen Anlass bzw. Grund als dem ursprünglichen genutzt, benötigt es hierfür eine eigenständige Rechtsgrundlage.[523] Im Urteil zum BKA-Gesetz hat das Gericht die Rechtsprechung zu Zweckbindung und Zweckänderung erweitert und um den (nicht vom Prinzip, aber vom Namen her) neuen Grundsatz der hypothetischen Datenneuerhebung modifiziert. Nach diesem ist die Zweckänderung bei Daten aus eingriffsintensiven Maßnahmen nur dann zulässig, wenn der Zweck der neuen Datennutzung verfassungsrechtlich

521 BVerfGE 125, 260, 320 ff.
522 BVerfGE 141, 220, 324 f.
523 BVerfGE 125, 260, 324 m. w. N.

vergleichbaren Zielen dient wie die Neu- bzw. Ersterhebung der Daten.[524] Der Grundsatz ist jedoch nicht „schematisch abschließend“ und schließt vereinzelte Abweichungen nicht kategorisch aus.

In der Antiterrordatei bestand zum einen das Risiko, dass dieser Grundsatz durch den Austausch zwischen zahlreichen Polizeibehörden und Geheimdiensten, für die sehr unterschiedliche Regeln gelten, unterlaufen werden. Zudem wurde durch das Data Mining die Eingriffsqualität noch einmal deutlich erhöht.[525] Die Eingriffsschwelle ist dadurch so hoch, dass der Eingriff nur bei einer hinreichend konkretisierten Gefahr für besonders wichtige Rechtsgüter wie Leib, Leben, Freiheit der Person, Bestand oder Sicherheit des Bundes oder eines Landes gerechtfertigt werden kann.[526]

Nicht alle personenbezogenen Predictive Policing-Systeme nutzen zu anderen Zwecken erhobene Daten, bei den Palantir Gotham-Varianten einiger Bundesländer spielt die Zweckbindung jedoch eine entscheidende Rolle. Hier ist gegenüber der Antiterrordatei eine weitere Differenzierung geboten: Während es bei der Antiterrordatei darum ging, dass Behörden Daten nutzten, die sie nicht selbst erhoben hatten, die Schwelle zur Zweckänderung damit also praktisch automatisch erreicht war[527] ermöglichen die Palantir-Anwendungen insbesondere die Verwertung von Daten, die von der eigenen Behörde erhoben wurden; eine Wahrung der Zweckbindung ist damit prinzipiell möglich. Dies wäre etwa dann der Fall, wenn die Datennutzung zur Erfüllung derselben Aufgabe als bloßer Spurenansatz genutzt wird, die Daten also nur Ausgangspunkt neuer Ermittlungen sind; so wäre eine „Datennutzung ins Blaue hinein“ aufgrund des konkreten Ermittlungsbezugs nicht mehr gegeben.[528] Sonderregeln gelten soweit für Daten, die durch Wohnraumüberwachungen und Online-Durchsuchungen gewonnen wurden: Sie dürfen nicht als Spurenansatz zweckwahrend verwendet werden, sondern nur zur Abwehr einer den Erhebungsvoraussetzungen entsprechenden dringenden Gefahr bzw. in gesonderten Einzelfällen auch bei hinreichend konkretisierten Gefahren.[529]

Über diese Grundsätze hinaus kann die automatisierte Datenverarbeitung aber ganz neues, durch menschliche Arbeit nicht zu gewinnendes Wissen generieren, welches ein spezifisches Eigengewicht bekommen kann, das so die ursprüngliche

524 BVerfGE 141, 220, 327 ff.
525 BVerfGE 156, 11, 53.
526 BVerfGE 156, 11, 55.
527 BVerfGE 156, 11, 49.
528 BVerfG, Urteil vom 16. Februar 2023 – 1 BvR 1547/19 -, Rn. 58.
529 BVerfG, Urteil vom 16. Februar 2023 – 1 BvR 1547/19 -, Rn. 59.

Konzeption des Zweckbindungsgrundsatzes übersteigt.[530] Ob die Art der Auswertung so überschaubar ist, dass sie noch vom Zweckbindungsgrundsatz erfasst werden kann, hängt von einer sehr großen Zahl von die Eingriffsintensität beeinflussenden Faktoren ab, unter anderem der Komplexität der Auswertung, der Persönlichkeitsrelevanz des Wissens, Art und Umfang der Daten, der Fehler- und Diskriminierungsanfälligkeit der Software sowie der Nachvollziehbarkeit der Verknüpfungen.[531] Im Gegensatz dazu hat eine besonders hohe Eingriffsintensität zur Folge, dass die Verarbeitung nur unter den Grundsätzen zulässig wäre, die auch für eingriffsintensive heimliche Überwachungsmaßnahmen gelten.[532] Nötig ist in diesem Fall wie schon bei ATDG II eine hinreichend konkretisierte Gefahr für herausragend wichtige Rechtsgüter. Etwas anderes gilt nur, wenn die Auswertungsmöglichkeiten klar bestimmt und so stark umgrenzt sind, dass der Eingriff deutlich weniger invasiv ist.[533]

d. Problemfelder jenseits der bestehenden Rechtsprechung

Die vorgehend ausgewertete Rechtsprechung deckt aus einer Vielzahl von Gründen nicht alle Elemente ab, welche die hohe Eingriffsintensität der Predictive Policing-Prognosen begründen. Daher erfolgen nun noch weitere Ausführungen.

α. Erhöhte Sichtbarkeit des Missbrauchspotentials

Zu erwähnen sind an dieser Stelle zunächst Entwicklungen, die nicht in Verbindung mit Predictive Policing stehen, jedoch Auswirkungen auf die Wahrnehmung der Systeme haben: So zeigt eine Reihe jüngerer Skandale in der Polizei, dass dort regelmäßig Daten zu rechtswidrigen Zwecken abgerufen werden. Ausgelöst durch ein mit „NSU 2.0" unterzeichnetes Drohschreiben an eine NSU-Nebenklagevertreterin, welches Details enthielt, die auf eine rechtswidrige Datenabfrage an einem Frankfurter Polizeicomputer zurückzuführen war, kontrolliert insbesondere die hessische Polizei verstärkt eigene Datenabfragen und stellt dabei eine signifikante Zahl von Missbrauchsfällen fest.[534] Am Abend eines Konzerts der

---

530 BVerfG, Urteil vom 16. Februar 2023 – 1 BvR 1547/19 -, Rn. 67 ff.

531 BVerfG, Urteil vom 16. Februar 2023 – 1 BvR 1547/19 -, Rn. 71–102.

532 BVerfG, Urteil vom 16. Februar 2023 – 1 BvR 1547/19 -, Rn. 104.

533 BVerfG, Urteil vom 16. Februar 2023 – 1 BvR 1547/19 -, Rn. 110.

534 *v. Bebenburg*, Polizisten missbrauchen Personenabfrage, um an Infos über Helene Fischer zu kommen, Frankfurter Rundschau vom 03.08.2019, abrufbar unter https://www.fr.de/hessen/hessen-beamte-missbrauchen-polizeisystem-infos-ueber-helene-fischer-kommen-zr-12875917.html (zuletzt abgerufen am 31.07.2023).

Schlagersängerin Helene Fischer wurden ihre Daten 83 Mal abgerufen, in einem anderen Fall gab ein Polizist aus Polizeisystemen abgefragte Informationen an eine Neonazi-Kameradschaft weiter – die Zahl der Verdachtsfälle ist über diese besonders erschreckenden Fälle hinaus so groß, dass hier nicht von anekdotischen Einzelfällen ausgegangen werden kann. So berichtet auch die Datenschutzbeauftragte der Berliner Polizei, dass die dortigen Datenbanken „sehr häufig" für private Zwecke missbraucht werden; der Berliner Landesdatenschutzbeauftragten verweigerte die Polizei im Kontext von Drohschreiben, die von einem Berliner Polizisten verfasst wurde, rechtswidrig die Auskunft.[535] Zu ihren Anekdoten gehören primär Vorfälle ohne politischen Hintergrund wie der Fall einer Polizistin, die die Daten der Ex-Partnerinnen ihres Lebensgefährten abfragte, um sie anschließend aufzusuchen oder der Fall eines Polizisten, der die private Handynummer einer Zeugin abfragte, um sie zu einer Verabredung einzuladen.[536] Auch weil diese Vorfälle mit einer gewissen Regelmäßigkeit für Schlagzeilen sorgen, verstärken sie die Einschüchterungseffekte, die von der Nutzung solcher Systeme ausgehen und verschärfen so deren Eingriffsintensität. Hieraus ergibt sich eine stärkere Notwendigkeit für Kontroll- und Dokumentationspflichten. Es kann dafür im Wesentlichen an die Anforderungen des BVerfG im ersten Urteil zum Antiterrordatei-Gesetz angeknüpft werden, die hier geschilderten Fälle unterstreichen die dort genannten Notwendigkeiten jedoch nicht nur, sondern schaffen auch neue Gründe für solche Pflichten.[537]

β. Verbot der Erstellung von Persönlichkeitsprofilen

Bereits vor dem Volkszählungsurteil und der Etablierung des Rechts auf informationelle Selbstbestimmung wurde das Erstellen von Persönlichkeitsprofilen als verfassungswidrig betrachtet. Im Mikrozensus-Beschluss stellte das BVerfG fest, dass es einen unzulässigen Eingriff in die Menschenwürde darstellen würde, „wenn der Staat das Recht für sich in Anspruch nehmen könnte, den Menschen zwangsweise in seiner ganzen Persönlichkeit zu registrieren und zu katalogisieren, sei es auch in der Anonymität einer statistischen Erhebung, und ihn damit wie eine Sache zu behandeln, die einer Bestandsaufnahme in jeder Beziehung

---

535 *Fröhlich*, Datenschutzbeauftragte kritisiert Berliner Polizei, Tagesspiegel vom 28.03.2019, abrufbar unter https://www.tagesspiegel.de/berlin/pannen-missbrauch-und-lecks-datenschutzbeauftragte-kritisiert-berliner-polizei/24157448.html (zuletzt abgerufen am 31.07.2023).

536 *Berliner Beauftragte für Datenschutz und Informationsfreiheit*, Jahresbericht 2020, S. 193 f.; *dies.* Jahresbericht 2021, S. 138 ff.

537 S. o. S. 138 f.

zugänglich ist".[538] Wann genau diese Schwelle überschritten ist, wurde jedoch in beiden Entscheidungen nicht näher erörtert, weshalb sich der Frage an dieser Stelle angenähert werden soll.

Im Mikrozensus-Beschluss, in dem sich die Beschwerdeführerin gegen anonymisierte Fragen zu ihrem Urlaubsverhalten wehrte, ging es noch um das Verbot, persönliche Informationen mit Geheimnischarakter statistisch zu erschließen.[539] Im Volkszählungsurteil betonte das Gericht die durch die Entwicklung der Informationstechnologie gesteigerten Gefahr, dass Daten zu einem Persönlichkeitsbild zusammengefügt werden und Betroffene darauf keinen Einfluss nehmen könnten; zudem führte es aus, dass die Erstellung von Teilabbildern unzulässig sei.[540] Nicht nur diese Aussagen, sondern auch die Neuerung, keine belanglosen Daten mehr für aus dem Schutzbereich auszuschließen, lässt vermuten, dass jetzt nicht mehr ausschließlich die Erfassung intimer Informationen in diesem Sinne verfassungswidrig sei. In der damaligen Zeit konnte die Literatur daraus jedoch keine klaren Kriterien entwickeln.[541] Das Thema Persönlichkeitsprofil taucht in der Rechtsprechung des BVerfG zu Überwachung immer wieder auf, wird jedoch so gut wie nie weiter konkretisiert. Im Urteil zum großen Lauschangriff wird daraus auf die Unrechtmäßigkeit einer Rundumüberwachung geschlossen; in den Urteilen zu Rasterfahndung und BKA-Gesetz wird den Maßnahmen eine hohe Eingriffsqualität attestiert, weil sie der Erstellung von Persönlichkeitsprofilen nahekommen.[542]

Im Zeitalter von Big Data und maschinellem Lernen sind jedoch auch diese verschärften Maßstäbe nicht mehr angemessen. Heute können mit den simpelsten Informationen weitreichende Schlüsse gezogen werden, solange die Informationen in ausreichender Menge vorhanden sind. So reichen den amerikanischen Geheimdiensten bereits sogenannte Metadaten – bei Telefonaten also Identität des Gesprächspartners, Uhrzeit und Dauer des Gesprächs – um Personen als Terroristen zu identifizieren und zu töten.[543] Zur Bestimmung der Frage, ob ein Persönlichkeitsprofil erstellt wird, müssen somit die Qualität der Daten, ihre Quantität sowie die Art ihrer Verarbeitung in ein Verhältnis zueinander gesetzt werden. Aufgrund dieser Relation wird es weiterhin nicht möglich sein, eine feste

538 BVerfGE 27, 1, 6.

539 BVerfGE 27, 1, 7.

540 BVerfGE 65, 1, 42, 53 f.

541 Vgl. Z. B. *Denninger* KJ 1985, 215, 227.

542 BVerfGE 109, 279, 323; 115, 320, 351; 141, 220, 267.

543 *Cole,* 'We Kill People Based on Metadata', The New York Book Review vom 10.05.2014, abrufbar unter https://www.nybooks.com/daily/2014/05/10/we-kill-people-based-metadata/ (zuletzt abgerufen am 31.07.2023).

Grenze für den Punkt zu definieren, an dem ein Persönlichkeitsbild erstellt wurde; dies muss stets durch einen Abwägungsprozess ermittelt werden.

Besonders strenge Voraussetzungen ergeben sich hieraus für die Nutzung von auf Palantir Gotham beruhenden Systemen. Die in Amerika eingesetzte Vollversion, welche u.a. durch Zugriff auf Datensätze der Kfz-Kennzeichenerfassung umfangreiche Bewegungsprofile ermöglicht und detaillierte Informationen über geschäftliche und familiäre Beziehungen preisgibt, wäre nach diesem Maßstab klar verfassungswidrig; hier wäre die im Urteil zur Vorratsdatenspeicherung verbotene „Rekonstruierbarkeit praktisch aller Aktivitäten der Bürger" gegeben.[544] In der dem Palantir-Urteil des BVerfG zugrundeliegenden Verfassungsbeschwerde wurde die Möglichkeit der Persönlichkeitsprofile explizit moniert, von den stellungnehmenden Behörden jedoch zurückgewiesen; in der Urteilsbegründung selbst ging das Gericht auf diese Aspekte nicht eigenständig ein.[545]

e. *Europarechtliche Aspekte*

Bereits jetzt, aber in der Zukunft möglicherweise noch stärker, kommt es zu einer Vermischung von Europarecht und nationalem Verfassungsrecht als Maßstab für Predictive Policing. Zentrales Beispiel hierfür ist die PNR-Richtline und ihre deutsche Umsetzung im FlugDaG. Als Umsetzung einer Richtlinie ist das deutsche Gesetz grundsätzlich vorrangig am unionsrechtlichen Maßstab zu prüfen; im konkreten Fall spielt das Grundgesetz jedoch weiterhin eine herausragende Rolle, da der deutsche Gesetzgeber sich über den zwingend umzusetzenden Teil hinaus entschieden hat, dass auch innereuropäische Flüge von dem Datenabgleich erfasst werden sollten. Er hat dadurch quasi eine zweite eigenständige Regelung eingeführt, die deutlich umfangreicher ist, da die große Mehrheit der in Deutschland startenden und landenden Flüge die EU nicht verlassen.[546]

544 BVerfGE 125, 260, 324; zur detaillierten Beschreibung der Möglichkeiten von Palantir Gotham in Kalifornien *Haskins*, Revealed: This Is Palantir's Top-Secret User Manual for Cops, in: *VICE.com* vom 12.07.2019, abrufbar unter https://www.vice.com/en/article/9kx4z8/revealed-this-is-palantirs-top-secret-user-manual-for-cops (zuletzt abgerufen am 31.07.2023).

545 BVerfG, Urteil vom 16. Februar 2023 – 1 BvR 1547/19 -, Rn. 32, 34.

546 So auch *Klinger* in seiner veröffentlichten Klageschrift gegen die Speicherung der PNR (Verfahren vor dem VG Wiesbaden, Az. 6 K 806/19), S. 11, 36, abrufbar unter https://nopnr.eu/wp-content/uploads/2019/05/2019-05-13_Klage_PNR_Verwaltungsgericht_De_Capitani.pdf (zuletzt abgerufen am 31.07.2023).

α. Art. 7 und 8 GRCh

Die EU-Grundrechtecharta verbürgt zwei Rechte, welche eine ähnliche Funktion wie die informationelle Selbstbestimmung innehaben: Das Recht auf Achtung des Privatlebens gem. Art. 7 GRCh und das Recht auf Schutz personenbezogener Daten gem. Art. 8 GRCh. Auch wenn die Literatur teilweise für einen Vorrang von Art. 8 vor Art. 7 GRCh plädiert, wendet der EuGH bei personenbezogenen Daten beide Grundrechte mit einheitlichem Maßstab an.[547] Dieser Maßstab soll im Folgenden überblicksweise dargestellt werden.

Der Schutzbereich der beiden Artikel entspricht weitestgehend dem Schutzbereich der informationellen Selbstbestimmung: Als personenbezogene Daten geschützt sind alle Daten über identifizierte oder identifizierbare Personen; geschützt werden auch Daten, welche identifizierbaren Personen zugeordnet werden können.[548] Die Sensibilität der Daten spielt keine Rolle, ähnlich wie im deutschen Recht gibt es somit keine „belanglosen" Daten.[549] Geschützt werden Bürger vor der Verarbeitung ihrer Daten, wobei von einem weiten Verarbeitungsbegriff auszugehen ist, welcher jede Verwendung personenbezogener Daten, angefangen mit ihrer Erhebung, umfasst.[550] Die Einwilligung der Betroffenen schließt einen Eingriff aus, wofür es im Bereich des Predictive Policing jedoch kaum Anwendungsfälle geben dürfte.[551]

β. Urteile des EuGH zur Vorratsdatenspeicherung

Maßgeblich für die Auslegung von Art. 7 und 8 GRCh im digitalen Kontext sind die Urteile des EuGH zur Vorratsdatenspeicherung. Bei den durch die PNR-Richtlinie/das FlugDaG etablierten Datenbanken handelt es sich auch um eine Form der Vorratsdatenspeicherung, wobei – wie bereits vorher erläutert – die in diesem Rahmen etablierten Standards nicht ausreichend sind, da die Daten bei der klassischen Vorratsdatenspeicherung dezentral bei den Anbietern, hier jedoch zentral durch die Sicherheitsbehörden gespeichert werden.[552] Dennoch stellte die

---

547 *Bernsdorff*, in: *Meyer/Hölscheidt* GRCh Art. 8 Rn. 13; *Jarass*, GRCh Art. 8 Rn. 4. Es spielt daher im Ergebnis keine Rolle, dass Art. 7 GRCh nur ein „Recht auf Achtung" der Privatsphäre beinhaltet, während Art. 8 ein „Recht auf Schutz" personenbezogener Daten postuliert (Näher dazu und zur Entstehungsgeschichte *Bernsdorff*, in: *Meyer/Hölscheidt* GRCh Art. 7 Rn. 8, 12 f.).

548 EuGH C-92/09 – Schecke, Slg. 2010, I-11063 Rn. 52; *Jarass*, GRCh Art. 8 Rn. 6.

549 *Bernsdorff*, in: *Meyer/Hölscheidt* GRCh Art. 8 Rn. 20; *Jarass*, GRCh Art. 8 Rn. 7.

550 *Bernsdorff*, in: *Meyer/Hölscheidt* GRCh Art. 8 Rn. 22; *Jarass*, GRCh Art. 8 Rn. 9.

551 *Jarass*, GRCh Art. 8 Rn. 10.

552 S. o. S. 148.

Vorratsdatenspeicherung einen gravierenden Eingriff in die Rechte derer dar, deren Daten gespeichert wurden. Zu den gespeicherten Daten gehörten neben Informationen zu Quelle und Adressat auch Datum, Uhrzeit, Dauer und Art der Nachrichtenübermittlung sowie weitere Informationen zu Standort o.ä., welche ausgesprochen weitgehende Rückschlüsse auf das Privatleben der Betroffenen wie deren Gewohnheiten und ihr Umfeld zuließen.[553]

In der Verhältnismäßigkeitsprüfung ist zu beachten, dass die damit verfolgte Terrorismusbekämpfung nicht nur ein legitimes Ziel von gewichtigem Interesse ist, sondern durch das Grundrecht auf Sicherheit gem. Art. 6 GRCh auf gleicher Stufe wie die durch Art. 7 und 8 GRCh abgesichert ist. Da derartige Eingriffe nach ständiger Rechtsprechung des EuGH immer nur auf das Notwendigste zu beschränken sind, verlangte das Gericht insbesondere in Berufung auf die EMRK und Rechtsprechung des EGMR einen wirksamen Schutz vor Missbrauch und unbefugtem Zugang; es betonte unter Berufung auf diese die erhöhte Eingriffsintensität der Maßnahme.[554]

Von einer Beschränkung auf das absolut Notwendige konnte bei der Vorratsdatenspeicherung jedoch nicht die Rede sein: Gespeichert wurden die Daten aller elektronischen Kommunikationsmittel und aller Personen ohne jede Differenzierung – effektiv wurde dadurch täglich in die Grundrechte fast aller europäischen Bürger eingegriffen.[555] Ein Zusammenhang zwischen den gespeicherten Daten und dem verfolgten Ziel der Verhütung schwerer Straftaten wurde nicht benötigt, ebenso gab es kaum objektive Kriterien, welche den Zugang der nationalen Behörden auf die Daten einschränkte.[556] Entsprechend erklärte der EuGH die Vorratsdatenspeicherung für rechtswidrig.

Wie in der Rechtsprechung des BVerfG (wenn nicht sogar noch schärfer) ist die Streubreite mitentscheidendes Kriterium für die Rechtmäßigkeit solcher Datenverarbeitungen. Im Falle der PNR dürfte die ausnahmslose Speicherung aller Fluggastdaten ohne Differenzierung bereits an diesem Maßstab scheitern. In seinem zweiten Urteil zur materiellen Rechtmäßigkeit der Vorratsdatenspeicherung

553 EuGH, Urt. v. 8. April 2014, Digital Rights Ireland u. a., C-293/12 und C-594/12, EU:C:2014:238, Rn. 26 f.

554 EuGH, Urt. v. 8. April 2014, Digital Rights Ireland u. a., C-293/12 und C-594/12, EU:C:2014:238, Rn. 52 ff.

555 EuGH, Urt. v. 8. April 2014, Digital Rights Ireland u. a., C-293/12 und C-594/12, EU:C:2014:238, Rn. 56 ff.

556 EuGH, Urt. v. 8. April 2014, Digital Rights Ireland u. a., C-293/12 und C-594/12, EU:C:2014:238, Rn. 57 ff.

bestätigte der EuGH diesen Maßstab erneut.[557] Auch aus dem jüngsten Urteil des EuGH zur Vorratsdatenspeicherung in Deutschland ergeben sich hierfür keine Abweichungen; bestätigt wurde nur in Rückgriff auf in der Zwischenzeit ergangene Rechtsprechung, dass eine anlassbezogene temporäre Verkehrsdatenspeicherung (sog. Quick Freeze) zur Bekämpfung schwerer Kriminalität und zur Verhütung schwerer Bedrohungen der öffentlichen Sicherheit zulässig sei, solange den Betroffenen wirksame Rechtsmittel gegen Missbrauch zur Verfügung stünden.[558]

χ. Gutachten des EuGH zum PNR-Abkommen mit Kanada

2017 erstellte der EuGH im Auftrag des Europäischen Parlaments ein Gutachten, in welchem die Rechtmäßigkeit eines Abkommens zwischen der EU und Kanada zur Übermittlung von Fluggastdaten geprüft wurde. Da sich der Maßstab für das von Kanada verlangte Schutzniveau am unionsrechtlichen Schutzniveau orientiert, sind die an Kanada gestellten Anforderungen ohne weiteres auf innereuropäische Maßnahmen übertragbar.[559]

Die besondere Eingriffsintensität der Verarbeitung der PNR-Daten lag für den EuGH zum einen darin, dass die Daten für sich genommen zwar nicht, aber gemeinsam betrachtet doch erhebliche Rückschlüsse über persönliche Informationen wie Beziehungen zwischen Personen, der finanzielle Situation der Fliegenden sowie Ernährungsgewohnheiten und den Gesundheitsstatus zuließen; zum anderen waren die über 5 Jahre zu speichernden Daten potentielle Grundlage für Eingriffe mit Zwangswirkung gegen verdächtigte Fluggäste.[560] Erneut forderte der EuGH deshalb, dass der Eingriff auf das Notwendigste beschränkt werden muss, es klare Regeln für die Tragweite und die Anwendung der Maßnahmen gibt sowie ein wirksamer Schutz vor Missbrauch gewährleistet ist.[561]

---

557 EuGH, Urt. v. 21. Dezember 2016, Tele2 Sverige und Watson u. a., C-203/15 und C-698/15, EU:C:2016:970, Rn. 103 ff.

558 EuGH, Urteil vom 20.9.2022, SpaceNet und Telekom Deutschland, C-793/19 u. C-794/19, EU:C:2022:702 Rn. 75 in Bezugnahme auf EuGH, Urt. v. 6. Oktober 2020, La Quadrature du Net u. a., C-511/18, C-512/18 und C-520/18, EU:C:2020:791, Rn. 168, sowie EuGH, Urt. v. 5. April 2022, Commissioner of An Garda Síochána u. a., C-140/20, EU:C:2022:258, Rn. 67.

559 EuGH, Gutachten 1/15 v. 26. Juli 2017, Rn. 134.

560 EuGH, Gutachten 1/15 v. 26. Juli 2017, Rn. 128, 132.

561 EuGH, Gutachten 1/15 v. 26. Juli 2017, Rn. 141.

Im Rahmen der Erforderlichkeit befand das Gericht einzelne Formulierungen zu unbestimmt (sie enthielten Ergänzungen wie „usw.“)[562], unzulässig war auch, dass sensible Daten unabhängig vom Verhalten der Fluggäste gespeichert wurden.[563] Besonderes Augenmerk in Hinblick auf den Transfer zu Predictive Policing verdient, was der EuGH für die automatisierte Datenverarbeitung forderte: Die dabei angewandten Modelle und verwendeten Datenbanken dürften nicht diskriminierend sein, was durch eine den Stand der aktuellen Forschung entsprechende gemeinsame Überprüfung sichergestellt werden müsse.[564] Über das absolut Notwendige und damit verfassungsrechtlich Zulässige hinaus ging ebenfalls, dass die Daten der Fluggäste auch dann nach ihrer Abreise gespeichert blieben, wenn kein Zusammenhang zu Terrorismus feststellbar war.[565] Zuletzt war mangels eines entsprechenden Abkommens nicht sicher, dass die kanadischen Behörden ein dem unionsrechtlichen Maßstab entsprechendes Datenschutzniveau gewährleisten.[566]

Dieser Maßstab wurde auch im 2022 ergangenen Urteil zur PNR-Richtline (welches im nächsten Abschnitt ausgewertet wird) beibehalten. Vor allem durch den Grundsatz, dass die Datenverarbeitung auf das absolut Notwendige zu beschränken ist, bestehen im Unionsrecht vergleichbar große Hürden für personenbezogenes Predictive Policing wie im deutschen Verfassungsrecht, bei dem das Erfordernis einer konkreten Gefahr die größte Hürde darstellt.

δ. Urteil des EuGH zur PNR-Richtline

Das erste Urteil zur Rechtmäßigkeit der PNR-Richtlinie fällte der EuGH im Juni 2022.[567] Es handelt sich dabei um das erste Urteil eines für Deutschland zuständigen Gerichts zur Vereinbarkeit eines Predictive Policing-Systems mit Grundrechten. Ausgangspunkt war die Klage einer belgischen Menschenrechtsorganisation vor dem belgischen Verfassungsgerichtshof, welcher das Verfahren dem EuGH zur Vorabentscheidung vorlegte. Der Gerichtshof klärte zunächst, dass auf einfachgesetzlicher Ebene nicht die DSGVO, sondern die Richtlinie (EU) 2016/680 zur Kontrolle maßgeblich ist.[568] Für das weitere Verfahren nahm der

562 EuGH, Gutachten 1/15 v. 26. Juli 2017, Rn. 156 ff.
563 EuGH, Gutachten 1/15 v. 26. Juli 2017, Rn. 164 ff.
564 EuGH, Gutachten 1/15 v. 26. Juli 2017, Rn. 174.
565 EuGH, Gutachten 1/15 v. 26. Juli 2017, Rn. 204.
566 EuGH, Gutachten 1/15 v. 26. Juli 2017, Rn. 212 ff.
567 EuGH, Urt. v. 21. Juni 2022, Ligue des droits humains, C-817/19, EU:C:2022:491.
568 EuGH, Urt. v. 21. Juni 2022, Ligue des droits humains, C-817/19, EU:C:2022:491, Rn. 81.

EuGH ausführlichen Bezug auf das Gutachten zum PNR-Austausch mit Kanada, ging an vielen Stellen jedoch deutlicher ins Detail. Entscheidender Maßstab für die Rechtmäßigkeit war wieder der Grundsatz, nach dem die Datenverarbeitung auf das absolut Notwendige zu beschränken ist, sowie damit einhergehende Bestimmtheitsgrundsätze; die Nutzungsmöglichkeiten des Systems wurden dadurch erheblich eingeschränkt, ohne dass Teile der Richtline für unwirksam erklärt wurden. Zu den neuen vorgebrachten Erkenntnissen gehörte ein Arbeitspapier der EU-Kommission, nach dem mehr als fünf Sechstel der automatisiert als Treffer erfassten Personen falsch positive Ergebnisse waren.[569] Der Gerichtshof hielt das System aber nicht allein deswegen für ungeeignet, da Fälle dokumentiert waren, in denen Fluggäste identifiziert werden konnten, von denen Bedrohungen ausgingen.[570] Er präzisierte auch teilweise den Katalog von zu erfassenden Daten.[571] Weiterhin forderte er, dass auf nicht automatisierte Weise sichergestellt werden müsse, dass das System nur bei terroristischen Straftaten und schwerer Kriminalität mit zumindest mittelbarem objektiven Zusammenhang mit der Fluggastbeförderung angewendet wird.[572] Zu der auch in Deutschland praktizierten überschießenden Anwendung des Abgleichs auf innereuropäische Flüge verlangte der EuGH eine gesonderte Rechtfertigung – hierfür müssen nach der Einschätzung des umsetzenden Mitgliedsstaats „hinreichend konkrete Umstände für die Annahme […], dass er mit einer als real und aktuell oder vorhersehbar einzustufenden terroristischen Bedrohung konfrontiert ist",[573] vorliegen. Diese Auswertung darf immer nur temporär erfolgen und die Begründung muss vollumfänglich von Gerichten oder damit vergleichbaren Stellen überprüfbar sein. Sie muss auch auf Flüge beschränkt sein, die bestimmte Flugverbindungen, Reisemuster oder Flughafen betreffen, bei denen Gründe für die Auswertung vorliegen.[574] Ein Data Mining der PNR-Daten hielt der Gerichtshof für grundsätzlich unverhältnismäßig und stellte detaillierte Regeln auf, mit welchen Datenbanken die Daten abgeglichen

569 *EU-Kommission* SWD/2020/128 final.

570 EuGH, Urt. v. 21. Juni 2022, Ligue des droits humains, C-817/19, EU:C:2022:491, Rn. 123.

571 EuGH, Urt. v. 21. Juni 2022, Ligue des droits humains, C-817/19, EU:C:2022:491, Rn. 130 ff.

572 EuGH, Urt. v. 21. Juni 2022, Ligue des droits humains, C-817/19, EU:C:2022:491, Rn. 157.

573 EuGH, Urt. v. 21. Juni 2022, Ligue des droits humains, C-817/19, EU:C:2022:491, Rn. 171.

574 EuGH, Urt. v. 21. Juni 2022, Ligue des droits humains, C-817/19, EU:C:2022:491, Rn. 174.

werden dürften.[575] Er betonte die Bedeutung der in der Richtline enthaltenen Regelung, dass die abzugleichenden Kriterien im Voraus abgeglichen werden müssten – zugleich ein Verbot selbstständigen Kriterienerstellung durch Machine Learning-Algorithmen – und forderte die zuständigen Stellen auf, die Kriterien regelmäßig zu überprüfen.[576] Ebenfalls für die Rechtmäßigkeit entscheidend war die Regelung, nach der jede Verarbeitung der PNR-Daten, gleich ob individuell oder automatisiert, zur Rechtmäßigkeits- und Selbstkontrolle dokumentiert werden muss.[577] Die Behörden sind aus grundrechtlichen Erwägungen heraus verpflichtet, sicherzustellen, dass automatisierte Verarbeitung und individuelle Überprüfungen nicht diskriminierend sind; dabei muss gewährleistet sein, dass die Betroffenen die Funktionsweise des Systems verstehen können und ausreichend Informationen haben, um die Nutzung von Rechtsbehelfen zu erwägen – insbesondere in Bezug auf den möglicherweise diskriminierenden Charakter der Kriterien.[578]

Im Rest des Urteils stellte der EuGH klar, dass andere Behörden nur in hinreichend begründeten Ausnahmefällen Zugriff auf die Daten haben sollten,[579] dass Nachrichtendienste keinen Zugang dazu bekommen dürften[580] und klärte Auslegungsfragen zur Offenlegung der Daten sowie der Speicherfrist, wobei eine allgemeine Speicherfrist von 5 Jahren für mit Art. 7 und 8 sowie mit Art. 52 Abs. 1 GRCh unvereinbar erklärt wurde.[581]

ε. *Fazit europarechtliche Aspekte*

Durch die enge Verzahnung von Unionsrecht und nationalem Recht setzt die EU-Grundrechtecharta auch im Bereich der Gefahrenabwehr deutschen Behörden erhebliche Grenzen. Bemerkenswert ist dabei, mit wie wenigen

575 EuGH, Urt. v. 21. Juni 2022, Ligue des droits humains, C-817/19, EU:C:2022:491, Rn. 184 ff.

576 EuGH, Urt. v. 21. Juni 2022, Ligue des droits humains, C-817/19, EU:C:2022:491, Rn. 194, 201.

577 EuGH, Urt. v. 21. Juni 2022, Ligue des droits humains, C-817/19, EU:C:2022:491, Rn. 207.

578 EuGH, Urt. v. 21. Juni 2022, Ligue des droits humains, C-817/19, EU:C:2022:491, Rn. 209 f.

579 EuGH, Urt. v. 21. Juni 2022, Ligue des droits humains, C-817/19, EU:C:2022:491, Rn. 214 ff.

580 EuGH, Urt. v. 21. Juni 2022, Ligue des droits humains, C-817/19, EU:C:2022:491, Rn. 229 ff.

581 EuGH, Urt. v. 21. Juni 2022, Ligue des droits humains, C-817/19, EU:C:2022:491, Rn. 262.

verfassungsrechtlichen Grundsätzen der EuGH eine differenzierte Rechtsprechung hervorgebracht hat: Fast alle Einschränkungen lassen sich auf das Art. 7 und 8 GRCh entstammende Prinzip, die Datenverarbeitung auf das absolut Notwendige zu beschränken, entnehmen. Aus der Rechtsprechung zu PNR lässt sich ableiten, dass neben der belgischen Umsetzung auch die deutsche Umsetzung der Richtlinie durch das FlugDaG zumindest teilweise unionsrechtswidrig ist. Von zentraler Bedeutung für Predictive Policing stehen dabei zwei größere Anforderungsbereiche: Zum einen die Notwendigkeit konkreter Anhaltspunkte für eine hinreichend schwerwiegende Gefahr, zum anderen Mechanismen, die sicherstellen, dass besonders kritische Elemente stark automatisierter Systeme immer noch menschlich durchgeführt oder menschlich kontrolliert werden.

f. Fazit informationelle Selbstbestimmung

In einer immer stärker digitalisierten Gesellschaft ist das Recht auf informationelle Selbstbestimmung entscheidendes Grundrecht, um Bürgern auch jenseits der Informationssphären ein selbstbestimmtes Leben zu ermöglichen. In vielen Lebensbereichen ist ein gewisses Maß an Datenverarbeitung heute unumgänglich, weshalb Bürger grundsätzlich viele Eingriffe in dieses Recht hinnehmen müssen, aber wenn persönliche Daten verwertet werden, um Entscheidungen zu polizeirechtlichen Maßnahmen gegen Bürger vorzubereiten, ist jede Form der Selbstbestimmung gefährdet.

Aus dem Recht auf informationelle Selbstbestimmung ergeben sich deswegen hohe Hürden für den verfassungsgemäßen Einsatz von personenbezogenem Predictive Policing. Die bisherige Rechtsprechung des BVerfG zu im weitesten Sinne ähnlichen Systemen bietet dafür einen Flickenteppich vieler Einzelanforderungen. Einzelne Aspekte sind dabei jedoch besonders zu betonen: Von zentraler Bedeutung ist zunächst das Erfordernis einer konkreten Gefahr, zumindest soweit in den Systemen auch personenbezogene Daten von Nichtstörern verarbeitet werden. Soweit dabei vom Grundsatz der Zweckbindung abgewichen werden soll, ist dies nur zum Schutz von besonders gewichtigen Rechtsgütern wie Leib, Leben und Freiheit der Person sowie Bestand oder Sicherheit des Bundes oder eines Landes zulässig. Eine weitere wichtige, wenn auch wesentlich schwerer definierbare Schranke stellt das Verbot der Erstellung von Persönlichkeitsprofilen dar.

Insbesondere im Palantir-Urteil zeigt das BVerfG jedoch, dass diese Grundsätze im Rahmen einer stetigen Weiterentwicklung, aber ohne grundsätzliche strukturelle Neuordnungen immer noch in der Lage sind, die von den neuen technischen Möglichkeiten ausgehenden Gefahren für die informationelle Selbstbestimmung zu erfassen und hierfür handhabbare Grenzen aufzuzeigen.

Aus diesen Erwägungen heraus ergeben sich erhebliche Zweifel an der Rechtmäßigkeit einiger der in Deutschland eingesetzten personenbezogenen Predictive Policing-Systeme. Insbesondere die Rechtmäßigkeit des PNR-Abgleichs, so wie er im FlugDaG umgesetzt wird, bleibt höchst zweifelhaft. Als sinnvolle Einsatzmöglichkeiten verbleiben damit insbesondere Systeme für Situationen, in denen bereits ausreichend Anhaltspunkte für eine konkrete Gefahr bestehen, jedoch noch keine Täter ermittelt werden konnten; denkbar wäre auch ein Einsatz, wenn von mehreren Personen eine konkrete Gefahr ausgeht, aufgrund von Ressourcenmangel jedoch eine Priorisierung vorgenommen werden muss.[582]

3.2. Diskriminierung – Art. 3 GG

In diesem Kapitel soll nun untersucht werden, welche Grenzen Art. 3 GG und weitere verfassungsrechtliche Diskriminierungsverbote für Predictive Policing setzen.

Personenbezogene Systeme tragen – wie viele andere algorithmische Systeme – oft das Risiko mit sich, bestehende Diskriminierungen zu verschärfen. Bisherige Studien zu Diskriminierung durch automatisiert entscheidende oder entscheidungsunterstützende Systeme sind alarmierend.[583] Schlagzeilen zu rassistischen Resultaten von Algorithmen waren in den letzten Jahren zahlreich: Beispielhaft etwa der Bilderkennungsalgorithmus von Google Photos, der schwarze Menschen für Gorillas hielt (ein Problem, welches „gelöst" wurde, indem die Tags für Gorillas und andere Affen entfernt wurden)[584] oder Algorithmen in Krankenhäusern, die schwarzen Personen entgegen medizinischer Tatsachen ein niedrigeres Risiko

582 *Sommerer*, Personenbezogenes Predictive Policing, 2020, S. 169.

583 Zusammenfassend *Orwat*, Diskriminierungsrisiken durch Verwendung von Algorithmen 2019; exemplarisch *Lum*, Limitations of mitigating judicial bias with machine learning. Nat Hum Behav 1, 0141, 2017; *Kleinberg et al.*, Algorithmic Fairness, AEA Papers and Proceedings, 108: 22–27, 2018; *Buda/Maki/Mazurowski*, A systematic study of the class imbalance problem in convolutional neural networks, Neural Networks, Volume 106, 2018, S. 249 ff.

584 *Zhang*, Google Photos Tags Two African-Americans As Gorillas Through Facial Recognition Software, Forbes.com vom 01.07.2015, abrufbar unter https://www.forbes.com/sites/mzhang/2015/07/01/google-photos-tags-two-african-americans-as-gorillas-through-facial-recognition-software/?sh=8b5469f713d8 (zuletzt abgerufen am 31.07.2023); *Hern*, Googles solution to accidental algorithmic racism: ban gorillas, in: theguardian.com vom 12.01.2018, abrufbar unter https://www.theguardian.com/technology/2018/jan/12/google-racism-ban-gorilla-black-people (zuletzt abgerufen am 31.07.2023).

schwerer Erkrankungen attestierten.[585] Die niederländische Kindergeldaffäre, bei der Menschen mit doppelter Staatsbürgerschaft systematisch als wahrscheinliche Betrüger identifiziert wurden und die Behörden von etwa 26.000 Eltern fälschlicherweise Zuschüsse für Kinderbetreuungskosten zurückforderte, stellte für viele Familien eine existenzielle Bedrohung dar und hatte den Rücktritt der niederländischen Regierung zur Folge.[586] Bemerkenswert ist aus Perspektive der Transparenz, dass bis heute nicht genau gesagt werden kann, wie die Algorithmen zu dieser Entscheidung kamen. Noch mehr Personen waren vom australischen „Robodebt"-Skandal betroffen, in dem über 470.000 unbegründete Rückzahlungsaufforderungen an Sozialhilfeempfänger versendet wurden – auch wenn es sich hier nicht um eine direkte, sondern um eine mittelbare Diskriminierung handelte.[587]

Predictive Policing wird gerne als Methode beworben, bei der ein besonders unvoreingenommenes Programm entscheidet, welches bei Rassismusvorwürfen weniger angreifbar ist.[588] Es mag durchaus Szenarien geben, in denen diese Prämisse erfüllt werden kann, viel öfter besteht jedoch das Risiko, dass bereits vorhandene Diskriminierungen verstärkt werden, etwa weil die zugrunde liegenden Datensätze Resultat einer durch Diskriminierung verzerrten Wahrnehmung sind. Es gibt zahlreiche Gründe, weshalb dieses Risiko bei personenbezogenen Systemen um ein Vielfaches höher ist als bei ortsbezogenen Systemen. Zunächst gehören zu den verarbeiteten Daten zahlreiche Informationen, die die Personen zu bestimmten Gruppen zuordnen können. Dazu kommt, dass einige der bereits eingesetzten Systeme technisch deutlich anspruchsvoller sind und teilweise auf künstliche Intelligenz setzen. Zuletzt können personenbezogene Prognosen auch Grundlage für personenbezogene Eingriffe sein – auch wenn dieser Faktor von den Sicherheitsbehörden bei manchen Systemen bestritten wird. Diese Sorgen sind mehr als genug Gründe für eine intensive Auseinandersetzung mit Art. 3 GG als Grenze für den Einsatz von Predictive Policing.

---

585 *Obermeyer et. al.*, Dissecting racial bias in an algorithm used to manage the health of populations, in: Science, Vol 366, Issue 6464, 2019. S. 447 ff.

586 *Henley,* Dutch government resigns over childcare benefits scandal, theguardian.com vom 15.01.2021, abrufbar unter https://www.theguardian.com/world/2021/jan/15/dutch-government-resigns-over-child-benefits-scandal (zuletzt abgerufen am 31.07.2023).

587 *Mao,* The human cost of Australia's illegal 'robo' hunt for welfare cheats, bbc.com vom 18.11.2020, abrufbar unter https://www.bbc.com/news/world-australia-54970253 (abgerufen am 31.07.2023).

588 *Ferguson*, The Rise of Big Data Policing, 2017, S. 30.

a. Rechtlicher Rahmen: Art. 3 GG

Der beim Thema Diskriminierung maßgebliche Art. 3 GG enthält eine ganze Reihe von Gleichheitssätzen. Für Predictive Policing relevant sind vor allem der allgemeine Gleichheitssatz in Abs. 1, der die Gleichheit aller Menschen vor dem Gesetz postuliert, sowie die speziellen Diskriminierungsverbote in Abs. 3 S. 1, nach denen niemand wegen der dort spezifizierten Merkmale benachteiligt werden darf. Anders als beim Recht auf informationelle Selbstbestimmung gibt es kaum Rechtsprechung zum Thema Diskriminierung durch automatisierte Datenverarbeitung. Daher erfolgen an dieser Stelle zunächst allgemeinere Ausführungen zu den Gleichheitssätzen, aus denen dann Grundsätze und Herausforderungen für nichtdiskriminierendes personenbezogenes Predictive Policing abgeleitet werden.

α. Allgemeiner Gleichheitssatz (Art. 3 Abs. 1 GG)

Der allgemeine Gleichheitssatz gem. Art. 3 Abs. 1 GG gilt als „Fundamentalnorm der Gerechtigkeit"[589]. Dabei setzt er jedoch keine absoluten Maßstäbe, sondern fordert einen Vergleich mit Anderen und eine entsprechende Differenzierung; geboten sind somit insbesondere gerechte Vergleichsmaßstäbe.[590] Es soll Gleiches gleich, Ungleiches den Sachverhalten innewohnenden Eigenheiten entsprechend ungleich behandelt werden.[591] Wie bei den Ausführungen zu stigmatisierenden Verhaltensprofilen bei ortsbezogenem Predictive Policing kurz ausgeführt, ist für einen Verstoß gegen den allgemeinen Gleichheitssatz die „neue Formel" des BVerfG maßgeblich – Art. 3 Abs. 1 GG ist verletzt, wenn eine Gruppe von Normadressaten im Vergleich zu anderen Normadressaten anders behandelt wird, obwohl zwischen beiden Gruppen keine Unterschiede von solcher Art und solchem Gewicht bestehen, dass sie die ungleiche Behandlung rechtfertigen könnten.[592] Mit der neuen Formel wurde die alte Willkürformel ersetzt, nach welcher der Gleichheitssatz verletzt war, „wenn sich ein vernünftiger, sich aus der Natur der Sache ergebender oder sonstwie sachlich einleuchtender Grund für die gesetzliche Differenzierung oder Gleichbehandlung nicht finden läßt".[593]

Für die Rechtfertigung einer Ungleichbehandlung gibt es keine abstrakten Maßstäbe, es muss vielmehr eine Verhältnismäßigkeitsprüfung durchgeführt werden. Die Anwendung des Verhältnismäßigkeitsgrundsatzes auf Gleichheitsrechte,

---

589 *Nußberger*, in: *Sachs*, GG Art. 3 Rn. 4.

590 *Nußberger*, in: *Sachs*, GG Art. 3 Rn. 2 f.

591 *Wollenschläger*, in: *v. Mangoldt/Klein/Starck*, GG Art. 3 Abs. 1 Rn. 40.

592 BVerfGE 55, 72, 88; s. auch S. 65.

593 BVerfGE 1, 14, 52.

obwohl dieser eigentlich auf Freiheitsrechte zugeschnitten ist, führt zu gewissen Widersprüchen und ist zwar nicht im Grundsatz, aber in Bezug auf Detailfragen umstritten.[594] Da der Grundsatz aus dem Polizeirecht stammt und diese Wiedersprüche demensprechend vor allem in Gebieten jenseits des Gefahrenabwehrkontexts auftreten, spielt dies für Predictive Policing jedoch keine große Rolle.

Abhängig von Regelungsgegenstand und Differenzierungsmerkmalen ist die Verhältnismäßigkeitsprüfung unterschiedlich streng.[595] Die Maßstäbe ergeben sich dabei in erster Linie aus den entsprechenden Regelungsbereichen und reichen dabei von Willkürverbot bis zu strenger Bindung an das Übermaßverbot.[596] Sind Personengruppen betroffen, liegt in der Regel eine strenge Bindung vor, maßgeblich ist dabei auch, wie nahe die personenbezogenen Merkmale zu den in Art. 3 Abs. 3 GG verbotenen Merkmalen stehen bzw. ob dadurch Minderheiten diskriminiert werden können.[597] Nichts anderes gilt in diesem Fall bei mittelbaren Diskriminierungen, also wenn eine sachbezogene Ungleichbehandlung eine personenbezogene Ungleichbehandlung zur Folge hat; bei verhaltensbezogenen Ungleichbehandlungen ist darauf abzustellen, wie weit die Betroffenen dies beeinflussen können.[598] Während bei der Frage der Geeignetheit im Wesentlichen nur eine Willkürkontrolle durchgeführt werden muss, ist bei der Angemessenheit nicht nur zwischen Allgemein- und Individualinteressen abzuwägen, sondern sind auch die Gründe und Ziele der Differenzierung zum einen und die Wirkung auf die Betroffenen zum anderen miteinander ins Verhältnis zu setzen.[599]

Neben der abwehrrechtlichen und weiteren subjektiven Funktion des Gleichheitssatzes erfüllt dieser auch eine objektiv-rechtliche Schutzfunktion. Daraus ergibt sich ein Gebot, bestehende Diskriminierungen zu beseitigen.[600] Die Schutzfunktion ist jedoch grundsätzlich unbestimmt, weshalb die Staatsorgane in eigener Verantwortung entscheiden müssen, wie sie dem entgegenwirken wollen.[601]

β. Spezielle Diskriminierungsverbote, Art. 3 Abs. 3 S. 1 GG

Ebenfalls verboten ist die Benachteiligung bzw. Bevorzugung wegen der in Art. 3 Abs. 3 S. 1 GG festgelegten Merkmale Geschlecht, Abstammung, Rasse, Sprache,

594 *Nußberger,* in: *Sachs,* GG Art. 3 Rn. 15 ff.
595 BVerfGE 88, 87, 96; 131, 239, 256 m. w. N.
596 BVerfGE 131, 239, 255 f. m. w. N.
597 BVerfGE 88, 87, 96.
598 Ebd.
599 *Nußberger,* in: *Sachs,* GG Art. 3 Rn. 19, 22.
600 *Nußberger,* in: *Sachs,* GG Art. 3 Rn. 66.
601 BVerfGE 133, 59, 76; 96, 56, 64

Heimat und Herkunft, Glauben, sowie religiöse oder politische Anschauungen. Art und Umfang der Diskriminierungsverbote sind aber in ihren Einzelheiten hoch umstritten.

Bereits im Rahmen des ortsbezogenen Predictive Policing wurde in dieser Arbeit die Frage thematisiert, ob auch mittelbare Diskriminierungen von Art. 3 Abs. 3 GG erfasst sind.[602] Relevanz hatte diese Frage vor allem für die Beeinträchtigung von durch die Norm geschützten Gruppen, die überproportional an bestimmten (potentiell öfters kontrollierten) Orten wohnen. Bei personenbezogenen Systemen gibt es eine Vielzahl weiterer Möglichkeiten für mittelbare Diskriminierung. Im Fokus stehen dabei teilweise deutlich auseinandergehende Raten falsch positiver Ergebnisse bei Menschen unterschiedlicher Herkunft. Der Meinung, dass Art. 3 Abs. 3 GG auch mittelbare Diskriminierungen verbietet, wurde im Rahmen dieser Fragestellung gefolgt.[603] Diese Ansicht ist nicht auf bestimmte Aspekte beschränkbar, weshalb sie auch hier uneingeschränkt Anwendung findet. Dabei ist erneut anzumerken, dass es hierfür keine durchgehend gefestigte Rechtsprechung des BVerfG gibt, viele Urteile gibt es nur zu Diskriminierung wegen Behinderung und des Geschlechts, vereinzelt auch im Bereich der Diskriminierung wegen der Sprache.[604] Dennoch wäre es inkonsequent, mittelbare Diskriminierungen aufgrund der sonstigen Merkmale des Art. 3 Abs. 3 GG nicht anzunehmen; dies ist für einen effektiven Diskriminierungsschutz auch notwendig.[605]

Strittig ist weiterhin, ob es sich bei Art. 3 Abs. 3 GG um ein Anknüpfungsverbot oder um ein Begründungsverbot handelt. Vertreter des Begründungsverbots sehen die Norm nur dann verletzt, wenn die Ungleichbehandlung nicht begründet werden kann, ohne Bezug auf das Merkmal zu nehmen. Entscheidend ist nach dieser Meinung ein kausaler Zusammenhang zwischen Grund der Maßnahme und der daraus resultierenden Diskriminierung, die Unterscheidung muss unabdingbarer Teil der Begründung sein.[606] Im Kontext des Predictive Policing würden die speziellen Diskriminierungsverbote auf Grundlage dieser Position jede Bedeutung verlieren, da die Merkmale für sich zumindest nach aktuellem Wissensstand nie Begründung für eine Prognose sind.

---

602 S. o. S. 78 ff.

603 Siehe dazu die Argumentation auf S. 78 ff.

604 Zum Geschlecht etwa BVerfGE 104, 373, 393; 97, 35, 43; zur Behinderung BVerfGE 99, 341, 356 f.; 151, 1, 47; zur Sprache BVerfGK 1, 331, 334; 2, 36, 39 f.

605 *Baer/Markard,* in: *v. Mangoldt/Klein/Starck,* GG Art. 3 Abs. 3 Rn. 430.

606 BVerfGE 2, 266, 286; 59, 128, 157; *Starck,* in: *v. Mangoldt/Klein/Starck* (6. Auflage), Art. 3 Abs. 1 GG Rn. 379.

Ein Anknüpfungsverbot hingegen bedeutet, dass grundsätzlich nicht auf die verbotenen Merkmale angeknüpft werden darf. Im Gegensatz zum Begründungsverbot sind somit nicht nur Benachteiligungen verboten, die im Zweck der Maßnahme angelegt sind, sondern auch solche, die eigentlich von den Merkmalen losgelöste Ziele verfolgen.[607] Dieser von der neueren Rechtsprechung des BVerfG und den überwiegenden Stimmen in der Literatur verfolgten Position ist beizupflichten. Nur auf diese Art und Weise kann sichergestellt werden, dass der Schutzzweck der Norm erfüllt und nicht umgangen wird.[608]

αα. Rechtfertigung von Anknüpfungen in Art. 3 Abs. 3 S. 1 GG

Da Art. 3 Abs. 3 GG schrankenlos gewährt wird, kommt zur Rechtfertigung nur kollidierendes Verfassungsrecht in Betracht. Darüber hinaus erkennen Rechtsprechung und Literatur Ausnahmen dann an, wenn die Anknüpfung zur Lösung von Problemen, die in ihrer Natur nur bei einer Gruppe auftreten, dient oder der Anknüpfungspunkt konstitutives Element des zu regelnden Lebenssachverhalts ist.[609] Relevantestes Beispiel im Bereich des personenbezogenen Predictive Policing für letztere Kategorie dürfte sein, dass bei auf islamistischen Terrorismus zugeschnittenen Prognosen eine mindestens faktische Anknüpfung an den muslimischen Glauben unumgänglich ist. Dennoch gelten bei der Anknüpfung strengste Anforderungen an die Verhältnismäßigkeit, es muss bei absoluten Ausnahmen bleiben.[610] Für viele andere der in diesem Kontext relevanten Merkmale dürfte es nur sehr wenige Rechtfertigungsgründe geben. Dies gilt insbesondere für die Anknüpfung an die „Rasse“, bei der nicht zuletzt aufgrund des historischen Kontextes der Norm ein sehr enger Bezug zur Menschenwürde besteht; ein herausragend wichtiger Grund, der dies dennoch legitimieren könnte, ist in der Polizeiarbeit kaum vorstellbar.[611] Nicht zu

---

607 BVerfGE 85, 191, 206; 114, 357, 364; *Baer/Markard,* in: *v. Mangoldt/Klein/Starck,* GG Art. 3 Abs. 3 Rn. 426; *Langenfeld,* in: *Dürig/Herzog/Scholz,* GG Art. 3 Abs. 3 Rn. 20 ff., diese auch mit einer längeren Darstellung des Meinungsstreits und unterschiedlicher Interpretationen des Anknüpfungsverbots.

608 *Langenfeld,* in: *Dürig/Herzog/Scholz,* GG Art. 3 Abs. 3 Rn. 23, 25.

609 BVerfGE 7, 155, 171; 114, 357 364; *Baer/Markard,* in: *v. Mangoldt/Klein/Starck,* GG Art. 3 Abs. 3 Rn. 433; *Jarass,* in: *Jarass/Pieroth,* GG Art. 3 Rn. 152; *Langenfeld,* in: *Dürig/Herzog/Scholz,* GG Art. 3 Abs. 3 Rn. 72.

610 *Baer/Markard,* in: *v. Mangoldt/Klein/Starck,* GG Art. 3 Abs. 3 Rn. 433.

611 *Baer/Markard,* in: *v. Mangoldt/Klein/Starck,* GG Art. 3 Abs. 3 Rn. 475.

rechtfertigen ist in diesem Sinne etwa die Praxis des „Racial Profiling".[612] Das OVG Münster ließ hierzu in seiner Entscheidung offen, ob dieses auf Grundlage von objektiven Statistiken, in denen Vorurteile reproduzierende Verzerrungseffekte ausgeschlossen werden, zulässig sein könnte.[613] Dies ist jedoch aus zweierlei Gründen abzulehnen: Zunächst hätte eine Statistik, welche die unterschiedliche Behandlung von Menschen aufgrund ihrer Hautfarbe bzw. Herkunft zulässt, gerade den stigmatisierenden Effekt, der durch Art. 3 Abs. 3 S. 1 GG unterbunden werden soll.[614] Darüber hinaus ist aus einem kriminologischem Blickwinkel heraus anzunehmen, dass es bei Delikten mit hohem Dunkelfeld bzw. einer hohen Zahl unbekannter Täter eine solche objektive Statistik gar nicht geben kann. Der Rückblick auf vergangene schmerzhafte Fehltritte des BVerfG wie das sog. „Homosexuellen-Urteil", in dem auf Grundlage von in jeder Hinsicht unhaltbarem Expertenwissen geurteilt wurde, müssen diesbezüglich fortwährend der Mahnung dienen.[615]

Umstrittener ist, unter welchen Umständen eine mittelbare Diskriminierung gerechtfertigt werden kann. Teilweise wird hier ein milderer Maßstab verlangt, bei dem es ausreicht, wenn die Regelung auf „hinreichenden sachlichen Gründen" beruht.[616] Nach anderer Ansicht gilt bei der Rechtfertigung mittelbarer

---

612 Hierzu Z. B. *Baer/Markard*, in: *v. Mangoldt/Klein/Starck*, GG Art. 3 Abs. 3 Rn. 475; *Liebscher* NJW 2016, 2779; *Petterson* ZAR 2019, 301; OVG Münster NVwZ 2018, 1497; teilweise a.A. *Kischel*, in: *Epping/Hillgruber* Art. 3 GG Rn. 190, 223 ff.; vgl. auch in dieser Arbeit S. 78.

613 OVG Münster NVwZ 2018, 1497, 1500.

614 *Sommerer*, Personenbezogenes Predictive Policing 2020, S. 179.

615 Es handelt sich dabei um ein Urteil aus dem Jahre 1957, in dem das BVerfG die Strafbarkeit der von Männern begangenen „homosexuellen Unzucht" für verfassungskonform erklärte (BVerfGE 6, 389). Zur Rechtfertigung des Umstandes, dass nur die männliche und nicht auch weibliche Homosexualität kriminalisiert wurde, führte das Gericht neben anderen Argumenten österreichische Kriminalstatistiken an (S. 424 f.). Dort stand auch die lesbische „Unzucht" unter Strafe, im Zeitraum der Erhebung liefen jedoch nur ca. 2,5 % der Verfahren gegen Frauen. Das BVerfG schenkte dabei den Ausführungen der Sachverständigen Glauben, nach denen dieses Verhältnis sicher nicht auf eine höhere Dunkelziffer zurückzuführen sei, sondern auf „objektive" Unterschiede zwischen dem Wesen von Schwulen und Lesben, insbesondere die „mehr drängende und fordernde" Funktion des Mannes und die „mehr hinnehmende und zur Hingabe bereite" Funktion der Frau (S. 425).

616 BVerfGE 113, 1, 20; *Jarass*, in: *Jarass/Pieroth* Art. 3 GG Rn. 122; *Kischel*, in: *Epping/Hillgruber* Art. 3 GG Rn. 190, 218; i.E. wohl auch *Langenfeld*, in: *Dürig/Herzog/Scholz*, GG Art. 3 Abs. 3 Rn. 38.

Diskriminierung der gleiche Maßstab wie bei unmittelbarer Diskriminierung.[617] Die Rechtsprechung des BVerfG ist diesbezüglich nicht einheitlich: So geht der vorhin angeführte Maßstab der „hinreichenden sachlichen Gründe" auf das Gericht zurück, teilweise spricht es aber bei Urteilen zu Mutterschaft und der an Abs. 3 S. 1 angenäherten sexuellen Orientierung wie bei unmittelbarer Diskriminierung von „strengen Rechtfertigungsanforderungen", bei denen nur ausnahmsweise sonstige Sachgründe hinreichend sind.[618] Gegen einen einheitlichen Maßstab werden die Abgrenzungsprobleme angeführt, welche sich daraus ergeben.[619] Dafür spricht, dass das BVerfG in der eben angesprochenen mittelbaren Diskriminierung wegen der sexuellen Orientierung die strengeren Anforderungen stellte. Der für angenäherte Merkmale verwendete Maßstab muss für die besonders genannten Merkmale daher erst recht gelten.[620] Dieser Linie ist zu folgen: Ob jemand von einer Maßnahme unmittelbar oder mittelbar betroffen ist, macht aus der Betroffenenperspektive keinen Unterschied; es hätte entsprechende Wertungswidersprüche zur Folge, die nicht akzeptabel sind.

ββ. Die einzelnen Merkmale des Abs. 3 S. 1

An dieser Stelle ist es notwendig, kurz die einzelnen Merkmale zu definieren, die im Kontext des Predictive Policing relevant sind. Bereits von der Definition her kritischster Begriff ist die „Rasse". Verboten durch das Merkmal ist der Bezug auf eine vermeintliche menschliche Rasse, ebenso phänotypische Merkmale wie Hautfarbe und Haare.[621] Eine in jeder Hinsicht subsumtionsfeste, umfassende Definition des Begriffs gibt es jedoch nicht und kann es auch nicht geben.[622] Dabei besteht auch aus historischen Gründen ein sehr enger Bezug zur Menschenwürde, es gibt entsprechend wenig Gründe, welche eine Anknüpfung rechtfertigen. Bei der Polizeiarbeit gehört hierzu etwa die Verwendung entsprechender Merkmale bei der Beschreibung von Verdächtigen.[623]

---

617 *Nußberger*, in: *Sachs*, GG Art. 3 Rn. 248 f.; *Baer/Markard*, in: *v. Mangoldt/Klein/Starck*, GG Art. 3 Abs. 3 Rn. 434.

618 BVerfGE 132, 72, 98; 133, 377, 408.

619 *Langenfeld*, in: *Dürig/Herzog/Scholz*, GG Art. 3 Abs. 3 Rn. 38.

620 BVerfGE 133, 377, 408; *Baer/Markard*, in: *v. Mangoldt/Klein/Starck*, GG Art. 3 Abs. 3 Rn. 434.

621 BVerfGE 23, 98, 106 f.; *Nußberger*, in: *Sachs*, GG Art. 3 Rn. 295 f.; *Baer/Markard*, in: *v. Mangoldt/Klein/Starck*, GG Art. 3 Abs. 3 Rn. 470.

622 Siehe dazu recht ausführlich *Payandeh* NVwZ 2021, 1830, 1831 f.

623 *Kischel*, in: *Epping/Hillgruber* Art. 3 GG Rn. 223c.

Weiter relevant ist das Verbot der Diskriminierung wegen Heimat und Herkunft. Mit Heimat ist die „örtliche Herkunft eines Menschen nach Geburt oder Ansässigkeit im Sinne der emotionalen Beziehung zu einem geographisch begrenzten, den Einzelnen mitprägenden Raum (Ort, Landschaft)" gemeint.[624] Darunter fällt auch die Migrationserfahrung.[625] Währenddessen bezieht sich die Herkunft auf die „ständisch-soziale Abstammung und Verwurzelung"; das Merkmal spielt in der Rechtsprechung jedoch praktisch keine Rolle.[626]

Regelmäßig ist auch der Glaube (bzw. die damit deckungsgleiche religiöse Anschauung) Anknüpfungspunkt bei personenbezogenem Predictive Policing und damit verwandten Systemen. Für die Definition wird üblicherweise der Maßstab von Art. 4 Abs. 1 und 2 GG herangezogen.[627] Auf die komplexe Darstellung des Schutzbereichs von Art. 4 kann an dieser Stelle jedoch verzichtet werden, da im vorliegenden Kontext überwiegend auf unzweifelhaft erfasste Merkmale wie die Zugehörigkeit zu einer religiösen Gruppierung oder im Beispiel des FlugDaG ggf. einem Glauben zuzuordnende Essenswünsche wie halal und koscher Anknüpfungspunkt sind.[628]

Die anderen Merkmale werden an dieser Stelle nicht mehr definiert, da sie aktuell keine relevanten Anknüpfungspunkte im Bereich der Arbeit darstellen. Dies ist jedoch zukünftig keineswegs auszuschließen; zum Thema Diskriminierung aufgrund der Sprache durch automatisierte Systeme der Verwaltung sei an dieser Stelle exemplarisch auf das Dialekterkennungssystem des BAMF hingewiesen, welches die Herkunft von Asylbewerbern anhand ihres Dialektes ermittelt und dadurch Betrug durch vorgetäuschte Herkunftsländer verhindern soll.[629]

---

624 BVerfGE 102, 41, 53; die Ergänzung der Definition um die „emotionale Bindung" ist mit diesem Urteil neu geschaffen worden und str., a.A. etwa *Nußberger,* in: *Sachs*, GG Art. 3 Rn. 297; dies kann im Kontext dieser Arbeit jedoch mangels Relevanz dahinstehen.

625 *Baer/Markard,* in: *v. Mangoldt/Klein/Starck*, GG Art. 3 Abs. 3 Rn. 496.

626 BVerfGE 5, 17, 22; 48, 281, 287 f.; *Langenfeld,* in: *Dürig/Herzog/Scholz*, GG Art. 3 Abs. 3 Rn. 62.

627 *Langenfeld,* in: *Dürig/Herzog/Scholz*, GG Art. 3 Abs. 3 Rn. 60; *Baer/Markard,* in: *v. Mangoldt/Klein/Starck*, GG Art. 3 Abs. 3 Rn. 503 f.

628 Essenspräferenzen gehören nicht zu den Daten, die zwingend im Rahmen des Abgleichs übermittelt werden müssen, sie können jedoch im Freitextfeld der „allgemeinen Hinweise" gem. § 2 Abs. 2 Nr. 16 FlugDaG/Anhang I Nr. 12 der Richtlinie (EU) 2016/681 angegeben werden, dies ist mitunter Gegenstand der noch laufenden Vorlage des VG Wiesbaden an den EuGH (VG Wiesbaden, Beschluss vom 13.05.2020 – 6 K 805/19.WI).

629 Mit Informationen und den dabei entstehenden Problemen dazu etwa *Biselli,* Automatisiertes Misstrauen, in: netzpolitik.org vom 09.01.2020, abrufbar unter: https://

χχ. Anwendungsbereich des Verbots mittelbarer Diskriminierung

Bereits an vorheriger Stelle wurde angenommen, dass auch eine mittelbare Diskriminierung nach Art. 3 Abs. 3 S. 1 GG verboten ist.[630] Wie bei ortsbezogenem Predictive Policing stellt sich jedoch die Frage, wann genau eine mittelbare Diskriminierung vorliegt – abzustecken etwa daran, in welchem Ausmaß durch die Norm geschützte Personen überproportional betroffen sein müssen, um eine mittelbare Diskriminierung anzunehmen.[631] Aufgrund der herausragenden Bedeutung des Begriffs für Predictive Policing ist eine umfangreiche Annäherung notwendig.

Der Begriff der mittelbaren Diskriminierung ist nicht einheitlich definiert – was jedoch weniger auf inhaltliche Differenzen im Begriffsverständnis als auf die mit dem Begriff einhergehenden Abgrenzungsschwierigkeiten zurückzuführen ist. Selbst auf Ebene des Unionsrechts und der EMRK, wo das Konzept Teil der ständigen Rechtsprechung der jeweiligen Gerichte ist, gibt es keine einheitliche Linie.[632] Klar ist lediglich, dass nicht auf den Diskriminierungszweck abgestellt werden kann, sondern dass es auf die Diskriminierungswirkung ankommt.[633] Es ist für die Benachteiligten unerheblich, ob ihre Benachteiligung Teil der Überlegungen bzw. Zweck der Maßnahme oder nur unbeabsichtigte Konsequenz ist; dies ist einer der zentralen Gründe, weshalb das Konzept der mittelbaren Diskriminierung überhaupt benötigt wird.

Um diese Diskriminierungswirkung zu ermitteln, gibt zwei hauptsächlich herangezogene Ansätze, die sich im Rahmen einer Beweiswürdigung nicht gegenseitig ausschließen. Ein statistisch geprägter Ansatz stellt darauf ab, ob eine geschützte Gruppe überproportional von einer Maßnahme betroffen ist; dabei kommt es nicht auf einen festen Prozentsatz, sondern auf die statistische Signifikanz an.[634] Vor allem der EGMR und das BVerfG tendieren zu diesem Ansatz, das BVerfG nahm z. B. bei einer Tätigkeit, die zu ca. 78% von Frauen ausgeübt

---

netzpolitik.org/2020/automatisiertes-misstrauen/ (zuletzt abgerufen am 31.07.2023); *dies.*, Neue Zahlen zeigen, die nutzlos die IT-Offensive des BAMF ist, in: vice.com vom 21.12.2018, abrufbar unter: https://www.vice.com/de/article/kzv5v3/sprachanalyse-handyauswertung-bamf-it-fluechtlinge-herkunft (zuletzt abgerufen am 31.07.2023).

630 S. o. S. 78 ff., 165.

631 Eine sehr präzise und ausführliche Darstellung des Problemkomplexes findet sich bei *Fehling*, FS Würtenberger 2013 S. 669 ff.

632 *Fehling*, FS Würtenberger 2013 S. 671 ff.

633 BVerfGE 113, 1, 20; *Fehling*, FS Würtenberger 2013 S. 675.

634 *Fehling*, FS Würtenberger 2013 S. 676.

wurde, eine mittelbare Anknüpfung an das Geschlecht an.[635] Der zweite Ansatz versteht die Diskriminierung eher normativ, Richtlinie ist hier z. B. die Wahrscheinlichkeit, dass die Maßnahme die Benachteiligung einer Gruppe zur Folge hat oder dass sie sich auf die markierten Menschen mehrheitlich oder typischerweise negativ auswirkt; abgestellt wird dabei unter anderem auf das Kriterium der strukturellen Wirksamkeit.[636]

Über diese Ansätze hinaus will eine Ansicht aus der Rechtsprechung des BVerfG zur mittelbaren Diskriminierung im Rahmen von Art. 3 Abs. 2 GG das Erfordernis ablesen, dass die Regelung erhebliche Nachteile aufbürdet und überwiegend ein Geschlecht trifft, dieses Erheblichkeitserfordernis gibt die Rechtsprechung jedoch nicht her.[637]

Um den Begriff handhabbar zu machen, muss er zuletzt noch gegenüber der unmittelbaren Diskriminierung und der einfachen Ungleichbehandlung abgegrenzt werden. Die Abgrenzung zur unmittelbaren Diskriminierung ist nach der hier vertretenen Ansicht, dass für mittelbare und unmittelbare Diskriminierungen die gleichen Rechtfertigungsanforderungen bestehen, praktisch ohne Bedeutung. Sie soll an dieser Stelle jedoch trotzdem kurz angerissen werden, da auch die Gegenmeinung in der Literatur weit verbreitet ist. Mittelbare Diskriminierungen werden oft fälschlicherweise angenommen, wenn das Anknüpfungsmerkmal mit dem verbotenen Merkmal so gut wie identisch ist (überspitztes Beispiel für Predictive Policing: Jede Person, die bei einem Flug die Essenspräferenz halal wählt, würde vom PNR-Abgleich als Terrorist markiert und wäre Subjekt von Folgemaßnahmen – eine unmittelbare Diskriminierung aufgrund des Glaubens). In diesen Situationen wird regelmäßig von verdeckter oder verschleierter Diskriminierung gesprochen; während bei der mittelbaren Diskriminierung an *typische* Begleitmerkmale angeknüpft wird, handelt es sich bei dieser Sonderform der

---

635 BVerfGE 121, 241, 257; weitere Beispiele: EGMR, *D. H.* u.a. gg. *Tschechische Republik*, Urt. v. 13.11.2007, Bsw. 57325/00, wo 50,3 % aller Romakinder im Grundschulalter eine Sonderschule besuchten, bei den zu anderen Gruppen gehörenden Kindern jedoch nur 1,8 %; BVerfGE 126, 29, 54, wo der Frauenanteil der Reinigungskräfte bei 93,5 % gegenüber 69,5 % im gesamten Klinikbereich lag.

636 *Baer/Markard*, in: *v. Mangoldt/Klein/Starck*, GG Art. 3 Abs. 3 Rn. 431; *Fehling*, FS Würtenberger 2013 S. 676.

637 *Kischel*, in: *Epping/Hillgruber* Art. 3 GG Rn. 186 f.; im dafür zentral angebrachten Urteil BVerfGE 113, 1, 21 ist der erhebliche Nachteil jedoch eher zusätzliches Argument als konstitutive Voraussetzung, auch die weiteren dort zitierten Urteile gehen darauf nicht ein.

unmittelbaren Diskriminierung um *spezifische* Begleitmerkmale.[638] Vereinzelt wird auch die Position vertreten, dass eine unmittelbare Diskriminierung auch dann vorliegt, wenn eine Regelung zwar nicht ausschließlich, aber weit überwiegend an ein Merkmal anknüpft.[639] Dieser Ansicht wird an dieser Stelle nicht gefolgt, da sie eine Abgrenzung zwischen unmittelbarerer und mittelbarerer Diskriminierung praktisch unmöglich macht.[640]

Für die Abgrenzung zwischen mittelbarer Diskriminierung und einfacher Ungleichbehandlung kann im Wesentlichen auf die vorherigen Ausführungen zur Ermittlung mittelbarer Diskriminierung verwiesen werden: Herangezogen werden können dabei entweder statistische Ansätze oder normative; hierzu gehört etwa das bereits angeführte Erfordernis der strukturellen Wirksamkeit einer Maßnahme auf bestimmte Gruppen. Darüber hinaus kann nach anderer, aber sehr ähnlicher Ansicht eine mittelbare Diskriminierung angenommen werden, wenn es einen statistisch signifikanten Wirkungsunterschied gibt, welcher sich adäquat kausal auf ein Merkmal des Abs. 3 zurückführen lässt (bezeichnet als „modifiziertes Kausalitätsmodell").[641]

b. Mögliche Ursachen von Ungleichbehandlungen

Aus den untereinander sehr unterschiedlichen personenbezogenen Predictive Policing-Systemen ergeben sich zahlreiche Gefahren möglicher Ungleichbehandlungen. Die Herausforderung für die Rechtswissenschaft liegt darin, dass es sich hierbei vor allem um statistische Ungleichbehandlungen handelt, welche in dieser (teil-)automatisierten Form bislang kaum eine Rolle in der juristischen Praxis gespielt haben.

Es gibt zahlreiche Gründe, weshalb ein algorithmisches Entscheidungssystem zu diskriminierenden Ergebnissen führen kann. Die frühsten Ursachen können dabei in der Entwicklung der Software aufkommen, etwa wenn die Entwickler bestimmte Vorstellungen explizit, implizit oder auch ohne Absicht in das System einprogrammieren.[642] Insbesondere im Bereich des maschinellen Lernens – welches bei Predictive Policing in Deutschland bislang nur bei

---

638 *Langenfeld,* in: *Dürig/Herzog/Scholz,* GG Art. 3 Abs. 2 Rn. 32.

639 *Pfarr/Bertelsmann,* Gleichbehandlungsgesetz 1985, S. 37.

640 *Langenfeld,* in: *Dürig/Herzog/Scholz,* GG Art. 3 Abs. 2 Rn. 32 Fn. 139; *Fehling,* FS Würtenberger 2013 S. 679.

641 *Fehling,* FS Würtenberger 2013 S. 684.

642 Grundlage hierfür und für die folgenden Punkte *Kolleck/Orwat* Mögliche Diskriminierung durch algorithmische Entscheidungssysteme und maschinelles Lernen – ein Überblick 2020 S. 32 ff.

wenigen Systemen eingesetzt wird – können viele Ungleichbehandlungen dadurch entstehen, dass bestimmte Gruppen bei den Trainingsdaten nicht ausreichend berücksichtigt werden. Besondere Relevanz für Predictive Policing hat dagegen die Nutzung von Ersatzvariablen, die immer dann eingesetzt werden, wenn die Zielvariable nicht erfasst werden kann (so ist beim PNR-Abgleich die Zielvariable faktisch „Terrorist", welcher sich durch verschiedene Ersatzvariablen genähert werden soll).[643] Grundproblem ist dabei die Prämisse, durch die ausschließliche Nutzung quantifizierbarer Daten die Realität abzubilden. Die Nutzung der Ersatzvariablen bringt die Gefahr statistischer Diskriminierung mit sich: Wenn die Statistik zeigt, dass Menschen eines bestimmten Alters, einer bestimmten Hautfarbe oder einer scheinbar belangloseren Eigenschaft überdurchschnittlich oft zu dem zu identifizierenden Verhalten neigen, können alle Personen mit dieser Eigenschaft dieses Verhaltens verdächtigt werden.[644]

Auch bei geringem Automatisierungsgrad und hohem Anteil menschlicher Entscheidung kann eine statistische Diskriminierung durch das personenbezogene System gravierende Konsequenzen für Betroffene haben. Die Gefahr liegt dabei vor allem in der menschlichen Angewohnheit, Computerprognosen für effektiver und objektiver zu halten als menschliche Einschätzungen, von verschiedenen Wissenschaftlern als „Automation Bias" oder „Machine Bias" bezeichnet.[645] Das Phänomen ist umfangreich wissenschaftlich erforscht, eine alle dadurch potentiell beeinträchtigten Verfassungsnormen betrachtende Untersuchung findet in dieser Arbeit an späterer Stelle statt.[646] Das Ausmaß des Phänomens macht deutlich, dass Diskriminierung aufgrund verzerrter Statistiken keinesfalls zu geringeren Einschnitten in die Grundrechte Betroffener führt, als dies bei anderen Diskriminierungsformen der Fall ist, und entsprechend gleichermaßen ernst genommen werden muss.

Im Bereich des personenbezogenen Predictive Policing ergeben sich eine ganze Reihe möglicher Diskriminierungen. Beispielhaft können etwa folgende Szenarien Ursachen von Diskriminierung sein:

---

643 Ebd.

644 Ebd.

645 Vgl. etwa *Angwin et al.*, Machine Bias. ProPublica vom 23.5.2016, https://www.propublica.org/article/machine-bias-risk-assessments-in-criminal-sentencing (zuletzt abgerufen am 31.07.2023); *Lyell/Coiera*, Journal of the American Medical Informatics Association, Vol. 24, Issue 2, März 2017, S. 423 ff.

646 S. u. S. 215 ff.

a. Ein System weist bei Trägern bestimmter Merkmale eine signifikant erhöhte Quote falsch positiver Treffer auf (zu vermuten ist dies zum Beispiel im Bereich des PNR-Abgleichs, bewiesen ist es im Bereich der der automatisierten Videoüberwachung zugrunde liegenden Gesichtserkennung[647]).
b. Einher geht damit regelmäßig auch eine deutlich niedrigere Quote falsch negativer Ergebnisse als bei Menschen ohne das Merkmal (so wurde etwa festgestellt, dass amerikanische Risikobewertungssystem COMPAS schwarzen Angeklagten nicht nur überdurchschnittlich oft fälschlicherweise ein hohes Rezidivismusrisiko bescheinigt, sondern auch überdurchschnittlich selten fälschlicherweise geringe Risiken attestiert).[648]
c. Ein System wird ausschließlich bei Personen eingesetzt, welche ein bestimmtes Merkmal aufweisen (aus alter Zeit z. B. die Anknüpfung der Rasterfahndung an den muslimischen Glauben, im Folgenden wird auch die auf Träger verpönter Merkmale beschränkte Verwendung eines Prognosesystems untersucht, etwa Prognosesysteme nur für islamistische Terroristen).

c. *Maßstäbe für faire Algorithmen*

Wie schon bei möglicher Diskriminierung durch ortsbezogenes Predictive Policing muss die statistische Diskriminierung gegenüber der menschlichen, z. B. präferenzbedingten Diskriminierung abgegrenzt werden.[649] Menschliche Prognosen und Entscheidungen sind immer beeinträchtigt durch Vorurteile, die auch auf Grund statistischer Diskriminierung entstehen können. Teilweise wird in diesem Kontext vertreten, dass Algorithmen deutlich objektiver und damit menschlichen Prognosen gegenüber vorzugswürdig seien. Aufgrund dessen wird Predictive Policing insbesondere in Amerika, wo Rassismus in der Polizei großen Raum in der öffentlichen Debatte einnimmt, oft als Chance betrachtet, „objektivere" und vor allem diskriminierungsärmere Polizeiarbeit zu ermöglichen.[650] Eine fundierte

---

647 *Cavazos/Phillips/Castillo/O'Toole*, Accuracy Comparison Across Face Recognition Algorithms: Where Are We on Measuring Race Bias?, IEEE Transactions on Biometrics, Behavior, and Identity Science, vol. 3, no. 1, 2021 S. 101 ff.

648 Vgl. etwa *Angwin et al.*, Machine Bias. In: ProPublica vom 23.5.2016, https://www.propublica.org/article/machine-bias-risk-assessments-in-criminal-sentencing (zuletzt abgerufen am 31.07.2023). Die Methodik der Autoren war dabei umstritten, zur weiteren Auseinandersetzung mit dem Thema S. 156.

649 Vgl. bei den ortsbezogenen Systemen S. 83 f.

650 Beispielhaft *Bagaric et al.*, The Solution to the Pervasive Bias and Discrimination in the Criminal Justice System: Transparent and Fair Artificial Intelligence, American Criminal Law Review (2020) Vol 59(1) S. 95 ff.

sozialwissenschaftliche Arbeit zu den Themen ist jedoch ausgesprochen schwierig. Zu den üblichen Herausforderungen, belastbare Ergebnisse zu erzielen, kommen hier Studien, die von den Softwareherstellern durchgeführt oder finanziert wurden. Beispielsweise in der Diskussion um das in Deutschland hergestellte und in der Schweiz eingesetzte DyRiAS sowie beim amerikanischen COMPAS-System gab es erhebliche Diskrepanzen zwischen von den Firmen durchgeführten und von unabhängigen Wissenschaftlern durchgeführten Studien.[651] Vom Problem der Interessenskonflikte losgelöst muss aber hinzugefügt werden, dass auch bei Studien über Vorurteile menschlichen Handelns im Gefahrenabwehr- und Strafrecht regelmäßig Zweifel an der Wissenschaftlichkeit der Studien bestehen.[652]

Umgekehrt stellt sich bereits auf technischer und ethischer Ebene die Frage, wann ein Algorithmus überhaupt als nicht diskriminierend eingestuft werden kann. Maßstab kann dabei nicht sein, dass das System einen geringeren Bias aufweist als Menschen, die in der gleichen Situation entscheiden.[653] In den letzten Jahren sind aus der Informatik und den Sozialwissenschaften eine fast unüberschaubare Reihe von Maßstäben vorgeschlagen worden. Es gibt nicht annähernd Einigkeit darüber, wie viele Kriterien wirklich relevant sind, an dieser Stelle wird mit 11 Kriterien eine verhältnismäßig hohe Zahl von Maßstäben vorgestellt. Dabei wird zwischen Maßstäben für Risikoscores und Maßstäben für binäre Entscheidungen unterschieden.[654] Für Risikoscores sind folgende drei Kriterien relevant:[655]

1. *Kalibrierung innerhalb von Gruppen*: Der Anteil von Personen einer Gruppe, der einen bestimmten Risikoscore hat, ist bei allen Gruppen gleich hoch.

---

651 Zu DyRiAS S. 53, zu den erheblichen Diskrepanzen zwischen der firmeneigenen und der unabhängigen Studie *Grossenbacher*, Polizei-Software verdächtigt zwei von drei Personen falsch, in: SRF.ch vom 05.04.2018, abrufbar unter https://www.srf.ch/news/schweiz/predictive-policing-polizei-software-verdaechtigt-zwei-von-drei-personen-falsch (zuletzt abgerufen am 31.07.2023).

652 Eher anekdotisch sei hier auf eine in diesem Kontext vielzitierte Studie hingewiesen, nach der israelische Richter nach der Mittagspause milder urteilten als davor (*Danziger/Levav et al.*, Proc Natl Acad Sci 108 2011, S. 6889 ff.). Die Studie hat aber wohl zu viele Faktoren übersehen, als dass ihre These als empirisch validiert gelten könnte (*Weinshall-Margel/Shapard*, Proc Natl Acad Sci 108 2011, E883).

653 *Sommerer*, Personenbezogenes Predictive Policing 2020, S. 191 f.

654 Die folgende Darstellung geht zurück auf *Hedden* Philosophy and Public Affairs 49 (2) 2021 S. 209, 214 ff.; darüber hinaus auch *Alikhademi et al.* Artif Intell Law 30 (2022), S. 1 ff. welche primär für Machine Learning-Algorithmen gedacht ist, jedoch ohne weiteres auch auf weniger komplexe Algorithmen angewandt werden kann.

655 *Kleinberg/Mullainathan/Raghavan* LIPIcs vol. 67 (2017) S. 43:1, 5.

2. *Gleichgewicht der negativen Klasse*: Der durchschnittliche Score für diejenigen, die tatsächlich ungefährlich sind, ist bei allen Gruppen gleich, die Fehlerrate ist also bei allen Gruppen gleich.
3. *Gleichgewicht der positiven Klasse*: Der durchschnittliche Score für diejenigen, die tatsächlich gefährlich sind, ist bei allen Gruppen gleich.

Zur Beurteilung binärer Entscheidungen gibt es unter anderem folgende Maßstäbe[656]:

4. Der Anteil falsch positiver Treffer ist bei allen Gruppen gleich hoch.
5. Der Anteil falsch negativer Treffer ist bei allen Gruppen gleich hoch.
6. Der Anteil korrekter positiver Treffer ist bei allen Gruppen gleich hoch.
7. Der Anteil korrekter negativer Treffer ist bei allen Gruppen gleich hoch.
8. Das Verhältnis zwischen falsch positiven und falsch negativen Ergebnissen ist bei allen Gruppen gleich hoch.
9. Die Summe falsch positiver und falsch negativer Treffer ist bei allen Gruppen anteilig gleich.
10. Das Verhältnis zwischen prognostizierten Treffern und tatsächlichen Treffern ist bei allen Gruppen gleich hoch.
11. Von zentraler Bedeutung ist zuletzt das Konzept der *statistischen Parität,* nach dem ein Algorithmus fair ist, wenn die Wahrscheinlichkeit einer bestimmten Klassifizierung bei Angehörigen benachteiligter Gruppen gleich hoch ist wie in der Gesamtbevölkerung bzw. bei privilegierten Gruppen. Dafür geschaffene Modelle stellen insbesondere darauf ab, dass Personen gleichbehandelt werden, wenn sie außer der Zugehörigkeit zu der Gruppe keine sonstigen Unterschiede aufweisen.[657]

Einen Algorithmus, welcher alle genannten Maßstäbe erfüllt, kann es unter realitätsnahen Bedingungen nicht geben. Selbst wenn auf einzelne Voraussetzungen (insbesondere die statistische Parität) verzichtet wird, sind viele Punkte miteinander unvereinbar. So müsste, damit ein Algorithmus alle drei Kriterien für Risikoscores gleichzeitig erfüllen kann, entweder die Wahrscheinlichkeit, bestimmten Scores zu entsprechen, bei allen Gruppen gleich sein, oder der Algorithmus

656 *Hedden* Philosophy and Public Affairs 49 (2) 2021 S. 209, 215 f. m. W. n. in den Fn.

657 Als Beispiele dienen dafür etwa die folgenden, relativ ähnlichen Modelle: *Dwork et al.*, Fairness through awareness. In: Proceedings of the 3rd Innovations in Theoretical Computer Science Conference 2012, S. 214 ff.; *Kusner/Loftus/Russell et al.*, Counterfactual Fairness. Advances in Neural Information Processing Systems 30 2017, S. 4066 ff.

müsste völlig fehlerfrei prognostizieren.[658] Die gleichen in der Regel nicht gegebenen Voraussetzungen müssten vorliegen, um bei binären Prognosen die Maßstäbe 4 bis 7 und 10 gleichzeitig zu erfüllen.[659] Umgekehrt ist jedoch selbst der unstreitige Umstand, dass alle Gruppen in gleichem Maße zu einem gewissen Verhalten neigen, keine Garantie dafür dass die Kriterien nicht doch verletzt werden.[660] Zuletzt ist anzumerken, dass nicht alle Kriterien unumstritten sind. Insbesondere das Konzept der statistischen Parität kann zu Ungereimtheiten führen. Ist die Wahrscheinlichkeit, dass eine Gruppe zu einem bestimmten Verhalten neigt, tatsächlich überdurchschnittlich hoch, würde auch ein allwissender Algorithmus, der die Zukunft perfekt voraussagt, gegen dieses Prinzip verstoßen.[661]

Allein diese statistischen Realitäten sind eine wichtige Mahnung für alle, die in automatisierten Prognosen Chancen für das Ende von Diskriminierung durch Polizei und Justiz sehen. Zahlreiche Wissenschaftler ziehen aus den oben genannten Erkenntnissen den Schluss, dass es einen Algorithmus, welcher nicht nach Herkunft oder Geschlecht diskriminiert, praktisch nicht geben kann; Fairness und Genauigkeit können nach ihrer Ansicht regelmäßig nur auf Kosten des jeweils anderen Werts realisiert werden.[662]

Es wäre juristisch durchaus vertretbar, einen Verstoß gegen jede dieser Bedingungen als Ungleichbehandlung im verfassungsrechtlichen Sinne zu werten, praktisch hätte dies jedoch die Auswirkung, dass jede von algorithmischen Systemen beeinflusste Entscheidung, die an personenbezogene Umstände anknüpft, mit Beginn ihrer Außenwirkung eine Ungleichbehandlung darstellen würde. Die Vergangenheit hat gezeigt, dass es deshalb zu intensiven Debatten führen kann,

---

658 *Kleinberg/Mullainathan/Raghavan* LIPIcs vol. 67 (2017) S. 43:1, 5 ff.

659 *Chouldechova* Big Data. 2017 Jun;5(2) S. 153ff; *Miconi*, The impossibility of "fairness": a generalized impossibility result for decisions. arXiv: Applications (2017), abrufbar unter http://arxiv-export-lb.library.cornell.edu/pdf/1707.01195v1 (zuletzt abgerufen am 31.07.2023).

660 Siehe dazu etwa das Gedankenexperiment bei *Hedden* Philosophy and Public Affairs 49 (2) 2021 S. 209, 219 ff.

661 *Hedden* Philosophy and Public Affairs 49 (2) 2021 S. 209, 218. Das Konzept der statistischen Parität bietet auch darüber hinaus erhebliches MissbrauchsPotential, Beispiele dafür finden sich Z. B. bei *Dwork et al.*, Fairness through awareness. In: Proceedings of the 3rd Innovations in Theoretical Computer Science Conference 2012, S. 214, 218. Diese Beispiele sind für Predictive Policing, wie es in Deutschland verwendet wird, jedoch weniger relevant.

662 Als ein paar von vielen: *Berk et al.*, Sociological Methods & Research, vol. 50, no. 1, Feb. 2021, S. 3 ff.; *Kleinberg/Mullainathan/Raghavan* LIPIcs vol. 67 (2017) S. 43:1, 7; *Eckhouse et al.*, Criminal Justice and Behavior, vol. 46, no. 2, Feb. 2019, S. 185 ff.

ob ein Prognoseinstrument rassistisch diskriminiert oder nicht. Prominentestes Beispiel war dabei der Streit um den amerikanischen COMPAS-Algorithmus, welcher die Rezidivismuswahrscheinlichkeit von Angeklagten berechnet: Journalisten stellten fest, dass die Wahrscheinlichkeit eines falsch positiven Scores bei schwarzen Personen deutlich höher war als bei weißen und umgekehrt die Wahrscheinlichkeit eines falsch negativen Scores bei weißen Personen höher war als bei schwarzen (Verstoß gegen 2. und 3.).[663] Der Hersteller hielt diesen Maßstab für ungeeignet, da die Rezidivismusraten bei weißen und schwarzen Straftätern nicht gleich seien; für ihn war das System nicht diskriminierend, da es das erste Kriterium einhielt.[664] Die Journalisten schauten sich zunächst an, wer wiederholt verurteilt wurde und betrachteten dann den Score – Hersteller Northpointe schaute erst auf den Score und betrachtete dann, wie viele Personen mit dem Score wiederholt verurteilt wurden. Dieses Beispiel zeigt, dass erhebliche Zweifel an der Zweckmäßigkeit eines Ansatzes angebracht sind, der sich zur Beurteilung der Fairness auf selektive definitive Kriterien festlegen will. Zwingend notwendig ist dies ohnehin nicht: Bei Fragen mittelbarer Verstöße gegen Art. 3 Abs. 3 S. 1 GG, wo dies schnell zu sehr hohen Rechtfertigungsanforderungen führen könnte, kann bei streitigen Fällen besser auf normative Kriterien wie die strukturelle Wirksamkeit abgestellt werden.[665] Dieses ist wesentlich unschärfer, dafür besteht kein Risiko, dass sich ein festes statistisches Kriterium am Ende als zur Ermittlung von Ungleichbehandlungen im Einzelfall ungeeignet erweist.

d. Personenbezogenes Predictive Policing und Art. 3 GG

Ausgehend von diesen Umständen ergeben sich eine Reihe von Herausforderungen für die rechtliche Einordnung von Diskriminierung durch personenbezogenes Predictive Policing in Art. 3 GG. Zunächst ist das die Frage, ab wann der Verstoß gegen ein Fairnesskriterium eine Ungleichbehandlung darstellt bzw. wann an ein verpöntes Merkmal angeknüpft wird. Dabei gelten bereits von Anfang an unterschiedliche Maßstäbe für Art. 3 Abs. 1 und Abs. 3 GG. Nicht jede Datenverarbeitung im Bereich des personenbezogenen Predictive Policing ist

---

663 *Angwin et al.*, Machine Bias. ProPublica vom 23.5.2016, https://www.propublica.org/article/machine-bias-risk-assessments-in-criminal-sentencing (zuletzt abgerufen am 31.07.2023).

664 *Dieterich/Mendoza/Brennan*, COMPAS risk scales: Demonstrating accuracy equity and predictive parity, 2016; ebenfalls kritisch *Flores/Bechtel/Lowenkamp* Federal Probation Journal Vol. 80 No. 2 (2016) S. 38 ff.; differenzierend hingegen *Hamilton*, UC Davis Law Review Online 2018, 52, S. 261 ff.

665 S. o. S. 164 ff.

automatisch eine Ungleichbehandlung im Sinne dieser Normen. Dabei ist jedoch zu betonen, dass etwa die Verneinung einer Diskriminierung nach Art. 3 Abs. 3 S. 1 GG nicht bedeutet, dass eine Maßnahme verfassungsrechtlich unbedenklich ist – die Anknüpfung an ein dort genanntes Merkmal oder einen sich den Merkmalen annähernden Anknüpfungspunkt erhöht auch die Intensität eines Eingriffs in das Recht auf informationelle Selbstbestimmung.[666] Dabei muss zunächst zwischen den (sehr unterschiedlichen) Prognosen als solchen und darauffolgenden Eingriffen unterschieden werden.

Eine Ungleichbehandlung liegt nach der neuen Formel vor, wenn eine Gruppe von Normadressaten im Vergleich zu anderen Normadressaten anders behandelt wird.[667] Dementsprechend kann die Prognose für sich nicht bereits als Behandlung von Adressaten in diesem Sinne betrachtet werden. Sie hat isoliert gesehen keine Auswirkung auf die Betroffenen, zu dieser kommt es erst dann, wenn eine Maßnahme auf ihrer Grundlage getroffen wird. Darin besteht ein wesentlicher Unterschied zum Recht auf informationelle Selbstbestimmung, in dem jede Datenspeicherung, jede Datenverarbeitung und sogar jede Kenntnisnahme der Daten jeweils einzelne Grundrechtseingriffe darstellen.[668] Dabei ist jedoch, wie im vorherigen Absatz bereits genannt, zu beachten, dass diese Aspekte die Eingriffsintensität in die informationelle Selbstbestimmung erhöhen können – die beiden Grundrechte sind in diesem Kontext also immer zusammen zu denken, auch wenn in bestimmten Situationen Art. 3 Abs. 1 GG keine eigenständige Bedeutung zukommt.

In vielerlei Hinsicht ist die Situation in Bezug auf Art. 3 Abs. 3 S. 1 GG vergleichbar. Das Anknüpfungsverbot bedeutet nicht, dass die verpönten Merkmale im staatlichen Kontext überhaupt nicht verwendet werden dürfen, verboten ist die Benachteiligung wegen eines Merkmals, die durch die Anknüpfung sichtbar wird. Zusätzlich zum Anknüpfungsverbot beinhaltet die Norm auch ein Differenzierungsverbot, nach dem auch scheinbar nicht benachteiligende Differenzierungen nach den Merkmalen verboten sind.[669] Sowohl Anknüpfung als auch Differenzierung stehen immer im Kontext einer Ungleichbehandlung, die im

666 BVerfGE 115, 320, 352 f.; ein selbstständiger Verstoß gegen Art. 3 Abs. 1 und 3 GG wurde in dem Urteil trotz entsprechender Rüge nicht geprüft, da bereits die Beschwerde über die Verletzung des Rechts auf informationelle Selbstbestimmung Erfolg hatte, siehe ebd. S. 370.

667 BVerfGE 55, 72, 88.

668 S. o. S. 130 f.

669 BVerfGE 3, 225, 241; *Langenfeld*, in: *Dürig/Herzog/Scholz*, GG Art. 3 Abs. 3 Rn. 28.

Rahmen der Gefahrenabwehr regelmäßig die Form einer Maßnahme (und damit per Definition Eingriffsqualität) hat.

Vor der angestrebten Subsumtion steht dabei jedoch das Problem, dass die statistischen Daten zur Wirkung der Prognosen in der Regel nicht öffentlich verfügbar sind. Es ist kein Zufall, dass sich die in dem letzten Unterkapitel schwerpunktmäßig ausgewertete Literatur nicht mit Predictive Policing, sondern mit bei der Strafzumessung unterstützenden Algorithmen beschäftigt hat (welche es in Deutschland nicht gibt): Die dafür benötigten Daten sind öffentlich und können entsprechend einfach untersucht werden. Dass es jedoch oft dem Zweck der Prognosen zuwiderläuft, umfangreiche Daten darüber zu veröffentlichen, wurde in dieser Arbeit bereits an anderer Stelle diskutiert.[670] So zeigt sich hier noch einmal die Notwendigkeit staatlicher Kontrollstellen, deren Mandat das der Datenschutzbeauftragten deutlich übersteigen muss.

Auf der Ebene des Individualrechtsschutzes zeigen sich weitere Schwierigkeiten: In dem aktuell seltenen Fall, dass jemand aufgrund der Prognose Objekt eines weiteren Eingriffs wird, hat er ohne ausführliche Daten (und erhebliche Ressourcen, um diese auszuwerten) keine Möglichkeit, einen Ermessensfehler zu beweisen. Auch der Amtsermittlungsgrundsatz ist für die Betroffenen dabei keine Hilfe, da das Gericht regelmäßig die gleichen Schwierigkeiten bei Zugriff und Auswertung haben wird.

e. *Statistische Ungleichbehandlungen und Rechtfertigungen*

α. *Kein widerspruchsfreier Maßstab*

Wie im empirisch-mathematischen Teil des Kapitels dargelegt, ist es praktisch unmöglich, einen widerspruchsfreien Maßstab für faire Algorithmen aufzustellen. Aus diesem Grund wurde bereits dort angezweifelt, dass es zweckmäßig wäre, Verstöße gegen jedes vorgeschlagene statistische Fairnesskriterium als Ungleichbehandlung zu erfassen.[671] Dies entspräche auch nicht dem Grundgedanken von Art. 3 GG, welcher nicht jede auch nur denkbare Gleichheit verwirklichen will, sondern je nach Regelungsgegenstand unterschiedliche Ansprüche verwirklichen will.[672]

Auf Ebene von Art. 3 Abs. 1 GG könnte mit einer solchen Argumentation die Norm bei manchen Maßstäben gar nicht erst verletzt werden: Dem Grundsatz,

---

670 S. o. S. 114 ff.

671 S. o. S. 155.

672 Vgl. etwa *Langenfeld*, in: *Dürig/Herzog/Scholz*, GG Art. 3 Abs. 1 Rn. 3.

Gleiches gleich und Ungleiches seiner Eigenart entsprechend ungleich zu behandeln, würde entsprochen, wenn eine Statistik unterschiedliches Verhalten bestimmter Gruppen belegen würde. Bei Art. 3 Abs. 3 S. 1 GG können solche Widersprüche nicht entstehen, da dem Gedanken des Anknüpfungsverbots folgend eine Benachteiligung auch bei tatsächlicher Ungleichheit rechtfertigungsbedürftig ist. Die Möglichkeit, dass je nach Wahl der Kriterien freiheitsrechtlich gesprochen bereits schon der Eingriff entfallen kann, verdeutlicht die mit solchen Festlegungen verbundenen Probleme. Unklar ist dabei auch, ob es überhaupt einheitliche Kriterien geben kann, welche für alle sehr unterschiedlichen Arten von Prognosen angewendet werden können. Zuletzt stellt sich für viele Fairness-Kriterien, die sich an unterschiedlichem Verhalten unterschiedlicher Gruppen orientieren, ein aus dem ortsbezogenen Predictive Policing jenseits des Wohnungseinbruchsdiebstahls bekanntes Problem: Die Aussagekraft der Statistiken ist regelmäßig durch das eingeschränkte Hellfeld verzerrt und spiegelt dadurch Diskriminierungen wider. Regelmäßig handelt es sich dabei um Verzerrungen, die auch mit dem größten Aufwand nicht beseitigt werden können.[673] Auch bei einer Fairnessuntersuchung des bereits diskutierten COMPAS-Algorithmus stellt sich die Frage, ob die Rezidivismuswahrscheinlichkeit schwarzer Verurteilter tatsächlich in dem dort bezeichneten Maße erhöht ist oder aufgrund diverser Selektionsmechanismen schwarze Täter nicht auch öfter von der Polizei kontrolliert und gefasst werden.

β. Kein prädestinierter Maßstabsgeber

Neben der Frage, welche Maßstäbe hierfür anzuwenden sind, stellt sich dadurch auch die Frage, wer für deren Auswahl verantwortlich und legitimiert ist. Im Sinne der Wesentlichkeitstheorie spricht für eine notwendige Regelung durch den Gesetzgeber der Umstand, dass dadurch Verfassungsrecht konkretisiert wird, die potentielle Langfristigkeit und der potentiell immer größer werdende Kreis von Betroffenen.[674] Es sprechen jedoch auch erhebliche Einwände gegen eine gesetzliche Regelung auf Bundes- oder Länderebene: Neben europarechtlichen Bedenken, ob solche Gesetze mit der aktuell von der EU-Kommission geplanten KI-Verordnung vereinbar sind, sind die verschiedenen Systeme schlichtweg zu unterschiedlich, um dafür universelle Kriterien aufzustellen. Teilweise wird vorgeschlagen, die in dieser Arbeit ebenfalls befürworteten, noch einzurichtenden staatlichen Kontrollstellen für solche Algorithmen damit zu beauftragen, eine

673 S. o. S. 78.
674 Zu den Kriterien vgl. *Grzeszick*, in: *Dürig/Herzog/Scholz*, GG, Art. 20 Rn. 107.

zumindest vorübergehende Lösung zu finden.[675] Der Zeitaufwand sowohl für die Errichtung einer solchen Behörde als auch für die von ihr vorgenommene Standardisierung dürfte jedoch erheblich sein. Es würde ähnlich lange dauern, bis das BVerfG hier einen zumindest groben Orientierungsrahmen setzen kann. Der aktuelle Entwurf für die europäische KI-Verordnung ist im Bereich der Nichtdiskriminierung eher oberflächlich.[676] Er reguliert für Hochrisiko-KI-Systeme (unter welche die meisten personenbezogenen Predictive Policing-Systeme fallen – der Anwendungsbereich der KI-VO ist im Entwurf ausgesprochen weit und umfasst auch viele Systeme, die landläufig nicht unter KI subsumiert werden)[677] vor allem die Entwicklung und fordert insbesondere eine Aufstellung der für die Datenverarbeitung relevanten Annahmen, eine Bewertung der Eignung der Datensätze, eine Untersuchung auf potentiellen Bias sowie die Ermittlung von Lücken und Mängeln der Daten mitsamt einem Konzept, wie diese behoben werden können.[678] Diese Maßnahmen sind zweifelsfrei notwendig, um diskriminierende Systeme zu vermeiden, ausreichend werden sie aber wahrscheinlich nicht sein. Auf keinen Fall darf hingegen privaten Herstellern von Predictive Policing-Software die alleinige Kompetenz und Verantwortung zur Wahrung dieser Maßstäbe übertragen werden.

Die gegenüber diesen immer mit Restwidersprüchen behafteten Lösungsansätzen konsequente Alternative wäre, komplett auf automatisierte Prognosen zu verzichten. Ein solcher Vorschlag dürfte – auch wenn er die hier diskutierten Probleme löst – aber an den politischen Realitäten scheitern. Ein Totalverzicht lässt zudem außer Betracht, dass Predictive Policing Diskriminierungen nicht

---

675 *Sommerer*, Personenbezogenes Predictive Policing 2020, S. 188.

676 *EU-Kommission*, Vorschlag für eine Verordnung des Europäischen Parlaments und des Rates zur Festlegung harmonisierter Vorschriften für Künstliche Intelligenz (Gesetz über Künstliche Intelligenz) und zur Änderung bestimmter Rechtsakte der Union, COM(2021) 206 final (im Folgenden: KI-VO-E).

677 Der Anwendungsbereich der KI-VO soll nach dem vorliegenden Entwurf deutlich weiter sein als das, was oftmals unter dem sehr unterschiedlich definierten und deswegen in dieser Arbeit nicht verwendeten Begriff der künstlichen Intelligenz verstanden wird. Auch Systeme, die mit einfachen regelbasierten Algorithmen arbeiten – wie viele Predictive Policing-Systeme – fallen unter die Definition, wenn sie mit statistischen Ansätzen arbeiten (Anhang I c) KI-VO-E). Nach Anhang III Nr. 6 e) KI-VO-E sind solche Programme, wenn sie personenbezogenem Predictive Policing dienen, Hochrisiko-KI. Hier ist zwar von Strafverfolgungsbehörden die Rede, nach Art. 3 Nr. 40 a) KI-VO-E fallen darunter jedoch auch staatliche Behörden, die mit der Gefahrenabwehr betraut sind.

678 KI-VO-E Art. 10.

zwangsläufig verschärft, sondern auch das Potential hat, eine weniger diskriminierende Polizeipraxis zu ermöglichen.

χ. Keine stigmatisierenden Anknüpfungen

Die Frage der statistischen Rechtfertigung von Anknüpfungen an Merkmale des Art. 3 Abs. 3 GG spielten in der Rechtsprechung des BVerfG zum Polizei- und Strafrecht bislang kaum eine Rolle. Für personenbezogenes Predictive Policing ist dabei vor allem der sog. Russlanddeutsche-Beschluss relevant, in dem auch das ausgesprochen selten entscheidungserhebliche Merkmal der Rasse Anknüpfungsgrundlage war.[679] In diesem Fall wurde die Verfassungsbeschwerde eines Russlanddeutschen per Nichtannahmebeschluss abgewiesen. Das OLG Frankfurt hatte bei seiner Prognose über die Bewährungsaussichten des Beschwerdeführers explizit seine russlanddeutsche Herkunft als ungünstigen Faktor betrachtet.[680] Die Kammer hielt dies für legitim, da diese Prognose auf tatsächlichen Erfahrungen beruhen würde und nahm dafür Bezug auf eine kriminologische Studie.

Der Beschluss ist am Maßstab von Art. 3 Abs. 3 S. 1 GG nicht haltbar. Eine Prognose ist immer individuell vorzunehmen, ein solches Pauschalurteil widerspricht somit auch dem Gedanken einer Individualprognose.[681] Dazu kann auch auf die Ausführungen verwiesen werden, nach denen „Racial Profiling" verfassungswidrig ist.[682] Das zu Grunde legen einer solchen Statistik hat gerade den stigmatisierenden Effekt, der durch Abs. 3 – auch nach Rechtsprechung des BVerfG – unterbunden werden soll. Dadurch können sowohl in der Bevölkerung Stereotype gegen vermeintlich „kriminelle Minderheiten" befördert werden als auch den davon Betroffenen signalisiert werden, dass für sie ungeachtet ihres individuellen Handelns ein anderer Maßstab gilt als für die Mehrheitsgesellschaft.[683] Auch hier ist zudem darauf hinzuweisen, dass eine objektive Statistik hierzu in vielen Bereichen insbesondere aufgrund der Dunkelziffer bei vielen Delikten kaum vorstellbar ist.

---

679 BVerfGK 1, 101; für eine ausführliche Würdigung des Beschlusses auch unter völkerrechtlichen Gesichtspunkten *Barskanmaz*, Recht und Rassismus, 2019, S. 316 ff., dort auch eine ausführliche Auseinandersetzung mit der Frage, ob die Anknüpfung an die russlanddeutsche Herkunft überhaupt eine Anknüpfung an das Merkmal Rasse darstellt.

680 BVerfGK 1, 101, 102.

681 *Barskanmaz*, Recht und Rassismus, 2019, S. 321.

682 S. o. S. 167.

683 *Barskanmaz*, Recht und Rassismus, 2019, S. 322.

δ. *Keine Rechtfertigung durch Vergleich mit menschlichem Verhalten*

Kein Maßstab, mit dem der Einsatz von Algorithmen gerechtfertigt werden kann, ist das diskriminierende Verhalten von Polizeibeamten ohne automatisierte Unterstützung.[684] Selbst wenn bewiesen wird, dass die automatisierte Prognose gleich oder weniger stark diskriminierend ist als die menschliche, rechtfertigt dies entsprechende Ungleichbehandlungen bzw. Anknüpfungen nicht. Auf die Umstände hierfür wurde in Teilen bereits in den Ausführungen zum ortsbezogenen Predictive Policing verwiesen.[685] Zwar würde keine neue Ungleichbehandlung erzeugt werden, die es nicht ohnehin schon gab, dieser Effekt ist jedoch bei automatisierter Arbeit deutlich einfacher messbar. Gerade weil die Diskriminierungen besser messbar sind, ist es geboten, ihnen an jeder Stelle entgegenzuwirken. Es gibt dabei kein „Hintergrundrauschen" als Menge von Diskriminierung, die unproblematisch ist – bei Art. 3 Abs. 3 GG ist jede Anknüpfung rechtfertigungsbedürftig; auch Abs. 1 erfasst bereits geringfügige Ungleichbehandlungen, nur die Schwelle für die Rechtfertigung sinkt mit der Geringfügigkeit.[686]

ε. *Konsequenzen dieser Grundsätze*

Diese aus dem streng deontologischen Ansatz des Anknüpfungsverbotes zwingende Folge kann zu erheblichen Widersprüchen führen, wenn nachweisbar ist, dass polizeiliches Handeln auf Grundlage automatisierter entscheidungsunterstützender Systeme tatsächlich für eine weniger diskriminierende Polizeipraxis sorgt. Ob ein solcher Nachweis gelingen kann, ist aktuell unklar, insbesondere einer Messung von nach Art. 3 Abs. 3 GG verbotenen Einstellungen bei der Polizei stehen neben den soziologischer Forschung inhärenten Ungenauigkeiten erhebliche Widerstände in Politik und Polizei entgegen.[687] In den USA entwickelte

---

684 So auch *Sommerer*, Personenbezogenes Predictive Policing 2020, S. 188.

685 S. o. S. 83.

686 BVerfGE 71, 39, 50; *Wollenschläger*, in: *v. Mangoldt/Klein/Starck*, GG Art. 3 Abs. 1 Rn. 67.

687 Bezeichnend ist hierfür etwa der Fall der nach dem Mord an dem Afroamerikaner George Floyd 2020 auch in Deutschland geforderten „Rassismus-Studie" für die Polizei: Das Bundesinnenministerium sah für eine solche Studie zunächst überhaupt „keinen Bedarf", da „weder die Polizeigesetze des Bundes noch die einschlägigen Vorschriften und Erlasse [...] eine solche Ungleichbehandlung von Personen [erlauben]" (*Leitlein*, Bundesinnenministerium sagt Studie zu Rassismus bei der Polizei ab, ZEIT Online vom 04.07.2022, abrufbar unter https://www.zeit.de/gesellschaft/zeitgeschehen/2020-07/racial-profiling-studie-polizei-abgesagt-justizministerium-horst-seehofer (zuletzt abgerufen am 31.07.2023)). Als auf öffentlichen Druck hin

und in der Praxis nicht erprobte Algorithmen deuten jedoch darauf hin, dass durch entscheidungsunterstützende algorithmische Systeme Diskriminierung auf Grundlage des Merkmals Rasse verringert werden kann.[688] So kann die widersprüchliche Situation entstehen, dass ein System nicht eingesetzt werden darf, da es unzulässige Diskriminierungen zur Folge hat, dafür aber eine noch stärker diskriminierende und ebenso gegen die Gleichheitsgrundsätze verstoßende Polizeipraxis an der Tagesordnung bleibt, deren Ausmaß unbekannt bleibt und deren Verstöße nur in seltenen Fällen Gegenstand einer Überprüfung sind. Auflösen ließe sich dieses Paradoxon nur, indem das Anknüpfungsverbot aufgeweicht würde und ein Ansatz mit utilitaristischen Elementen gewählt würde – dies hätte jedoch ein Vielfaches mehr an unerwünschten Konsequenzen und würde mehr Probleme schaffen, als es Probleme lösen würde.

f. Sonstige Rechtfertigungen von Ungleichbehandlungen und Anknüpfungen

Wie bereits dargelegt, können sowohl Ungleichbehandlungen nach Art. 3 Abs. 1 GG als auch Benachteiligungen nach Art. 3 Abs. 3 S. 1 GG gerechtfertigt werden, hierfür gelten jedoch teilweise sehr hohe Anforderungen.[689]

Für Art. 3 Abs. 1 GG gibt es keine abstrakten Maßstäbe, primär ist eine Verhältnismäßigkeitsprüfung durchzuführen.[690] Da bei personenbezogenem Predictive Policing regelmäßig ganze Personengruppen von einer Ungleichbehandlung betroffen sein können, deren Merkmale denen des Abs. 3 nahestehen, wird hier oft eine besonders strenge Verhältnismäßigkeitsprüfung erforderlich sein. Sollten

---

doch eine für alle Beamten freiwillige Studie bei der Deutschen Hochschule für Polizei in Auftrag gegeben wurde, legten die Hauptpersonalräte in Baden-Württemberg und Hamburg ein Veto hiergegen ein (in vielen anderen Bundesländern wurden die Personalräte nicht gefragt). Die Rücklaufquote war in den anderen Ländern sehr niedrig und lag im Schnitt etwa bei 20 Prozent, in Bayern sogar nur bei zwei bis drei Prozent (*SWR*, Wegen verweigerter Teilnahme an Studie: Debatte zwischen Politik und Polizeigewerkschaft entbrennt, SWR Aktuell vom 05.07.2022, abrufbar unter https://www.swr.de/swraktuell/baden-wuerttemberg/polizei-bw-teilnahme-studie-100.html (zuletzt abgerufen am 31.07.2023)).

688 Z. B. *Goel/Rao/Shroff*, Precinct or Prejudice? Understanding Racial Disparities in New York City's Stop-and-Frisk Policy, Annals of Applied Statistics, Vol. 10, No. 1, 365, 2016; weitere Beispiele finden sich bei *Cockrell*, Law and Order and Data, Chicago Booth Review vom 01.03.2021, abrufbar unter https://www.chicagobooth.edu/review/law-order-data (zuletzt abgerufen am 31.07.2023).

689 S. o. S. 163 f.

690 S. o. S. 166 f.

künftige Prognosesysteme auf komplexere Algorithmen setzen, welche (insbesondere auf Grundlage maschinellen Lernens) jenseits bestehender kriminologischer Erkenntnisse neue Zusammenhänge zwischen Merkmalen/Verhalten und Kriminalität herstellen können, ist dies wenn überhaupt nur unter höchsten Rechtfertigungsanforderungen zulässig. Ist nicht ermittelbar, wie der Algorithmus zu seinen Schlüssen kommt, ist die Ungleichbehandlung bereits aus rechtsstaatlichen Transparenzerwägungen unzulässig. Ist der Zusammenhang transparent darstellbar, muss die für die Prognose verantwortliche Behörde dies überprüfen und beweisen, da kontrollierende Gerichte und noch weniger Betroffene die Kapazitäten haben, die Richtigkeit solcher Schlüsse nur mit eigenen Mitteln zu überprüfen; die Beweislastregeln müssen entsprechend angepasst werden. Nichts anderes gilt, wenn die Ungleichbehandlung auf ein bestimmtes Verhalten der Betroffenen anknüpft; erst im Rahmen der Abwägung zur Angemessenheit müssen sich die Betroffenen dies zurechnen lassen.

Bei Abs. 3 gelten sehr strenge Anforderungen: Neben kollidierendem Verfassungsrecht kann eine Anknüpfung nur gerechtfertigt werden, wenn sie zur Lösung von Problemen, die in ihrer Natur nur bei einer Gruppe auftreten, dient oder der Anknüpfungspunkt konstitutives Element des zu regelnden Lebenssachverhalts ist.[691] Es muss dabei jedoch bei absoluten Ausnahmen bleiben.[692] Beispiele hierfür wären Anknüpfungen an Glauben bzw. politische Überzeugungen bei Prognosen zu islamistischem Terrorismus bzw. Rechtsextremismus.[693] Für Rechtfertigungen durch kollidierendes Verfassungsrecht gibt es bei den aktuell vorhandenen Predictive Policing-Systemen hingegen wenige denkbare Szenarien. Dies wird dadurch verstärkt, dass eine Anknüpfung an durch die Systeme besonders exponierte Merkmale wie die Rasse kaum vorstellbar ist.

Nach der hier vertretenen Ansicht gelten für unmittelbare und mittelbare Diskriminierungen die gleichen Maßstäbe, rechtliche Besonderheiten für mittelbare Diskriminierungen ergeben sich daher nicht. Bei mittelbarer Diskriminierung im Rahmen des Predictive Policing steht vor allem die bereits diskutierte Frage, wann überhaupt eine Diskriminierung vorliegt, im Zentrum.

---

691 BVerfGE 7, 155, 171; 114, 357 364; *Baer/Markard*, in: *v. Mangoldt/Klein/Starck*, GG Art. 3 Abs. 3 Rn. 433; *Jarass*, in: *Jarass/Pieroth*, GG Art. 3 Rn. 152; *Langenfeld*, in: *Dürig/Herzog/Scholz*, GG Art. 3 Abs. 3 Rn. 72.

692 *Baer/Markard*, in: *v. Mangoldt/Klein/Starck*, GG Art. 3 Abs. 3 Rn. 433.

693 Wohlgemerkt handelt es sich dabei um einen der wenigen Fälle, in dem das Merkmal politische Anschauung praktische Bedeutung bekommt – in fast allen Situationen wird Art. 3 GG von der Meinungsfreiheit gem. Art. 5 Abs. 1 GG verdrängt; vgl. *Baer/Markard*, in: *v. Mangoldt/Klein/Starck*, GG Art. 3 Abs. 3 Rn. 522.

g. Fazit

Art. 3 GG stellt für personenbezogenes Predictive Policing die wohl komplexeste verfassungsrechtliche Grenze dar. Das ist zunächst dadurch bedingt, dass für Lösungsversuche deutlich mehr noch als bei den anderen Problemfeldern ein interdisziplinäres Verständnis des Themas erforderlich ist, welches auch die technischen, mathematischen und soziologischen Aspekte möglicher Diskriminierungen erfasst. Dies fordert von allen am Prozess Beteiligten einen hohen Wissensstand – von Entwicklern, Polizei, Justiz, Betroffenen und deren Vertretern sowie von der Wissenschaft. Im Raum steht deswegen auch die Frage, ob die Komplexität des Themas für die Betroffenen, welche nach der aktuellen Rechtslage auch mit einer kaum zu bewältigenden Darlegungslast zu kämpfen haben, nicht mit dem Gebot effektiven Rechtsschutzes und dem Recht auf ein faires Verfahren zu vereinbaren ist.[694]

Wie schon bei den Kapiteln zur Transparenz und zur informationellen Selbstbestimmung zeigt sich, dass personenbezogenes Predictive Policing nur in engen Grenzen verfassungsrechtlich zulässig sein kann. Im Bereich des Art. 3 GG sind diese engen Grenzen aber um einiges unschärfer und schwerer zu bestimmen. Auch wenn sich daraus keine verfassungsrechtliche Notwendigkeit für ein Totalverbot dieser Anwendungen ergibt, muss dies doch als weitere Ermahnung ernst genommen werden, die Systeme nicht leichtfertig einzusetzen, sondern nur dann, wenn sie entscheidende Vorteile gegenüber konventioneller Polizeiarbeit liefern.

4. Grenzen aus dem Staatsorganisationsrecht

Die informationelle Selbstbestimmung, die Gleichheitssätze des Art. 3 GG sowie die aus der Verfassung ableitbaren Transparenzprinzipien bilden die mit Abstand relevantesten verfassungsrechtlichen Grenzen des personenbezogenen Predictive Policing. Es gibt jedoch einige weitere Grundgesetznormen, welche zumindest in Einzelfällen bedeutende Grenzen für den Einsatz personenbezogener Systeme ziehen – insbesondere im Staatsorganisationsrecht.

4.1. Gesetzgebungskompetenzen

Überschneidungen zwischen Gefahrenabwehrrecht und Strafrecht können auch über die Unschuldsvermutung hinaus verfassungsrechtlich problematisch sein. Da die Gesetzgebungskompetenz für die Gefahrenabwehr bei den Ländern, für

694 Zum gleichen Ergebnis kommt auch *Sommerer*, Personenbezogenes Predictive Policing 2020, S. 193.

das Strafrecht jedoch beim Bund liegt, muss bei doppelfunktionalen Maßnahmen immer klar erkennbar sein, ob ihr Schwerpunkt auf einem der beiden Gebiete liegt. Bei bestehenden, dem Predictive Policing ähnlichen Maßnahmen wurde dies bereits vom BVerfG unter die Lupe genommen – nicht bei der ebenso doppelfunktionalen Rasterfahndung, sondern vor allem bei der automatisierten Kennzeichenerfassung. So wurde bereits im ersten Urteil hierzu das hessische System unter anderem auch deshalb gekippt, da nicht erkennbar war, ob sie schwerpunktmäßig präventiven oder repressiven Zielen diente.[695] In den darauffolgenden Beschlüssen erfolgten ausführlichere Bemerkungen dazu. Das BVerfG schuf dabei erhebliche Freiräume für die Gesetzgeber: Wenn der Schwerpunkt einer doppelfunktionalen Maßnahme weder klar im Gefahrenabwehrrecht oder im Strafrecht liegt, haben die Gesetzgeber einen Entscheidungsspielraum; es ist dabei durchaus denkbar, dass identische Befugnisse von Bundes- und Landesgesetzgeber geregelt werden.[696] Es handelt sich dabei um eine notwendige Konsequenz der Trennung von Gesetzgebungskompetenzen trotz des engen Sachzusammenhangs von Straf- und Gefahrenabwehrrecht. In diesen Situationen ist trotzdem eine sorgfältige Abgrenzung vorzunehmen, diese erfolgt in diesem Fall anhand der Zweckrichtung einer Maßnahme.[697] Dient eine Maßnahme der Fahndung nach Straftätern, ist jedoch nicht erst auf die Zweckrichtung abzustellen, hier liegt bereits der Schwerpunkt eindeutig im Bereich des Strafrechts.[698] Eine Ermächtigungsgrundlage für die Kontrollen in Bayern wurde darüber hinaus für verfassungswidrig erklärt, da sie dem ebenfalls in der ausschließlichen Gesetzgebungskompetenz des Bundes liegenden Grenzschutz diente.[699]

An dieser Stelle zeigt sich beispielhaft, welche Folgen der bewusste Verzicht auf eine trennscharfe Definition des Predictive Policing hat. Predictive Policing kann im Wortsinn nur präventiv und somit gefahrenabwehrrechtlich verwendet werden. Durch die weitgehend unumstrittene Ausweitung des Begriffs auf Systeme, die auch repressiv genutzt werden können, entsteht die Notwendigkeit, auch Grenzen auszumachen, die nicht im Kontext von Prognosen stehen. Von Bedeutung ist dies in der Praxis vor allem dann, wenn Daten sowohl zur Gefahrenabwehr als auch zur Strafverfolgung ausgewertet werden können. Die in Deutschland eingesetzten Varianten von Palantir Gotham ließen sich beispielsweise sehr einfach zu beiden Zwecken einsetzen. Ein Problem besteht in diesem

695 BVerfGE 120, 378, 422 f.
696 BVerfGE 150, 244, 275.
697 BVerfGE 150, 244, 276.
698 BVerfGE 150, 309, 331.
699 BVerfGE 150, 244, 270 f.

Rahmen bislang noch nicht, da die Ermächtigungsgrundlagen (wie z. B. § 25a HSOG) ausschließlich auf den Bereich der Gefahrenabwehr beschränkt sind. Die darüber hinaus bestehende Grenze der ausschließlichen Bundesgesetzgebungskompetenz für den Grenzschutz ist in Anbetracht der zahlreichen dort erprobten Prognosesysteme zwar potentiell relevant, jedoch auf absehbare Zeit nicht zu befürchten, da sich die Systeme von den hier schwerpunktmäßig untersuchten doch erheblich unterscheiden.

4.2. Normenklarheit und Bestimmtheit

Die eng miteinander verknüpften Grundsätze der Normenklarheit und Bestimmtheit sind elementare Bestandteile des Rechtsstaats, bei denen sich für Predictive Policing grundsätzlich keine Besonderheiten oder neue Herausforderungen ergeben. Ein Blick in die Rechtsprechung des BVerfG zeigt jedoch, dass Verstöße hiergegen besonders häufig dann festgestellt werden, wenn der Gesetzgeber zu intensiven Eingriffen in das Recht auf informationelle Selbstbestimmung oder zu Überwachungsmaßnahmen ermächtigt – bei fast jedem der in dieser Arbeit im Kapitel zur informationellen Selbstbestimmung dargestellten Urteile wurden die Grundsätze problematisiert, in der Mehrheit der Fälle waren sie für die Verfassungswidrigkeit mit ausschlaggebend.[700] Deswegen werden die beiden Prinzipien an dieser Stelle kurz dargestellt.

Normenklarheit und Bestimmtheit sind nicht klar voneinander abgrenzbar, das BVerfG geht teilweise von einem einzelnen Grundsatz aus.[701] Die Normklarheit verlangt, dass Bürger die Aussagen der Rechtsnorm mit hinreichender Sicherheit feststellen können; daraus resultierende Entscheidungen müssen vorhersehbar sein.[702] Der im vorliegenden Kontext relevantere Bestimmtheitsgrundsatz fordert, dass von der Rechtsnorm Betroffene ihren Inhalt so verstehen können, dass sie ihr Verhalten danach ausrichten können.[703] Darüber hinaus werden durch die Grundsätze die Handlungsmöglichkeiten der Verwaltung begrenzt, die nicht aus freiem Ermessen über die Freiheit der Bürger entscheiden darf, sondern sich an hinreichend bestimmten Maßstäben orientieren muss.[704] Zuletzt ermöglichen es diese Maßstäbe den Gerichten, die Verwaltung zu kontrollieren.

700 vgl. etwa BVerfGE 65, 1, 64 f.; 100, 313, 359f.; 133, 277, 337 ff.; 154, 152, 303 f.; 156, 11, 44 ff.; zuletzt BVerfG, Urteil vom 16. Februar 2023 – 1 BvR 1547/19 -, Rn. 110 ff.

701 BVerfGE 131, 88, 123; 141, 220, 265; auch *Sachs,* in: *Sachs,* GG Art. 20 Rn. 126.

702 *Grzeszick,* in: *Dürig/Herzog/Scholz,* GG Art. 20 Rn. 53.

703 Z. B. BVerfGE 110, 33, 53.

704 Z. B. BVerfGE 110, 33, 54.

Die Anforderungen an die Bestimmtheit einer Norm sind dabei nicht einheitlich, sie sind höher, je gravierender die mit der Norm ermöglichten Grundrechtseingriffe sein können und je überschaubarer der Regelungsgegenstand ist.[705] Entsprechend sind die Grundsätze eng mit dem Prinzip des Gesetzesvorbehalts verbunden, mit dem sie in der Rechtsprechung regelmäßig gemeinsam behandelt werden: Die Dinge, die der Gesetzgeber selbst regeln muss, muss er auch klar und nachvollziehbar regeln.[706] Im Kontext der automatisierten Datenverarbeitung muss für Bürger und Behörden klar sein, in welchem Rahmen (insbesondere mit welchen Einschränkungen) diese zulässig sind und welche praktischen Konsequenzen dies hat.[707] Die Palantir-Ermächtigungsgrundlagen wurden in dem bislang für Predictive Policing relevantesten Urteil unter anderem deshalb für verfassungswidrig erklärt, da nicht klar war, in welchem Umfang der Grundsatz der Zweckbindung für die Datenverarbeitung einzuhalten war.[708]

5. Sonstige Grenzen

In dieser Arbeit wird – wie in weiten Teilen der Literatur – auf eine abschließende Definition des Predictive Policing verzichtet. Dieser Verzicht ist notwendig, um der dynamischen Entwicklung der technischen Möglichkeiten für solche Prognosen gerecht zu werden. Damit sind der Fantasie, an welchen Stellen sich für künftige Prognosesysteme möglicherweise verfassungsrechtliche Herausforderungen ergeben könnten, keine Grenzen gesetzt. Der Leser muss sich zur Anregung dieser Fantasie keine dystopischen Science-Fiction-Filme anschauen; es reicht ein Blick auf andere Länder, insbesondere die im Bereich automatisierter Überwachung sehr experimentierfreudige Volksrepublik China.

Eine diesen Gedanken folgende Auflistung des gesamten Grundrechtskatalogs mit Überlegungen, wie ein Predictive Policing-System aussehen müsste, um dagegen zu verstoßen, soll es an dieser Stelle nicht geben, abschließend werden jedoch noch schnell vergessene oder potentiell bedeutsame Einzelaspekte eher stichpunktartig dargestellt.

Neben vermeintlich selbstverständlichen verfassungsrechtlichen Formalia wie dem Zitiergebot, das von Gesetz- und Verordnungsgebern doch ab und an vergessen wird, ist die sonst selten problematische Freiheit vom Offenbarungszwang religiöser Überzeugungen nach Art. 140 GG i.V.m. Art. 136 Abs. 3 WRV

---

705 *Grzeszick*, in: *Dürig/Herzog/Scholz*, GG Art. 20 Rn. 60.

706 Vgl. etwa BVerfG, Urteil vom 16. Februar 2023 – 1 BvR 1547/19 -, Rn. 110 ff.

707 Vgl. etwa BVerfG, Urteil vom 16. Februar 2023 – 1 BvR 1547/19 -, Rn. 114.

708 Vgl. etwa BVerfG, Urteil vom 16. Februar 2023 – 1 BvR 1547/19 -, Rn. 130 ff.

für Prognosesysteme auch jetzt schon relevant. Die Verarbeitung von religiös bedingten Essenspräferenzen, wie sie im Rahmen des PNR-Abgleichs möglich ist, lässt hierauf direkte Schlüsse zu. Praktisch handelt es sich dabei jedoch nur um ein weiteres Argument, dass die Angemessenheitsschwelle im Rahmen der Abwägung von Anknüpfungen bei Art. 3 Abs. 3 S. 1 GG erhöht.

Grenzen für Prognosen können sich auch aus den Daten ergeben, welche für die Prognosen genutzt werden. Stammen Daten aus der Überwachung einer Wohnung, stellt auch ihre Verarbeitung einen Eingriff in die Unverletzlichkeit der Wohnung gem. Art. 13 Abs. 1 GG dar; werden aus Telekommunikationsüberwachung gewonnene Daten verarbeitet, ist das ein Eingriff in das Fernmeldegeheimnis des Art. 10 Abs. 1 GG; das Recht auf informationelle Selbstbestimmung wird dabei aufgrund der Spezialität der beiden Normen verdrängt.[709] Soweit nachrichtendienstliche Informationen verarbeitet werden, muss das informationelle Trennungsprinzip beachtet werden. Die Hürden für den Einsatz von Prognosesoftware zur Verarbeitung solcher Daten sind damit erheblich erhöht.

Als abschließende Kuriosität aus dem Landesverfassungsrecht wird an dieser Stelle auf Art. 12 Abs. 1 der Bremischen Landesverfassung hingewiesen. Der Absatz lautet: „Der Mensch steht höher als Technik und Maschine". Praktisch bedeutungslos, ergibt sich aus ihm nichts, was sich nicht bereits aus der Menschenwürde ergäbe.[710] Als übergreifenden Leitsatz für den Einsatz der Technologien eignet er sich jedoch allemal.

6. Fazit

Für die verfassungsrechtliche Zulässigkeit von Predictive Policing bestehen erhebliche Unterschiede, je nachdem ob es sich um orts- oder personenbezogene Anwendungen handelt. Bei ortsbezogenem Predictive Policing stellt sich vor allem die Frage, wann überhaupt ein Eingriff vorliegt. Solange der rückläufige Trend bei ihrem Einsatz anhält und keine neuen Systeme entwickelt werden – insbesondere solche, die zu anderen Delikten als dem Wohnungseinbruchdiebstahl prognostizieren – stellen ortsbezogene Anwendungen kein verfassungsrechtliches Problem dar.

Der Blick auf personenbezogenes Predictive Policing zeigt ein anderes Bild: Nicht nur diese Arbeit, sondern auch die ersten Urteile zu den Systemen machen

709 *Gusy*, in: *v. Mangoldt/Klein/Starck* GG Art. 10 Rn. 43; *Papier*, in: *Dürig/Herzog/Scholz* GG Art. 13 Rn. 145; BVerfGE 100, 313, 358 f.

710 *Mund*, Das Recht auf menschliche Entscheidung, 2022, S. 166 f. m. w. N.; *Golla* DÖV 2019, 673, 677 m. w. N.

deutlich, dass bereits jetzt verwendete Programme wie der PNR-Abgleich oder Palantir Gotham nicht in allen vorgesehenen Anwendungsfällen verfassungskonform eingesetzt werden können. Neben dem Problem, dass es vor allem im Bereich der Diskriminierung ausgesprochen schwer ist, feste Grenzen zu ziehen, droht eine faktische Ohnmacht der Betroffenen, gegen den Einsatz der Systeme rechtlich vorzugehen – die Möglichkeiten, genug Informationen zu bekommen, um eine Verletzung der eigenen Grundrechte darzulegen, sind aktuell stark begrenzt. Hier besteht deutlicher Handlungsbedarf für den Gesetzgeber, der auch unabhängige Stellen schaffen muss, um die Einhaltung des verfassungsrechtlichen Rahmens zu gewährleisten. Andererseits zeigt sich insbesondere im Bereich der informationellen Selbstbestimmung, dass das Rad zur Zähmung dieser Systeme in vielen Bereichen nicht neu erfunden werden muss. Mit der Rechtsprechung des BVerfG zu bestehenden Überwachungsinstrumenten besteht bereits ein solides Gerüst, um zumindest die aktuell eingesetzten Anwendungen verfassungsrechtlich einzuordnen.

V. Leitlinien jenseits klassischer Grenzen

An vielen Stellen des letzten Kapitels wurde deutlich, dass Predictive Policing eine Herausforderung darstellt für die Art, wie wir über verfassungsrechtliche Grenzen polizeilichen Handelns denken. Deutlich wurde dies etwa bei den Widersprüchen, die bei der Anwendung des Anknüpfungsverbots gem. Art. 3 Abs. 3 GG auf personenbezogene Systeme aufkamen[711], oder auch bei der Notwendigkeit für ortsbezogene Programme, auf die objektiv-rechtliche Schutzfunktion der Grundrechte zurückzugreifen.[712] Diese Aspekte sind bereits Anhaltspunkte dafür, dass es für eine umfangreiche verfassungsrechtliche Würdigung des Themas nicht ausreicht, ausgehend von einzelnen Grundrechten Hürden für Verhältnismäßigkeitsprüfungen zu definieren. Im folgenden Kapitel wird das Thema daher nicht in der bisherigen Struktur weiterverfolgt, sondern aus verschiedenen Perspektiven beleuchtet. Dabei wird zum einen klar, dass wir mit Hilfe von dem, was das BVerfG die objektive Wertordnung des Grundgesetzes nennt, zahlreiche Leitlinien für den polizeilichen Einsatz von Algorithmen aufstellen können. Zum anderen wird deutlich, dass es doch einige Aspekte gibt, an denen Predictive Policing – im Sinne einer der Ausgangsfragen dieser Arbeit – das polizeiliche Rad neu erfindet. Damit kommt die Notwendigkeit einher, neue Herangehensweisen für die Durchsetzung des Verfassungsrechts zu finden, und es kommen normative Widersprüche auf, mit denen ein Umgang gefunden werden muss.

Durch diesen weit gefassten Ansatz sind der Fantasie, welche Probleme entstehen könnten und aus welchen Blickwinkeln diese betrachtet werden können, theoretisch kaum Grenzen gesetzt. Die oben formulierten Leitgedanken geben aber eine Struktur, mit denen die bedeutendsten Fragen bereits erfasst sind und beinhalten genug Ideen zum Weiterdenken für die Zukunft des Predictive Policing in Deutschland sowie in Bezug auf die Herausforderungen für unser Rechtsverständnis in einer digitalisierten Welt.

1. Lektionen aus dem Menschenbild des Grundgesetzes

Der Verfassungsgeber hat mit dem Grundrechtskatalog des Grundgesetzes nicht nur Schranken und Pflichten für den Staat normiert, sondern auch eine objektive Wertordnung aufgestellt, welche die Geltung der Grundrechte verstärkt. Zentrum

711 S. o. S. 178 ff.
712 S. o. S. 84 ff.

dieses Wertesystems ist die „innerhalb der sozialen Gemeinschaft sich frei entfaltenden menschlichen Persönlichkeit und ihre Würde"; hieraus ergibt sich eine „verfassungsrechtliche Grundentscheidung für alle Bereiche des Rechts", von der „Gesetzgebung, Verwaltung und Rechtsprechung [...] Richtlinien und Impulse" empfangen.[713] Diese Formulierung des BVerfG im Lüth-Urteil hat Auswirkung auf das gesamte Recht gefunden. Neben Menschenwürde und Meinungsfreiheit hat das BVerfG inzwischen aus der Mehrzahl der Grundrechte einen objektiv-rechtlichen Gehalt ermittelt.[714]

Zu Beginn des vorherigen Kapitels wurde die objektiv-rechtliche Funktion der Grundrechte bereits im Anwendungsbereich von Art. 3 GG diskutiert.[715] Von dem Predictive Policing inhärenten Trend zur Datafizierung können sich jedoch perspektivisch auch diverse Bedrohungen für die menschliche Autonomie ergeben, die durch die Menschenwürdegarantie und das allgemeine Persönlichkeitsrecht geschützt sind. Diese These ist Grundlage der folgenden Erwägungen.

1.1. Die Menschenwürde als Schranke und Leitlinie

Die Menschenwürdegarantie gem. Art. 1 Abs. 1 GG kann ohne Probleme auch als Grenze im Sinne des vorherigen Kapitels verstanden werden. Trotz ihrer herausragenden Rolle im Grundgesetz wäre der Erkenntnisgewinn bei einer solchen Betrachtungsweise allerdings ausgesprochen begrenzt. Das liegt allein schon daran, dass kaum Situationen vorstellbar sind, die keinen Verstoß gegen die in den letzten Kapiteln diskutierten Verfassungsnormen begründen, aber mit der Menschenwürde unvereinbar sind. Gewährleistet wird dies insbesondere durch das allgemeine Persönlichkeitsrecht gem. Art. 2 Abs. 1 i.V.m. Art. 1 Abs. 1 GG, welches sich bereits teilweise aus der Menschenwürde speist. Maßgeblich für Art. 1 Abs. 1 GG als Schranke ist die Objektformel, nach der die Menschenwürde verletzt ist, wenn der Mensch zum bloßen Objekt des Staates gemacht wird oder einer Behandlung ausgesetzt wird, die seine Subjektqualität prinzipiell in Frage stellt.[716] Extrembeispiel für ein solches Predictive Policing wäre das dystopische *Minority Report*-Szenario, in dem Menschen schon vor der Planung von Straftaten Ziel von Maßnahmen würden. Ein solches Vorgehen wäre aber nicht nur mit der Menschenwürde, sondern auch mit allgemeinem Persönlichkeitsrecht,

713 BVerfGE 7, 198, 205 f.

714 *Herdegen*, in: *Dürig/Herzog/Scholz*, GG Art. 1 Abs. 3 Rn. 20 mit entsprechenden Fußnoten.

715 S. o. S. 84 ff.

716 BVerfGE 27, 1, 6; 45, 187, 228; 87, 209, 228; *Höfling*, in: *Sachs*, GG Art. 1 Rn. 15.

Rechtsstaatsprinzip und anderen verfassungsrechtlichen Grundprinzipien unvereinbar. Trotzdem muss in der aktuellen Weiterentwicklung der Systeme Art. 1 Abs. 1 GG immer selbstständig beachtet werden. So besteht etwa für die aktuelle Weiterentwicklung der Systeme aus Art. 1 Abs. 1 GG vor allem die Pflicht, dass Entscheidungen über Grundrechtseingriffe zwingend immer von Menschen getroffen werden müssen und Betroffene nicht zum Objekt eines vollautomatisierten Computerprogramms werden dürfen.[717] Für Szenarien, in denen Prognosen gegen die Objektformel verstoßen, auch jedoch nicht unbedingt auf Science-Fiction-Literatur zurückgegriffen werden. Die aktuell zur Sicherung der EU-Außengrenzen konzipierten Systeme müssen wenig modifiziert werden, um hier als anschauliche Beispiele zu dienen: Ein KI-Lügendetektor, der jemandem Falschaussagen bei der Einreise attestiert und ihm daraufhin selbstständig die Einreise verweigert, würde den Einreisenden zu einem solchen Objekt degradieren. Über den schwierig einzuordnenden Effekt des Automation Bias reicht es in solchen Fällen auch nicht aus, formell vom vollautomatisierten Prozess abzusehen und irgendwo einen Menschen zwischenzuschalten – das Ergebnis kann das Gleiche sein.[718]

Bei allen diesen Erwägungen besteht ein enger Bezug zum Rechtsstaatsprinzip, aus dem diesbezüglich die gleichen Schlussfolgerungen gezogen werden können.

Neben diesen festen Grenzen lassen sich aus der Menschenwürde und dem damit verknüpften Menschenbild des Grundgesetzes auch grobe Leitlinien für die Nutzung von Predictive Policing ableiten. Zentraler Ausdruck menschlicher Würde ist die Möglichkeit des Individuums, das eigene Leben selbstbestimmt zu gestalten.[719] Die Predictive Policing zugrundeliegende Prämisse der Berechenbarkeit menschlichen Verhaltens durch die Nutzung von Daten aus der Vergangenheit und von anderen Personen steht in ihrer radikalsten Form im Widerspruch zum für unsere Rechtsordnung zentralen Gedanken des freien Willens und der Selbstbestimmung.[720] Weniger vom Schutzbereich und mehr vom Ziel des Art. 1 Abs. 1 GG gedacht muss bei der Weiterentwicklung der Systeme in diesem Sinne immer darauf geachtet werden, dass diese Werte auch durch besonders umfassende und einschneidende Prognosen nicht berührt werden können.

---

717 *Steege*, MMR 2019, 715, 717. Dieses Erfordernis ergibt sich jedoch auch aus dem Rechtsstaatsprinzip und weiteren verfassungsrechtlichen Grundsätzen, siehe Z. B. zum „Recht auf menschliche Entscheidung“ S. 206 ff.

718 Vertieft hierzu S. 215 ff.

719 *Dreyer*, Predictive Analytics aus der Perspektive von Menschenwürde und Autonomie, in: *Hoffmann-Riem (Hrsg.)*: Big Data – Regulative Herausforderungen 2018, S. 135, 138.

720 Ebd. S. 139.

Eine Betrachtung des Predictive Policing unter dem Gesichtspunkt der Menschenwürde eröffnet auch andere Perspektiven auf die informationelle Selbstbestimmung und ihren Menschenwürdekern. Das Individuum, welches keinen Überblick darüber hat, wer welche Informationen über es hat, wird bei systematischer Datensammlung schnell zu einem bloßen Objekt staatlicher Stellen oder kommerzieller Interessen.[721] Hieraus ergibt sich das Ziel, eine totale Registrierung bzw. Katalogisierung personenbezogener Informationen zu verhindern und der Gefahr der Abrufbarkeit eines umfassenden Persönlichkeitsprofils vorzubeugen. Die Bedrohung des freien Willens ist hier noch nicht formuliert, sie ist in der Form auch bei „bloßen" Überwachungsmaßnahmen noch nicht gegeben. Wird bei der Prognose durch die Verarbeitung der (ggf. aus Überwachung gewonnenen) Informationen auf das Persönlichkeitsprofil zugegriffen und werden daraus (teil-)automatisiert Konsequenzen gezogen, geschieht ein Eingriff, der den Schutzbereich des Rechts auf informationelle Selbstbestimmung noch übersteigt. Hier würde im Kern die Menschenwürde angetastet werden.

Diese erhöhte Eingriffsqualität kann es erfordern, einzelne Konzepte aus dem Bereich der informationellen Selbstbestimmung auf die Menschenwürdegarantie zu übertragen. Im Bereich der Überwachung hat das BVerfG zum Schutz der informationellen Selbstbestimmung Maßnahmen angeregt, aus denen das Konzept der sog. Überwachungsgesamtrechnung entstanden ist.[722] Würde die Zahl der staatlichen Prognosen zu menschlichem Verhalten – nicht nur im polizeilichen Bereich – noch weiter zunehmen, wäre aus der Menschenwürde heraus eine „Prognose-Gesamtrechnung" oder „Datafizierungs-Gesamtrechnung" notwendig. Bei der Überwachung sind einzelne Maßnahmen für sich genommen verhältnismäßig, können in der Summe aber einer verfassungswidrigen Registrierung jeder Freiheitswahrnehmung gleichkommen. Im Bereich der Prognose kann die Summe aller Prognosen menschliche Freiheit im Sinne einer Ausübung des freien Willens ernsthaft gefährden. Aktuelle Versuche, den Parameter „Summe der Überwachung" auf handhabbare Art und Weise zu messen, zeigen, dass es wohl noch schwerer sein wird, die Summe der Profilbildung zu quantifizieren.

Eine der in der Einleitung zu dieser Arbeit aufgegriffene These lautete: Die Datafizierung der Polizeiarbeit und der damit verbundene Paradigmenwechsel hat mittelfristig zur Folge, dass eine immer stärkere Verschiebung der Polizeiarbeit vom reaktiven in den präventiven Bereich stattfindet – mit immer stärkerem

721 *Di Fabio*, in: *Dürig/Herzog/Scholz*, GG Art. 2 Abs. 1 Rn. 173; in der Arbeit auch schon auf S. 129 f.

722 Vertieft – auch mit Bezügen zum Predictive Policing siehe S. 209 f.

Vordringen in das tatbezogene Vorfeld als zwingender Konsequenz.[723] Die Ausführungen in diesem Kapitel machen deutlich, weshalb diese Entwicklung aus juristischer Sicht nicht bloß beobachtet werden darf. Sie kann zum verfassungsrechtlichen Problem werden, bis hin zur Bedrohung für die Menschenwürde.

Das folgende Kapitel stellt dar, weshalb Predictive Policing grundsätzlich keine Bedrohung der Unschuldsvermutung mit sich zieht. Auch hier macht die Linse der Menschenwürde jedoch sichtbar, weshalb es in Medien und Politik so oft zu diesem Fehlschluss kommt: Das in der Debatte gerne beschworene Szenario, in dem die Polizei vor dem Täter von dessen Tatplan weiß, stellt den freien Willen und damit auch unser Verständnis von Schuld und Unschuld in Frage.

1.2. Bezüge zur Unschuldsvermutung

Entgegen in der öffentlichen Debatte immer wieder geäußerten Befürchtungen stellen die meisten aktuell eingesetzten Predictive Policing-Systeme keine Gefahr für die Unschuldsvermutung dar.[724] Es handelt sich dabei um einen strafprozessualen Grundsatz, der auf das Gefahrenabwehrrecht zumindest vom Prinzip her keine Anwendung findet; einzelne Anwendungsfälle sind dennoch denkbar.

Die Unschuldsvermutung ist unumstrittenes Prinzip des deutschen Straf- und Verfassungsrechts, obwohl sie weder im Grundgesetz noch in der StPO kodifiziert ist. Überwiegend wird sie als Teil des Rechtsstaatsprinzips betrachtet, vereinzelt wird sie zusätzlich dazu als Ausfluss des allgemeinen Persönlichkeitsrechts gem. Art. 2 Abs. 1 GG i.V.m. Art. 1 Abs. 1 GG angesehen.[725] Ausdrücklich niedergeschrieben ist sie im Unions- und Völkerrecht, etwa in Art. 48 Abs. 1 GRCh, Art. 6 Abs. 2 EMRK und Art. 11 Abs. 1 AEMR. Die Artikel besagen mehr oder weniger wortgleich, dass jeder Angeklagte bis zum Beweis seiner Schuld als unschuldig zu betrachten ist. Daraus ergeben sich für den Staat eine Reihe von Pflichten. Im hiesigen Kontext relevant ist vor allem, dass die Unschuldsvermutung den Beschuldigten vor Nachteilen schützt, die einer Strafe gleichkommen, wenn diese

723 S. o. S. 2, mit Verweis auf *Egbert*, Predictive Policing in Deutschland. Grundlagen, Risiken, (mögliche) Zukunft, in: *Strafverteidigervereinigungen* (Hrsg.).: Räume der Unfreiheit, 2018, S. 241, 265.

724 Exemplarisch für diese Befürchtungen etwa *Krempl*, 34C3: Predictive Policing führt zu Sippenhaft und hebelt die Unschuldsvermutung aus, in: heise.de vom 30.12.2017, abrufbar unter https://www.heise.de/newsticker/meldung/34C3-Predictive-Policing-fuehrt-zu-Sippenhaft-und-hebelt-die-Unschuldsvermutung-aus-3928787.html (zuletzt abgerufen am 31.07.2023).

725 BVerfGE 82, 106, 114; 110, 1, 22; *Jarass*, in: *Jarass/Pieroth* Art. 20 GG Rn. 150; zur Ableitung aus dem allg. Persönlichkeitsrecht *Lindner* AöR 2008, 235, 245 ff.

nicht durch einen rechtsstaatlichen Strafprozess festgesetzt wurden.[726] Dadurch kann der Grundsatz an einzelnen Schnittstellen durchaus Relevanz für das Gefahrenabwehrrecht bekommen. Die bedeutendste strafähnliche Maßnahme zu Präventionszwecken ist in Deutschland die Untersuchungshaft wegen Wiederholungsgefahr gem. § 112a Abs. 1 StPO.[727] Anhand des Beispiels COMPAS in Amerika, mit dem die Rezidivismuswahrscheinlichkeit von Angeklagten berechnet werden soll, braucht es wenig Fantasie, sich ein solches System auch für Prognosen zu Haftgründen vorzustellen, in Deutschland gibt es jedoch keine Anzeichen dafür, dass die relevanten Akteure in Politik und Justiz hierfür eine Notwendigkeit sehen.

Die praktisch relevanteste Maßnahme dieser Art im Polizeirecht ist der vor wenigen Jahren eingeführte und mehrmonatig mögliche vorbeugende Gewahrsam nach Art. 17 BayPAG.[728] Die ersten bekannteren Fälle waren Asylbewerber, seit neustem werden Aktivisten der Gruppe „Letzte Generation" auf dieser Grundlage in Gewahrsam genommen – auch außerhalb Bayerns mit entsprechend kürzerer Haftdauer.[729] Im gleichen Atemzug wird erwogen, gegen die Gruppe auch mit zur Terrorbekämpfung vorgesehenen Strafvorschriften vorzugehen; ein Gericht hat bereits einen Durchsuchungsbeschluss auf den Verdacht gestützt, es handele sich bei der Gruppe um eine kriminelle Vereinigung gem. § 129 StGB.[730] Es braucht nicht viel Fantasie, dass für eine Gefahrenprognose zum vorbeugenden

---

726 BVerfGE 110, 1, 23.

727 *Böhm*, in: MüKo StPO § 112a Rn. 1.

728 Zum Verschwimmen der Grenzen zwischen Gewahrsam und Haft durch dieses Instrument sehr anschaulich das Interview von *Sehl* mit *Wächter*, "Für Monate in Haft – ohne Anwalt", Legal Tribune Online vom 26.10.2018, abrufbar unter https://www.lto.de/recht/hintergruende/h/polizeigesetz-bayern-gewahrsam-haft-ohne-anwalt/ (zuletzt abgerufen am 31.07.2023).

729 *hr-info:* Polizei droht Klima-Aktivisten mit Präventivhaft, hessenschau.de vom 28.11.2022, abrufbar unter https://www.hessenschau.de/politik/polizei-droht-klima-aktivisten-mit-praeventivhaft-v3,klima-aktivisten-praeventiv-gewahrsam-100.html (zuletzt abgerufen am 31.07.2023).

730 *hr-info:* Justizminister hält Terroranklagen gegen Klima-Aktivisten für möglich, hessenschau.de vom 07.11.2022, abrufbar unter https://www.hessenschau.de/politik/letzte-generation-hessischer-justizminister-haelt-terroranklagen-gegen-klima-aktivisten-fuer-moeglich-v1,poseck-strafen-last-generation-100.html (zuletzt abgerufen am 31.07.2023); *Sehl:* Wie das Gericht die „kriminelle Vereinigung" begründet, Legal Tribune Online vom 25.05.2023, abrufbar unter https://www.lto.de/recht/hintergruende/h/letzte-generation-kriminelle-vereinigung-durchsuchungsbeschluss-muenchen-bayern-justiz-razzia/ (zuletzt abgerufen am 31.07.2023).

Gewahrsam einmal eine modifizierte Fassung von RADAR-iTE zum Einsatz kommt. So gäbe es einen direkten Bezug von Predictive Policing zu einer strafähnlichen Maßnahme, bei der die Unschuldsvermutung Anwendung findet.

Das Beispiel mag unwahrscheinlich erscheinen, zeigt aber auch auf, wie schnell sich bestimmte Grundrechtsgefahren entwickeln können. Ein 2022 formulierter erster Entwurf dieses Unterkapitels endete mit der Feststellung, dass ein prognosegestützter vorbeugender Gewahrsam in Deutschland nur bei einer völligen Erosion der rechtsstaatlichen Kultur denkbar erscheine und dass die damals gebrachten Beispiele ausgesprochen konstruiert seien. Ein halbes Jahr später scheint dieses Szenario zwar immer noch unwahrscheinlich, ist jedoch durch eine Kombination bereits bestehender Systeme und aktueller politischer Entwicklungen deutlich fassbarer geworden.

Abschließend muss jedoch noch einmal betont werden, dass die Unschuldsvermutung im Kontext des Predictive Policing nur dann eine Rolle spielt, wenn die Systeme im Zusammenhang mit Strafen oder strafähnlichen Nachteilen stehen. Über diese Formen hinaus würde eine Ausweitung der Unschuldsvermutung auf das Gefahrenabwehrrecht auch vielen zentralen Grundgedanken der Gefahrenabwehr zuwiderlaufen: Schon der Begriff der Gefahr impliziert, dass mit Verdächtigungen und Wahrscheinlichkeiten gearbeitet wird; jeden Störer über die sonstigen Grundrechte hinaus noch mit einer solchen Vermutung zu schützen würde Polizeiarbeit schlichtweg unmöglich machen.[731]

1.3. Das Vollzugsdefizit als freiheitliches Gut

Neben diesen Überlegungen, die konkreten Artikeln des Grundgesetzes zugeordnet werden, macht es Predictive Policing teilweise erforderlich, der Verfassung zugrunde liegende Grundannahmen zu erforschen. Ein solcher Fall ist die Frage, ob Teile des Rechts darauf ausgelegt sind, nicht in allen Anwendungsfällen vollzogen zu werden.

Der technologische Fortschritt macht es möglich, das Begehen bestimmter Straftaten deutlich zu erschweren, gar unmöglich zu machen oder ihre Aufdeckungsquote dramatisch zu erhöhen. Es handelt sich hier wie so oft nicht um ein auf die Digitalisierung beschränktes Phänomen, so sank etwa nach der 1963 eingeführten Pflicht zum Einbau von Lenkradsperren in Autos die Zahl der Autodiebstähle in der Bundesrepublik um knapp zwei Drittel.[732] Aus der anderen Perspektive kam der Entwurf der Bundesregierung, zur Durchsetzung der

731 Vgl. *Sommerer*, Personenbezogenes Predictive Policing 2020, S. 243.

732 *Clarke*, Crime & Justice Vol. 4 1983, S. 225, 242.

Dieselfahrverbote stationäre Kfz-Kennzeichenscanner einzusetzen; durch die Methoden der Geschwindigkeitsüberwachung sind solche Methoden im Straßenverkehr ohnehin bereits etabliert.[733] Jenseits des Gefahrenabwehrrechts wird diese Technologie bereits zur Durchsetzung der Lkw-Maut verwendet. Im Ordnungswidrigkeitenrecht zeigen sich einige chinesische Städte gewohnt kreativ und identifizieren gewissermaßen nach einem „Naming and Shaming"-Prinzip Menschen, die bei Rot über die Ampel laufen. Bislang werden sie als Konsequenz nur auf großen Bildschirmen in der Umgebung gezeigt, auf nationaler Ebene werden aber auch diverse Rechtsverstöße von Autofahrern automatisiert ermittelt und geahndet.[734] Als Predictive Policing im wirklich allerweitesten Sinne nutzt die russische Polizei seit einiger Zeit Gesichtserkennungstechnologie, um Oppositionelle auf dem Weg zu Demonstrationen abzufangen und in Gewahrsam zu nehmen.[735] Große gesamtgesellschaftliche Resonanz fand das Thema in den letzten Jahren auch im Kontext der Rechtsdurchsetzung im Zivilrecht, insbesondere bei der Diskussion um sog. Uploadfilter zur Durchsetzung des neuen europäischen Urheberrechts.[736]

Spitzt man diese Entwicklung zu, gibt es im Wesentlichen drei Kategorien „perfekter" Prävention. Zunächst wären dies Prognosen, die eine künftige Straftat so genau prognostizieren können, dass sie durch staatliche (in der Regel polizeiliche) Intervention verhindert werden kann – das wäre das auf dieser Ebene bislang nur in der Fiktion bestehende *Minority Report*-Szenario, dem z. B. das russische Abfangen von Demonstrationsteilnehmern auf dem Weg zur Veranstaltung aber schon gefährlich nahe kommt. In die zweite Kategorie fallen Überwachungssysteme, welche jeden Normverstoß registrieren, die dafür Verantwortlichen

---

733 BR-Drs. 574/18.

734 *Qu,* Next time you go through a red light in China its growing facial recognition network may catch you out, in: SCMP.com vom 15.09.2019, abrufbar unter https://www.scmp.com/tech/innovation/article/3022961/next-time-you-go-through-red-light-china-its-growing-facial (zuletzt abgerufen am 31.07.2023).

735 Beispiele solchen Vorgehens sind u.a. dokumentiert bei *Stolyarov/Tétrault-Farber,* "Face control": Russian police go digital against protesters, in: Reuters.com vom 11.02.2021, abrufbar unter https://www.reuters.com/article/us-russia-politics-navalny-tech-idUSKBN2AB1U2 (zuletzt abgerufen am 31.07.2023); *Tikhomirova,* Sabotieren, streiken, demonstrieren, in: ZEIT Online vom 25.09.2022, abrufbar unter https://www.zeit.de/gesellschaft/zeitgeschehen/2022-09/russland-opposition-mobilmachung-aktivisten-proteste (zuletzt abgerufen am 31.07.2023).

736 Lesenswert zu Uploadfiltern insbesondere auch in Bezug auf die in diesem Unterkapitel folgenden Gedanken *Kraetzig/Lennartz* NJW 2022, 2024; Viele weitere Beispiele bei *Rich,* Harv. J. Law Public Policy 36 2012, S. 795, 797 f.

identifizieren und den Verstoß sanktionieren bzw. seine Sanktionierung durch zuständige Behörden vorbereiten, wie etwa die Überlegungen des Bundesrats zu den Dieselfahrverboten oder im weitesten Sinne auch stationäre Geräte zur Geschwindigkeitsüberwachung („Blitzer"). In der dritten Form geht es nicht mehr darum, die Begehung von Straftaten zu erschweren oder situativ zu verhindern, sondern darum, ihre Begehung gänzlich unmöglich zu machen. Der potentielle Verbrecher soll nicht mental durch das hohe Entdeckungsrisiko oder vergleichbare Erwägungen abgeschreckt werden, sondern er soll gar nicht erst in die Lage kommen, die Tat zu begehen.[737] Von Predictive Policing im Wortsinne kann in solchen Situationen in der Regel nicht mehr gesprochen werden, da meist keine Prognosen über zukünftiges Verbrecherverhalten angestellt werden, die dahinter stehende Logik der Prävention und insbesondere die praktische Umsetzung durch die verstärkte Nutzung von Technologie kommt alldem jedoch sehr nahe. Statt von Predictive Policing wird dabei – auch im deutschen Diskurs – von *Impossibility Structures* (Unmöglichkeitsstrukturen) gesprochen.[738]

Eine trennscharfe Abgrenzung zwischen den drei Kategorien gibt es dabei jedoch häufig nicht: Eine Mischung aus Prognose und Unmöglichkeit bietet etwa das Geldwäschegesetz, nach dessen § 46 Finanzdienstleister Transaktionen bei (regelmäßig automatisiert, aber privat generiertem) Verdacht auf Geldwäsche nicht ohne Meldung bei Strafverfolgungsbehörden und dem Abwarten einer Rückmeldefrist durchgeführt werden dürfen; auch in vielen anderen digitalen Situationen dürfte die Lage über Wahrscheinlichkeitsberechnungen eingeschätzt werden. Auch die theoretische Grenze zwischen den letzten beiden Kategorien hat in vielen Fällen keine praktische Bedeutung: Wenn klar ist, dass die Begehung einer Straftat garantiert erkannt, verfolgt und geahndet wird, wird es praktisch kaum Menschen geben, die es dennoch versuchen.[739] Ein alle drei Elemente verknüpfender Ansatz aus der Kriminologie ist die *Situational Crime Prevention*, eine der wesentlichen theoretischen Grundlagen des ortsbezogenen Predictive Policing. Im klassischen Konzept wird vor allem auf Überwachung, die im Sinne der Rational Choice-Theorie die Tatbegehung unökonomisch machen soll, sowie auf Unmöglichkeitsstrukturen gesetzt.[740] Ortsbezogenes Predictive Policing ergänzt die Möglichkeiten, den Versuch der Tatbegehung unattraktiv zu machen,

---

737 *Rich*, Harv. J. Law Public Policy 36 2012, S. 795, 799 f.

738 Z. B. bei *Rich*, Harv. J. Law Public Policy 36 2012, S. 795, 802 ff.; in Deutschland *Rademacher* JZ 2019, 702.

739 *Rademacher* JZ 2019, 702, 703.

740 *Clarke*, Situational Crime Prevention, 19 Crime & Just. 91 (1995), S. 110 ff. mit zahlreichen verschiedenen Ansätzen, die den beiden Kategorien zugeordnet werden können.

um optimierte Streifenfahrten auf Grundlage von Prognosen (die, solange sie auf Grundlage von Near *Repeat* arbeiten, allein schon per Definition nicht perfekt sein können).

Für Zukunftsszenarien in diesem Bereich muss nicht auf *Minority Report* zurückgegriffen werden. Für alle drei genannten Kategorien braucht es selbst in ihren radikalsten Formen wenig Fantasie, teilweise sind diese Formen bereits Teil der Realität. Zumindest in der Theorie liegt ihr Nutzen für alle Beteiligten auf der Hand: Kann eine Tat nicht begangen werden, spart sich der Staat Ressourcen für Ermittlung, Prozess und Haft; die Gesellschaft wird von den Folgen der Tat verschont und der nicht zum Täter gewordenen Person bleiben die Konsequenzen der Strafverfolgung bis zur potentiellen Haft erspart.[741]

Auf dem Spektrum zwischen nützlicher Technologie zur Gewährleistung von Sicherheit auf der einen Seite und vollautomatisierter Überwachungsdystopie auf der anderen Seite stellt sich jedoch die Frage, ob die deutsche Verfassungsordnung (bzw. freiheitliche Rechtsordnungen im Allgemeinen) überhaupt auf einen Rechtsvollzug in diesem Sinne ausgelegt ist. Im Grundsatz gebieten das Rechtsstaatsprinzip mit Grundsätzen wie der Selbstbindung der Verwaltung sowie zahlreiche rechtsphilosophische Erwägungen, dass Recht universell und ohne Ausnahmen gilt. Impossibility Structures sind dabei letzte Konsequenz einer Tendenz zur immer konsequenteren Rechtsanwendung[742] – einer Tendenz, die auch durch den Einsatz von Predictive Policing und anderem Algorithmeneinsatz in Gefahrenabwehr und Strafverfolgung verfolgt wird.

Als einfaches Beispiel, um die Defizite und Folgeprobleme dieser Ansätze zu beleuchten, wird z. B. das Szenario konstruiert, in dem es technisch unmöglich ist, mit einem Auto über eine rote Ampel zu fahren. Ein solches Verbot wäre problematisch, da es übersieht, dass ein Verstoß hiergegen nach § 16 OWiG oder § 34 StGB als rechtfertigender Notstand gerechtfertigt sein könnte.[743] Es veranschaulicht das hohe Risiko, dass die Strukturen nicht nur verbotenes, sondern als Kollateralschäden auch in erheblichem Maße erlaubtes Verhalten verbieten können.[744]

Die daraus resultierenden Probleme können nicht dadurch gelöst werden, dass ein positives "Recht zum Rechtsbruch" geschaffen wird oder aus der Verfassung ermittelt wird. Es würden so Widersprüche entstehen, durch die der Rechtsbruch

---

741 *Rich,* Harv. J. Law Public Policy 36 2012, S. 795, 805 ff.
742 *Rademacher* JZ 2019, 702, 703.
743 *Rademacher* JZ 2019, 702, 706.
744 *Rademacher* JZ 2019, 702, 706 f.

als solcher aufgehoben werden würde.[745] Dennoch steigt mit der vorher nie dagewesenen Möglichkeit des Vollvollzugs die Wertschätzung für die bislang eher den herrschenden Realitäten geschuldeten Vollzugsdefizite. Teilweise wird argumentiert, dass es bei vielen weniger gravierenden Straftaten – insbesondere im Bereich der Bagatellkriminalität und der opferlosen Delikte – gesellschaftlich gar nicht erwünscht ist, dass sie ausnahmslos geahndet werden.[746] Weiter wird aus verschiedenen Perspektiven vertreten, dass die menschlichen Defizite, sei es in Form fehlender Ressourcen oder menschlichem Handeln inhärenter Ungenauigkeiten, gerade den freiheitlichen und menschlichen Charakter des demokratischen Staates ausmachen.[747]

Die Herausforderung für das (Verfassungs-)Recht besteht nun darin, diese Widersprüche einzuordnen und die darin enthaltene Form der Freiheit, deren Fortbestand angestrebt wird, irgendwie fassbar zu machen.

Verhältnismäßig einfach lassen sich diese Probleme lösen, wenn an einzelne Grundrechte angeknüpft werden kann – gefährdet ein Filter zur Prävention von Beleidigungsdelikten die Meinungsfreiheit, kann sich direkt auf diese bezogen werden. Im amerikanischen Diskurs finden sich Stimmen, welche in bestimmten Arten der automatisierten Ahndung von Rotlichtverstößen und Geschwindigkeitsüberschreitungen einen Verstoß gegen die Unschuldsvermutung und das Recht auf ein faires Verfahren sehen.[748] Dies ist jedoch zum einen nicht immer möglich, zum anderen wird auf diese Weise dem der Sache zugrundeliegenden Problem ausgewichen.

Ein erster Ansatz findet sich dafür der neueren Rechtsprechung des Bundesverfassungsgerichts: In einem der Beschlüsse zur Kfz-Kennzeichenerfassung führte

---

745 Detailliert *Rademacher* JZ 2019, 702, 707.

746 *Rich*, Harv. J. Law Public Policy 36 2012, S. 795, 811.

747 *Rademacher* JZ 2019, 702, 708 Fn. 72–80 mit zahlreichen weiteren Nennungen; demgegenüber gibt es jedoch auch Stimmen, die bei Möglichkeit eines Vollvollzuges diesen auch fordern und dabei u.a. Gerechtigkeitsargumente vorbringen. Eher anekdotisch hierzu Z. B. die Kritik der AfD-Fraktion im Verkehrsausschuss des Bundestages, als die Entscheidung gegen stationäre Einrichtungen zur Kontrolle der Dieselfahrverbote und für ihre Umsetzung durch mobile Kontrollen getroffen wurde: Die Fraktion hielt es aus der Perspektive der Gleichbehandlung und aus rechtsstaatlichen Grundsätzen für bedenklich, wenn statt einer möglichen Kontrolle wirklich aller Fahrer nur ein kleiner Teil von den Kontrollen betroffen sei (BT-Drs. 19/8248, S. 7).

748 *Christensen*, Wrong on Red: The Constitutional Case against Red-Light Cameras, 32 Wash. U. J. L. & Pol'y 2010, S. 443 ff.; *Shannon*, Speeding towards Disaster: How Cleveland's Traffic Cameras Violate the Ohio Constitution, 55 Clev. St. L. Rev. 2007, S. 607 ff.

es aus, dass anlasslose Kontrollen zulässig sein können, wenn sie an ein gefährliches oder risikobehaftetes Tun beziehungsweise an die Beherrschung besonderer Gefahrenquellen anknüpfen, gleichzeitig wurde aber eine flächendeckende Überwachung für mit dem Verhältnismäßigkeitsgrundsatz unvereinbar erklärt.[749] Dieser Ansatz hat aus verschiedenen Aspekten Kritik erfahren. Zunächst stellt die Anknüpfung an die genannten, insbesondere außerhalb des Straßenverkehrs schwer definierbaren Punkte für sich bereits einen Anlass dar.[750] Selbst wenn diese Widersprüche als nicht gegeben angenommen würden, ergibt sich das Folgeproblem, dass der Begriff „flächendeckend" nicht definiert und ähnlich schwer handhabbar wie die oben genannten Begriffe ist. In vielen Bereichen geht der Ansatz auch schlichtweg an der Realität vorbei, da in vielen Bereichen staatliche und staatlich mandatierte Kontrollen bereits flächendeckend erfolgen (wie in der Geldwäscheprävention, bei Kontrollen an sicherheitsrelevanten Orten wie Flughäfen und sogar bereits im Predictive Policing im Fall des PNR-Abgleichs).[751]

Auch wenn dieser Ansatz des BVerfG zu widersprüchlich und unscharf ist, um zu einer Lösung des Problems beizutragen, kann daraus abgelesen werden, dass in Karlsruhe eine Grundsensibilität für das Problem besteht. Vor allem bietet der Rückgriff auf den Verhältnismäßigkeitsgrundsatz die Möglichkeit, bei jeder Maßnahme aus den drei Kategorien zunächst einmal über den Zweck der Norm nachzudenken – eine solche Struktur wird immer mindestens ein Eingriff in die allgemeine Handlungsfreiheit, bei Prognosen und automatisierter Ermittlung auch in das allgemeine Persönlichkeitsrecht darstellen.

Von einem anderen Ausgangspunkt aus schaut *Rademacher* darauf, ob einzelne Normen überhaupt mit dem Zweck des Vollvollzugs erschaffen wurden – und stellt dabei gleich die These auf, dass eine Vielzahl insbesondere verwaltungsrechtlicher Normen auf diesen gerade nicht angelegt sind.[752] Insbesondere in Teilen des Straßenverkehrsrechts und des Datenschutzrechts drängt sich ein solcher Schluss förmlich auf. Auch in den für Predictive Policing relevanten Rechtsbereichen finden sich zahlreiche solcher Normen. Im Gesetzestext sichtbar werden solche Erwägungen etwa durch das Opportunitätsprinzip. Im Polizeirecht ist es

---

749 BVerfGE 150, 244, 282, 284f..; ausführlicher auch oben S. 135 ff.; Verknüpfung von *Rademacher* JZ 2019, 702, 709.

750 S. o. S. 146 ff.; auch *Wehr* Nomos-BR/BPolG § 14 Rn. 42.

751 *Rademacher* JZ 2019, 702, 709 f. auch mit weiteren Beispielen ohne staatliche Pflichten.

752 *Rademacher* JZ 2019, 702, 710.

wie im gesamten Verwaltungsrecht synonym mit dem Ermessensgrundsatz.[753] Die Möglichkeit eines Entschließungsermessens steht im Widerspruch zum Postulat eines angestrebten Vollvollzugs. Auch im Ordnungswidrigkeitsrecht ist durch die Normierung des Opportunitätsprinzips in § 47 OWiG sichtbar, dass nicht jede Ordnungswidrigkeit geahndet werden muss. Im Strafrecht, wo grundsätzlich das gegenteilige Legalitätsprinzip Anwendung findet, schaffen die Einstellungsmöglichkeiten der §§ 153ff. StPO und von §§ 45, 47 JGG Raum, bei fehlendem Interesse vom Normvollzug abzusehen.

Auf diese Art und Weise wird auch eine Verknüpfung geschaffen zwischen der Untersuchung des Zwecks der Normen „von außen" und der fallbezogenen Dogmatik: Ermessensvorschriften, der Verhältnismäßigkeitsgrundsatz und ähnliche Prinzipien, die von den handelnden staatlichen Stellen Zweckmäßigkeitserwägungen verlangen, schaffen einen Raum, in dem diese Fragen diskutiert werden müssen. Die große Mehrheit der potentiell streitigen Strukturen wird dabei jedoch durch legislative Entscheidungen geschaffen, weswegen der Verhältnismäßigkeitsgrundsatz in der täglichen Rechtspraxis die größte Bedeutung hat.

Wie in den anderen Unterkapiteln gilt auch hier: Klare verfassungsrechtliche Notwendigkeiten und Handlungsanweisungen lassen sich aus diesen Erwägungen (noch) nicht ableiten. Dennoch ergibt sich hieraus ein Rahmen für die Zukunft, in welche Richtung Predictive Policing nicht weiterentwickelt werden sollte. Aktuell sind Opportunitätsentscheidungen maßgeblich davon beeinflusst, dass für mehr Maßnahmen schlichtweg keine Ressourcen bereitstehen. Sollte der Staat Möglichkeiten schaffen wollen, durch Predictive Policing diese praktischen Hindernisse zu beseitigen, muss dabei immer auch die Frage gestellt werden, ob ein über die analogen Möglichkeiten hinausgehender Vollzug überhaupt dem Zweck der Norm entspricht.

Konsequenz der Digitalisierung ist grundsätzlich eine zunehmende Relativierung und Unschärfe des Rechts.[754] Die Ausführungen dieses Unterkapitels zeigen eine bemerkenswerte Ausnahme von diesem Grundsatz, ohne ihn in Frage zu stellen. Bemerkenswert ist dabei vor allem, dass die neuen Möglichkeiten hier eine Unschärfe des bestehenden Rechts offenbaren, welche es gegen die Schärfe automatisierter und automationsgeleiteter Praxis zu verteidigen gilt. Die Werkzeuge, um auf diese Weise entstehende Gefahren für die menschliche Autonomie abzuwehren, stellt das Grundgesetz jedoch schon zur Verfügung.

---

753 *Ullrich,* in: BeckOK PolR Nds, § 5 NPOG Vorbemerkung und Rn. 1 f.; *Goldhammer,* in: BeckOK PolR Bayern PAG Art. 5 Rn. 15.

754 *Boehme-Neßler* NJW 2017, 3031; vertiefend *ders.,* Unscharfes Recht 2008.

1.4. Das Recht auf menschliche Entscheidung

Zuletzt stellt sich auch die Frage, inwiefern neben den Grundrechten auch Prinzipien des Staatsorganisationsrechts als verfassungsrechtliche Leitlinien für Predictive Policing erforderlich sind. Ein solches Beispiel, in dem sich Grundrechte und Staatsorganisationsrecht, subjektive Rechte und objektiv-rechtliche Funktion des Grundgesetzes überschneiden ist die Frage nach dem Recht auf menschliche Entscheidung.

Mit fortschreitender technologischer Entwicklung bekommt die Frage, ob es ein Recht auf menschliche Entscheidung gibt (oder braucht), zunehmende Bedeutung. Rechtlich normiert ist ein solches Recht nicht, ebenso gibt es hierzu keine eindeutige Rechtsprechung des BVerfG. *Mund* leitet ein solches Recht dennoch aus dem Grundgesetz ab und bezieht sich dabei insbesondere auf die Art. 20 GG entspringenden staatsorganisationsrechtlichen Grundsätze der Gesetzesmäßigkeit des Verwaltungshandelns und des fairen Verwaltungsverfahrens sowie auf das Rechtsstaatsprinzip.[755] Wesentlich sind dabei auch in dieser Arbeit weniger im Fokus stehende Prinzipien wie der Amtsermittlungsgrundsatz. Für ihre Untersuchung nutzte sie im einfachgesetzlichen Bereich vor allem Beispiele aus dem Bereich des Steuerrechts, das bereits recht weit digitalisiert ist und teilweise auch den Einsatz von Risikobewertungssystemen zulässt. Ein solches Recht besteht jedoch nicht uneingeschränkt– allein aus Effizienzgesichtspunkten ist es seit Jahrzehnten üblich, dass der Staat bei Massenverfahren, die nur selten zu Konflikten zwischen Bürger und Staat führen, eine Typisierung bzw. Standardisierung durchführt um umfangreiche Einzelfallprüfungen, für die keine Kapazitäten vorhanden sind, zu vermeiden.[756] In solchen Fällen, in denen auch kein Ermessen vorliegt, spricht wenig gegen eine vollständige Automatisierung, was der Gesetzgeber durch die Einführung von § 35a VwVfG bereits zum Ausdruck gebracht hat. *Mund* verwendet daher drei Kategorien, in denen das Recht unterschiedlich stark ausgeprägt ist.[757]

In die erste Kategorie fallen Entscheidungen, in denen der Verwaltungsprozess vollautomatisiert abläuft und das Recht auf menschliche Entscheidung erst durch ein gerichtliches Verfahren erfüllt wird. Verwaltungsverfahren in diesem Sinne sind zulässig, wenn bei der Entscheidung weder Ermessens-, noch Beurteilungs- oder Auslegungsspielraum besteht und ein klarer, nicht weiter

755 *Mund,* Das Recht auf menschliche Entscheidung, 2022, zusammenfassend S. 260ff; ausführlicher S. 164 ff.

756 *Mund,* Das Recht auf menschliche Entscheidung, 2022, S. 233 f.; zur Rspr. vgl. etwa BVerfGE 9, 20, 32.

757 Im Einzelnen *Mund,* Das Recht auf menschliche Entscheidung, 2022, S. 235–250.

aufklärungsbedürftiger Sachverhalt vorliegt.[758] Sowie irgendwelche aufgrund fehlender Verwaltungsvorschriften, fehlender präzisierender Rechtsprechung oder der Möglichkeit eines atypischen Falls bestehenden Unklarheiten bestehen, ist eine menschliche Entscheidung notwendig.[759] Als Beispiel für einen solchen vollautomatisierten Verwaltungsprozess kann die Ampel im Straßenverkehr (Lichtzeichenanlage gem. § 37 StVO) gelten.[760]

Die zweite Kategorie umfasst automationsgeleitete und automationsgestützte Entscheidungen (automationsgeleitete Entscheidungen werden nur am Ende menschlich überprüft). Auch hier ist erforderlich, dass kein Ermessens- und Auslegungsspielraum besteht, sodass keine Unterschiede zwischen analoger und automatisierter Praxis entstehen.[761] Darüber hinaus ist zu differenzieren: Durchzuführende Ermittlungen können naturgemäß nicht automatisiert werden und sind menschlich zu erledigen, Beratungs- und Fürsorgepflichten erfordern je nach Umständen menschliche Beteiligung.[762] Grundrechtsabwägungen können dabei ebenfalls nicht automatisiert werden.

Zuletzt gibt es Entscheidungen, die vollständig vom Menschen getroffen werden müssen und bei denen Technik nicht zum Einsatz kommen darf. Hierzu gehören Fälle, in denen ein Ermessensspielraum besteht, unbestimmte Rechtsbegriffe vorliegen oder es unklare Sachverhalte gibt, in denen die Behörden zur sorgfältigen Ermittlung verpflichtet sind.[763] Neben diesen rechtsstaatlichen Erwägungen können die Pflichten auch aus dem Sozialstaatsprinzip gem. Art. 20 Abs. 1 GG und den sich daraus ergebenden Fürsorge- und Beratungspflichten folgen.[764] Hierzu zählen für *Mund* insbesondere grundrechtsintensive polizeiliche Maßnahmen; ähnlich wurde auch in dieser Arbeit unter dem Aspekt der Menschenwürde als verfassungsrechtliche Grenze argumentiert.[765]

Die Frage nach der Existenz und dem Ausmaß eines solchen Rechts hat für die gesamte Verwaltungsdigitalisierung weitgehende Folgen. Für Predictive Policing ist zu differenzieren: Nicht jede Prognose, nicht jeder Eingriff in die

758 *Mund,* Das Recht auf menschliche Entscheidung, 2022, S. 237 ff.
759 *Mund,* Das Recht auf menschliche Entscheidung, 2022, S. 239 f.
760 *Mund,* Das Recht auf menschliche Entscheidung, 2022, S. 241.
761 *Mund,* Das Recht auf menschliche Entscheidung, 2022, S. 244.
762 *Mund,* Das Recht auf menschliche Entscheidung, 2022, S. 245 f.
763 *Mund,* Das Recht auf menschliche Entscheidung, 2022, S. 248.
764 *Mund,* Das Recht auf menschliche Entscheidung, 2022, S. 249.
765 *Mund,* Das Recht auf menschliche Entscheidung, 2022, S. 250; dies auch unter Bezugnahme auf die Menschenwürde, in der Argumentation ähnlich wie in dieser Arbeit S. 194 ff.

informationelle Selbstbestimmung ist für sich bereits eine Entscheidung in diesem Sinne. Es handelt sich dabei aber um eine Grundsatzfrage in Bezug darauf, wie weit die Systeme auch über die Entscheidungsunterstützung hinaus in Richtung vollautomatisierter Entscheidungssysteme weiterentwickelt werden dürfen. Potential für eine vollautomatisierte, ohne jede menschliche Mitarbeit einzusetzende Predictive Policing-Anwendung im Sinne der ersten Kategorie ist nicht ersichtlich – ein Umstand, der einer individuellen Prognose bedarf, ist schon begrifflich zu komplex, um darunter subsumiert werden zu können. Mögliche Anwendungsfälle fallen immer in eine der letzten beiden Kategorien, eine vollautomatisierte Entscheidung im Predictive Policing wäre allein schon aufgrund der Menschenwürdegarantie des Art. 1 Abs. 1 GG verboten, ihr stünden darüber hinaus auch europarechtliche Grundsätze wie Art. 11 Abs. 1 der JI-Richtlinie (EU) 2016/680 entgegen. Zu beachten ist dabei, dass polizeiliche Maßnahmen im Vergleich zum gesamten Verwaltungsprozess in aller Regel eine sehr hohe Eingriffsqualität haben. Die Systeme, die in dieser Arbeit vorgestellt wurden und deren Einsatz für verfassungskonform befunden wurde, gehören in diese Kategorie. Bei ihnen muss aber genau darauf geachtet werden, in welchem Rahmen ein menschliches Eingreifen zwingend ist. Es geht dabei nicht bloß um die Transparenz der Systeme und die Intensität der damit verbundenen Grundrechtseingriffe, sondern auch um die Art und Weise, wie Informationen ermittelt und verarbeitet werden.

In der dritten Kategorie, die Automatisierung bei Entscheidungen komplett ausschließt, zeigt sich eine der wesentlichen Stärken des Konzepts: Das Recht auf menschliche Entscheidung umfasst – anders als der Name vermuten lässt – nicht nur subjektiv-rechtliche Komponenten, sondern beinhaltet auch objektivrechtliche Prinzipien, es bietet einen Perspektivwechsel weg vom Fokus auf die Mittel-Zweck-Relation. Es sind nicht nur Abwehr-, Freiheits- und Gleichheitsrechte, die die verfassungsrechtliche Zulässigkeit von Predictive Policing und der gesamten Verwaltungsdigitalisierung und -automatisierung beeinflussen, auch staatsorganisationsrechtliche Grundsätze erfordern zum Teil, dass Maschinen aus bestimmten Prozessen herausgehalten werden. Neben dem im Rahmen der Transparenz in dieser Arbeit ausführlich diskutierten Rechtsstaatsprinzip gehören dazu insbesondere die Fürsorgepflichten aus dem Sozialstaatsprinzip. Durch das Recht wird weiterhin die Brücke geschlagen zu formellen Grundsätzen nichtverfassungsrechtlicher Art. Eine automatisierte Prognose kann zum Beispiel nicht die im Rahmen der Amtsermittlung durchzuführenden Aufgaben übernehmen oder ersetzen.

2. Rechtspolitische Konsequenzen einer neuen verfassungsrechtlichen Realität

Bei den in dieser Arbeit thematisierten Grundrechten handelt es sich überwiegend um Abwehrrechte, die die Grenzen staatlichen Handelns aufzeigen. Bewegt man sich von den dogmatischen Rechtskonstruktionen weg, bewegt man sich zwangsläufig schnell in Richtung von Rechtsphilosophie oder – wie im folgenden Unterkapitel – von Rechtspolitik.

Nimmt man das Verständnis des BVerfG ernst, nach dem aus der objektiven Wertordnung des Grundgesetzes „Gesetzgebung, Verwaltung und Rechtsprechung [...] Richtlinien und Impulse" ziehen müssen, überschneiden sich auf dieser Ebene Rechtsdogmatik und Rechtspolitik.[766] Die folgenden Beispiele beziehen sich aber nicht auf diese objektive Wertordnung, sondern denken Fälle weiter, in denen – wie im Fall der Überwachungsgesamtrechnung – Abwehrrechte alleine durch die Legislative effektiv geschützt werden können oder in denen sich aus Schutzpflichten ausnahmsweise auch konkrete Handlungspflichten ergeben können.

2.1. Predictive Policing als Element der Überwachungsgesamtrechnung

In seinem Urteil zur Vorratsdatenspeicherung stellte das BVerfG fest, dass die dortigen Maßnahmen unabhängig von ihrer individuellen Verhältnismäßigkeit nicht auf eine möglichst flächendeckende vorsorgliche Speicherung aller Daten, die für Strafverfolgung und Gefahrenabwehr hilfreich sein könnten, hinauslaufen dürfen.[767] Solche Maßnahmen müssen immer die Ausnahme bleiben und verpflichten den Gesetzgeber, bei künftigen vergleichbaren Maßnahmen bereits bestehende Datensammlungen zu berücksichtigen und entsprechend vorsichtiger zu agieren. Es ist Teil der verfassungsrechtlichen Identität, dass die Freiheitswahrnehmung der Bürger nicht total erfasst und registriert werden darf.[768] In der Literatur wurde aus dieser Pflicht zur Rücksichtnahme auf bestehende Eingriffe in Rückgriff auf bestehende Rechtsprechung des BVerfG die Pflicht zur Durchführung einer sogenannten „Überwachungsgesamtrechnung" abgeleitet, bei der der Gesetzgeber die Entwicklungen der Technik im gesellschaftlichen Kontext beobachten muss und

766 BVerfGE 7, 198, 205 f.
767 BVerfG NJW 2010, 833, 839.
768 Vgl. hierzu neben BVerfG NJW 2010, 833, 839 auch BVerfGE 123, 267, 353 f.

bei Bedarf auch bereits bestehende Überwachungsmechanismen wieder abschaffen muss, wenn sie durch die weitere Entwicklung eingriffsintensiver werden.[769]

Neben diesen Stimmen und zahlreichen Akteuren aus der Zivilgesellschaft fordert auch der Bundesbeauftragte für den Datenschutz und die Informationsfreiheit die Durchführung der Überwachungsgesamtrechnung.[770] Der Beauftragte empfiehlt dazu ein Sicherheitsmoratorium, bei dem die aktuellen sicherheitsbehördlichen Befugnisse erst in ihrer Gesamtheit evaluiert werden sollen, bevor neue Ermächtigungsgrundlagen geschaffen werden. Die amtierende Regierungskoalition hat sich in ihrem Koalitionsvertrag zum Ziel gesetzt, eine solche Evaluation bis spätestens Ende 2023 erstmals durchzuführen.[771] Das Urteil zur Vorratsdatenspeicherung zeigt, dass die Überwachungsgesamtrechnung nicht nur eine rechtspolitische Forderung, sondern eine verfassungsrechtliche Notwendigkeit ist.

Einen konkreten Plan, wie die Überwachungsgesamtrechnung ablaufen soll, gibt es nicht – die Forschung hierzu ist auf wenige Texte aus der Wissenschaft und von Think Tanks beschränkt.[772] Von einer ausführlichen Darstellung des Problems wird an dieser Stelle daher abgesehen, relevant bleibt jedoch die Frage, ob und wie Predictive Policing-Systeme Teile dieser Evaluation sein können bzw. müssen. Das Urteil des BVerfG zur Vorratsdatenspeicherung bezieht sich primär auf anlasslose Datenspeicherungen.[773] Seitdem entwickelte oder bekannt gewor-

---

769 *Roßnagel* NJW 2010, 1238, 1242 insb. in Rückgriff auf BVerfGE 112, 304, 316 f.

770 *BfDI,* 28. Tätigkeitsbericht 2019 (2020), S. 41.

771 *SPD/BÜNDNIS '90/DIE GRÜNEN/FDP,* Mehr Fortschritt wagen (2021), S. 86, abrufbar unter https://www.spd.de/fileadmin/Dokumente/Koalitionsvertrag/Koalitionsvertrag_2021-2025.pdf (zuletzt abgerufen am 31.07.2023).

772 Bislang vor allem *Poscher/Kilchling/Landerer*, Überwachungsbarometer für Deutschland – ein Modellkonzept 2022; oberflächlicher auch *Roßnagel et al.* Einführung einer Überwachungsgesamtrechnung. Forum Privatheit und selbstbestimmtes Leben in der digitalen Welt, Policy Paper, 2022; darüber hinaus läuft bis Sommer 2024 ein Forschungsprojekt der LMU München und des Deutschen Anwaltvereins zur Überwachungsgesamtrechnung, Details dazu unter https://www.sr8.jura.uni-muenchen.de/forschungsprojekte/ueberwachungsgesamtrechnung/index.html (zuletzt abgerufen am 31.07.2023).

773 BVerfG NJW 2010, 833, 839, insbesondere mit dem Satz „*Die Einführung der Telekommunikationsverkehrsdatenspeicherung kann damit nicht als Vorbild für die Schaffung weiterer vorsorglich anlassloser Datensammlungen dienen, sondern zwingt den Gesetzgeber bei der Erwägung neuer Speicherungspflichten oder -berechtigungen in Blick auf die Gesamtheit der verschiedenen schon vorhandenen Datensammlungen zu größerer Zurückhaltung*".

dene Überwachungsmaßnahmen wie die Entwicklung der PNR-Datenverarbeitung zeigen jedoch, dass ein Anlassbezug so weit gesetzt werden kann, dass eine scharfe Abgrenzung zwischen anlassloser und anlassbezogener Datenspeicherung kaum noch gesetzt werden kann. Die Datenspeicherung und -verarbeitung nach dem FlugDaG muss als der Rasterfahndung ähnliche bislang anlasslose Überwachungsmaßnahme Teil der Überwachungsgesamtrechnung sein.[774] Ebenso muss die Verwendung von Palantir Gotham-Software durch einzelne Landespolizeibehörden mit in die Evaluation einbezogen werden – durch die hochgradig automatisierte (und teilweise intransparente) Auswertung einer großen Zahl von Datenbanken, bei der die Daten vieler Personen ausgewertet werden, die dafür keinen Anlass gesetzt haben, stellt die Nutzung, auch wenn sie auf bestimmte Anlässe beschränkt ist, eine besonders intensive Form der Überwachung dar. Dreht sich ein Predictive Policing-System hingegen ausschließlich um die Nutzung von Daten, für deren Speicherung und Verarbeitung die Betroffenen einen Anlass gesetzt haben (wie es z. B. bei RADAR-iTE der Fall ist), ist die Eingriffsintensität zu gering, um sie in die Überwachungsgesamtrechnung mit einzubeziehen.

2.2. Kann es eine Pflicht zur Nutzung von Predictive Policing geben?

An die Gedanken der möglicherweise geringeren Fehleranfälligkeit anknüpfend darf an dieser Stelle trotz aller Sorge und Kritik nicht vergessen werden: Predictive Policing wird von Politik und Polizei weiterentwickelt, weil durch die angestrebte verbesserte Polizeiarbeit Menschen besser geschützt werden sollen – sei es, indem Ressourcen optimiert werden, geplante Straftaten schneller und besser ausgemacht werden können, indem die Wahrscheinlichkeit, Nichtstörer zu treffen, reduziert wird oder auf andere denkbare Art und Weise. Im Moment lautet die zentrale kriminologische, technische und verfassungsrechtliche Frage, ob und wie diese Ziele erreicht werden können. Wenn (bzw. falls) diese Ziele erreicht werden sollten, kann im nächsten Schritt aus Perspektive des Grundrechtsschutzes und der Rechtsethik auch eine Pflicht zur Nutzung bestimmter Predictive Policing-Anwendungen denkbar sein. In anderen Bereichen, die die verstärkte Nutzung von Algorithmen untersuchen, findet bereits eine Diskussion über derartige Imperative statt: So stellte die Ethik-Kommission Automatisiertes und Vernetztes Fahren des Bundesverkehrsministeriums fest, dass es im Rahmen der Nutzung von Algorithmen in Fahrzeugen geboten sein kann, den Automatisierungsgrad

774 Zustimmend wohl auch *Poscher/Kilchling/Landerer*, Überwachungsbarometer für Deutschland – ein Modellkonzept 2022, S. 8, 10.

der Fahrzeuge zur besseren Kollisionsvermeidung zu erhöhen.[775] Durch das automatisierte Bremsen oder entsprechende Aufforderungen könnten schwere Unfälle vermieden und Leben und Gesundheit von Menschen geschützt werden.

Bei der Frage einer Pflicht zum Predictive Policing handelt es sich nicht um eine verfassungsrechtliche Grenze im Sinne des Themas dieser Arbeit. Grenzen und Notwendigkeiten sind durch den grundrechtlichen Rahmen jedoch so eng verknüpft, dass in der Diskussion um die Grenzen auch die daraus resultierenden Pflichten diskutiert werden müssen.

Ein objektiv effektives Predictive Policing (falls es so etwas überhaupt geben kann) könnte Polizeiarbeit vor allem unter zwei verfassungsrechtlich relevanten Gesichtspunkten verbessern: Zum einen könnte dadurch die Kriminalität gesenkt werden und damit auch der Genuss der Freiheitsrechte durch die Bürger gestärkt werden, zum anderen könnten dadurch vorurteilsbelastete Prognosen und sonstige diskriminierende Praktiken der Polizei reduziert werden.

Grundrechte sind in erster Linie subjektive Abwehrrechte, die die Freiheit des Einzelnen vor staatlicher Einwirkung gewährleisten sollen.[776] Darüber hinaus ist jedoch ebenso anerkannt, dass sie Ausdruck einer objektiven Werteordnung sind.[777] Durch diese objektiv-rechtliche Funktion werden nicht nur einfachgesetzliche Normen wie Generalklauseln im Zivilrecht und das Verfahrensrecht beeinflusst, sondern auch staatliche Schutzpflichten begründet.[778] So enthalten etwa die Gleichheitssätze des Art. 3 GG auch eine objektiv-rechtliche Schutzfunktion mit einem Gebot, bestehende Diskriminierungen zu beseitigen.[779] Ähnliches gilt für das allgemeine Persönlichkeitsrecht, das den Staat verpflichtet, zum Persönlichkeitsschutz beizutragen – der Gestaltungsspielraum ist hierbei jedoch so weit, dass die Schutzpflicht ihre wissenschaftliche Relevanz praktisch nur dann entfaltet, wenn sie zur Rechtfertigung von Eingriffen in die Rechte Dritter herangezogen wird.[780] Im Grundsatz gilt, dass sich aus der objektiv-rechtlichen Funktion der Grundrechte keine konkreten Gebote ableiten lassen. Die Schutzfunktion ist grundsätzlich unbestimmt, weshalb die Staatsorgane in eige-

775 *BMVI*: Bericht der Ethik-Kommission Automatisiertes und Vernetztes Fahren, Juni 2017, S. 11.

776 *Lang*, in: *Epping/Hillgruber*, GG Art. 2 Rn. 59.

777 Vgl. etwa *Di Fabio*, in: *Dürig/Herzog/Scholz*, GG Art. 2 Abs. 1 Rn. 61; *Starck*, in: *v. Mangoldt/Klein/Starck*, GG Art. 1 Abs. 3 Rn. 170; in dieser Arbeit auch die Ausführungen auf S. 84 f.

778 *Starck*, in: *v. Mangoldt/Klein/Starck*, GG Art. 1 Abs. 3 Rn. 170.

779 *Nußberger*, in: *Sachs*, GG Art. 3 Rn. 66; siehe auch oben S. 144.

780 *Di Fabio*, in: *Dürig/Herzog/Scholz*, GG Art. 2 Abs. 1 Rn. 135.

ner Verantwortung entscheiden müssen, wie sie dem entgegenwirken wollen.[781] Dabei haben sie jedoch nicht komplett freie Hand. Sie müssen dabei zunächst das Untermaßverbot berücksichtigen, zur Wahrung der Schutzpflichten reichen dabei zudem nicht bloß Maßnahmen, die „nicht gänzlich ungeeignet oder völlig unzulänglich sind".[782] Der Entscheidungsspielraum, wie der Gesetzgeber seinen Schutzpflichten nachkommen kann, bestimmt sich durch eine Reihe von Faktoren wie der Eigenart des Sachbereichs, Möglichkeiten, sich ein Urteil zu bilden und der Bedeutung der gegenständlichen Rechtsgüter.[783] In besonderen Situationen kann sich die Auswahl auf ein einzelnes Mittel beschränken, wenn ein effektiver Schutz auf andere Art und Weise nicht zu erreichen ist.[784]

Zu bedenken ist hier, dass Automatisierung und insbesondere Künstliche Intelligenz Möglichkeiten in der Polizeiarbeit schafft, die analog völlig undenkbar wären. Zur Veranschaulichung ein Beispiel aus der Strafverfolgung im Bereich der Kinderpornographie: Ein durchschnittlicher Ermittler ist in der Lage, pro Stunde etwa 500 Bilder auf strafrechtliche Relevanz zu untersuchen – in großen Missbrauchsfällen kommen inzwischen jedoch schnell mehrere Millionen Bilder zusammen, was einen immensen Ermittlungsstau zur Folge hat, auch mit der Konsequenz, dass Datenträger aus Zeitgründen unausgewertet an ihre Eigentümer zurückgegeben werden müssen.[785] Ein nach Angaben der Beteiligten erfolgreiches Forschungsprojekt nordrhein-westfälischer Behörden in Kooperation mit Microsoft soll in der Lage sein, Bilder durch künstliche Intelligenz vorzusortieren und in Kinder- und Jungendpornographie, Erwachsenenpornographie und sonstige Bilder einzuteilen.[786] Ermittler sollen durch diese Priorisierung wesentlich effizienter arbeiten können. Fast noch revolutionärer klingt daneben das Versprechen, Kinderpornographie durch künstliche Intelligenz zu generieren und verdeckten Ermittlern dadurch zu ermöglichen, sog. „Keuschheitsproben"

781 BVerfGE 133, 59, 76; 96, 56, 64
782 BVerfGE 88, 203, 262 f.
783 BVerfGE 88, 203, 262.
784 BVerfGE 46, 160, 164 f.
785 *Bager,* Filtern und Ermitteln, c't Heft 18/2019 S. 56.
786 *Microsoft,* Künstliche Intelligenz bewährt sich im Kampf gegen Kinderpornografie, Pressemitteilung vom 25.05.2021, abrufbar unter https://news.microsoft.com/de-de/kuenstliche-intelligenz-im-einsatz-gegen-kinderpornografie/ (zuletzt abgerufen am 31.07.2023); siehe auch die Aufzeichnung der Pressekonferenz des nordrhein-westfälischen Justizministeriums, abrufbar unter https://www.land.nrw/media/video/bilanz-des-forschungsprojektes-bei-der-zac-nrw-im-kampf-gegen-kinderpornographie (zuletzt abgerufen am 31.07.2023).

zu bestehen, die ihnen einen sonst nicht zur Verfügung stehenden Zugang zu Kinderpornographie-Plattformen im Darknet verschaffen.[787] Aus der Kategorie gut gemeint, aber nicht gut gemacht gesellt sich hierzu noch die auf EU-Ebene erhobene Forderung nach der Einführung von anlasslosem Client-Side-Scanning verschlüsselter Kommunikation auf kinderpornographische Inhalte (sog. Chatkontrolle), die eine massive Bedrohung für die Privatsphäre der Unionsbürger darstellt, aber auch beeindruckende neue technische Möglichkeiten aufzeigt.[788]

Wie weit diese Mittel in ihrer aktuellen Form tatsächlich geeignet sind, die proklamierten Ziele zu verwirklichen, soll in dieser Arbeit nicht bewertet werden, sie machen jedoch deutlich, dass es Bereiche polizeilicher Arbeit gibt, in denen Algorithmen vorher nie dagewesene Möglichkeiten schaffen. Entsprechend braucht es wenig Fantasie, sich jenseits der Strafverfolgung auch in der Gefahrenabwehr Predictive Policing vorzustellen, welches um ein Vielfaches effektivere Arbeit leisten kann als dies Polizisten von Hand vermögen. Wieder anknüpfend an das Beispiel der algorithmengestützten Bekämpfung von Kinderpornographie ist denkbar, dass eine weitere Zunahme des auszuwertenden Materials und eine Verbesserung der zur Auswertung nutzbaren Technologie den Rahmen des Möglichen und Notwendigen so stark verschiebt, dass Ermittlungsmethoden, wie sie vor wenigen Jahren noch praktiziert wurden, als völlig ungeeignet betrachtet werden müssten und Ermittlungsarbeit ohne algorithmische Unterstützung gegen das Untermaßverbot verstieße.

Das Bestehen einer solchen Schutzpflicht hat jedoch für sich genommen noch nicht die Konsequenz, dass ein entsprechendes staatliches Handeln gerichtlich einklagbar wäre. Die Ausnahmen, in denen aufgrund der Verletzung einer Schutzpflicht eine Verfassungsbeschwerde zulässig oder gar begründet wäre, können für Predictive Policing nicht einschlägig sein, da die damit zu bekämpfenden Gefahren nicht hinreichend konkretisierbar sind, als dass sich hieraus ein

787 Vertiefend etwa *Wittmer/Steinebach* MMR 2019, 650; *Rückert/Goger* MMR 2020, 373. Auch wenn im Detail umstritten ist, wie weit Polizeibeamte zu Zwecken der Strafverfolgung selbst Straftaten begehen dürfen, besteht Einigkeit, dass die staatliche Herstellung echten kinderpornographischen Materials nicht zulässig ist (vgl. dazu u.a. auch die Ausführungen von *Rückert/Goger*).

788 Zur rechtlichen Einordnung etwa *European Data Protection Board*, Proposal to combat child sexual abuse online presents serious risks for fundamental rights, Pressemitteilung vom 29.07.2022, abrufbar unter https://edpb.europa.eu/news/news/2022/proposal-combat-child-sexual-abuse-online-presents-serious-risks-fundamental-rights_en (zuletzt abgerufen am 31.07.2023); aus dem technischen Blickwinkel *Abelson et. al.*, Bugs in our Pockets: The Risks of Client-Side Scanning, ArXiv abs/2110.07450 (2021).

subjektiv-öffentliches Recht ergeben könnte.[789] Die Beispiele aus dem Strafrecht zeigen jedoch, dass die hier angestellten Überlegungen zwar aktuell theoretischer Natur sind, dies aber nicht mehr lange bleiben müssen.

3. Normative Widersprüche durch algorithmische Entscheidungen: Automation Bias

Zuletzt folgt an dieser Stelle ein Blick auf ein Thema, bei dem Predictive Policing (bzw. der staatliche Einsatz algorithmischer Entscheidungssysteme generell) eindeutig eine vorher in dieser Form nicht dagewesene verfassungsrechtliche Herausforderung schafft. Der Einsatz eines Systems, das vielleicht bestimmte Grundrechtskonflikte besser löst, dafür an anderer Stelle neue Probleme schafft, führt am Ende zu normativen Widersprüchen, die erkundet und wenn möglich auch aufgelöst werden müssen. Relevantester Fall für Predictive Policing ist die Einordnung des Automation Bias in den verfassungsrechtlichen Kontext.

Zu den größten Gefahren, die die Nutzung des Predictive Policing (und jedes anderen entscheidungsunterstützenden oder entscheidungsleitenden Algorithmus) mit sich bringt, gehört der sogenannte Automation Bias – die menschliche Angewohnheit, computergenerierte Feststellungen für besonders objektiv zu halten und ihnen selbst dann zu folgen, wenn das Ergebnis jeder Lebenserfahrung widerspricht. Das Phänomen ist in der Verhaltenspsychologie umfangreich erforscht und führte in drastischen Fällen schon zu Flugzeugabstürzen und Schiffshavarien. Teilweise überlappt sich der Automation Bias mit dem nicht exakt definierten Feld der „Complacency“ (was sich grob als „Selbstgefälligkeit“ übersetzen lässt), bei der Verantwortliche nachlässig werden und notwendige Vorkehrungen und Überprüfungen nicht vornehmen, da sie darauf vertrauen, dass das computerberechnete Ergebnis korrekt ist. Im Ergebnis findet damit eine Verschiebung der Fehlerarten statt: Zum einen werden menschliche Fehler durch die Verwendung des entscheidungsunterstützenden Systems korrigiert, zum anderen werden Fehler des Algorithmus unkritisch übernommen bzw. sogar eigene korrekte Einschätzungen zugunsten fehlerhafter automatisierter Einschätzungen korrigiert. Es entstehen

789 Siehe dazu zunächst BVerfGE 46, 160 (Schleyer-Entführung), insbesondere aber BVerfGE 77, 170 zur Lagerung chemischer Waffen in der Bundesrepublik, bei denen die Bundesregierung die Einhaltung der Sicherheitsvorschriften fast komplett der die Waffen besitzenden US-Armee überließ und keine weiteren Maßnahmen zum Katastrophenschutz erließ. In seiner abweichenden Meinung hielt Richter Mahrenholz die auf Ergreifung entsprechender Maßnahmen gerichtete Verfassungsbeschwerde für zulässig (S. 234 ff.).

somit Fehler, die bei rein menschlicher Tätigkeit nicht entstanden wären. Studien zu diesem Phänomen im Kontext des Predictive Policing oder damit vergleichbarer Felder gibt es nicht, Forschungsergebnisse in anderen Bereichen deuten jedoch stark darauf hin, dass die Effekte auch durch Gegenmaßnahmen nicht vermieden werden können.[790] Trotz dieser neuen Fehler sinkt die Gesamtzahl der Fehler in den untersuchten Bereichen regelmäßig.[791] Dabei ist anzumerken, dass in den Feldern, in denen die Analysen durchgeführt wurden, anders als bei Predictive Policing die Wirksamkeit der Systeme gut messbar ist.

Das Problem wurde in dieser Arbeit bereits im Exkurs zur Nutzung des COMPAS-Algorithmus in den USA angeschnitten, wo befürchtet wird, dass trotz der Beschränkung der Nutzung auf die Entscheidungsunterstützung und der Pflicht, hinreichend andere Begründungen zu geben, ein „Anker“ gesetzt wird, dessen Ergebnis mit den anderen Argumenten nur gestützt wird.[792] Aus einer eher rechtsethischen Linse betrachtet, befürchten andere eine „selbst auferlegte Gedankenlosigkeit“, bei der sich die Verantwortlichen aufgrund der Automatisierungsprozesse auf diese verlassen, emotional und moralisch zum Vorgang auf Distanz gehen und sich nicht mehr im gebotenen Umfang verantwortlich fühlen.[793] Die wissenschaftlichen Befunde zum Phänomen machen deutlich, dass der Unterschied zwischen der Nutzung eines vollautomatisierten, eines entscheidungsleitenden und eines entscheidungsunterstützenden Systems für die Betroffenen nicht so groß ist, wie es auf den ersten Blick scheint. Ein erschreckendes Beispiel hierfür ist die niederländische Kindergeldaffäre, in der über 26.000 fehlerhafte Rücknahmeforderungen ergingen. Hier wurde der Risikoscore für den Betrugsfall zwar automatisiert erstellt, die Entscheidung für die Rückforderung lag aber immer noch bei den bearbeitenden Beamten. Die Gründe für den hohen Risikoscore kannten die Beamten nicht, sie vertrauten darauf und erklärten zehntausende Fälle ohne weiteren Grund fälschlich für Betrugsfälle.[794]

---

790 Anstatt vieler als Metastudie *Parasuraman/Manzey*, Hum Factors. 2010 Jun; 52(3) S. 381, 397.

791 Ebenfalls vgl. die Metastudie von *Goddard/Roudsari/Wyatt*, Journal of the American Medical Informatics Association, Volume 19, Issue 1, Januar 2012, S. 121, 123.

792 S. o. S. 109 f.

793 *Sommerer*, Personenbezogenes Predictive Policing 2020, S. 325 ff.

794 *Amnesty International*, Xenophobic Machines 2021, S. 15 ff., abrufbar unter https://www.amnesty.org/en/documents/eur35/4686/2021/en/ (zuletzt abgerufen am 31.07.2023); *Autoriteit Persoonsgegevens*, Belastingdienst/Toeslagen – De verwerking van de nationaliteit van aanvragers van kinderopvangtoeslag 2020, S. 14 ff., abrufbar

Wie schon in anderen Bereichen – insbesondere im Kontext der Diskriminierung – beschrieben, ist es unvermeidbar, dass Vorurteile und andere Verzerrungseffekte einen Einfluss auf die menschliche Entscheidungsfindung haben. Auch hier gilt zunächst das Argument, dass es einen Unterschied macht, ob eine rechtspolitische Entscheidung zur Nutzung eines Systems getroffen wird, dessen gravierende Defizite wissenschaftlich gut untersucht sind oder ob Grundrechtseingriffe durch schwer fassbare und praktisch unvermeidliche menschliche Voreingenommenheiten beeinflusst werden. Die Ausführungen verdeutlichen, wie viel gravierender die Verzerrungen sein können, wenn ein entscheidungsunterstützendes System Teil eines Prozesses ist. Der Mensch ist dabei oft eben kein Korrektiv, sondern folgt der Entscheidung, ohne sie gesondert zu hinterfragen.

Klare, abstrakte verfassungsrechtliche Grenzen für den Einsatz entscheidungsunterstützender Systeme lassen sich aus den Forschungsergebnissen zum Automation Bias nicht ableiten. Wie im Kapitel zu den Anforderungen an die Transparenz der Systeme dargestellt, gebietet das Rechtsstaatsprinzip in erster Linie, dass alle entscheidungserheblichen Erwägungen dem Betroffenen mitgeteilt werden. Selbst wenn alle diese Kriterien auf dem Papier erfüllt sind, kann der Automation Bias den Betroffenen jedoch immer noch zum Verhängnis werden. Die Wahrscheinlichkeit von Ermessensfehlern und fehlerhaften Tatbestandssubsumtionen in der Verwaltung kann durch die Verwendung entscheidungsunterstützender Systeme jedoch erheblich steigen. In Abwägungsfragen, insbesondere im Rahmen von Verhältnismäßigkeitsprüfungen ist dieser Aspekt daher besonders zu berücksichtigen.

Das Thema Automation Bias hat auch Bedeutung im Zusammenhang mit dem im letzten Unterkapitel diskutierten „Recht auf menschliche Entscheidung". Hier zeigen sich der direkte verfassungsrechtliche Bezug am deutlichsten: Da die Grenze zwischen entscheidungsunterstützenden, entscheidungsleitenden und vollautomatisierten Systemen fließend verläuft, sind besondere Vorkehrungen notwendig, um sicherzustellen, dass die Aspekte, die zwangsläufig menschlich entschieden werden müssen, nicht nur auf dem Papier, sondern auch in der Realität menschlich entschieden werden. Es ist zwar nach dem aktuellen Forschungsstand nicht möglich, den Effekt völlig auszuschalten, Gegenmaßnahmen sind jedoch möglich und in diesem Kontext auch verfassungsrechtlich geboten.

Besondere Aufmerksamkeit verdient in diesem Kontext das Ergebnis, dass die Gesamtzahl der Fehler durch die Automatisierung oft sinkt. Es entsteht zwar eine neue Fehlerart, dafür können aber andere menschliche Fehler vermieden werden.

---

unter https://autoriteitpersoonsgegevens.nl/sites/default/files/atoms/files/onderzoek_belastingdienst_kinderopvangtoeslag.pdf (zuletzt abgerufen am 31.07.2023).

Das ist nicht zwangsläufig problematisch, Prognosen im Gefahrenabwehrrecht sind von ihrer Natur aus fehlerbehaftet. Da die Abwägungen in die Zukunft gerichtet sind, müssen Ungenauigkeiten und Fehler auch mehr in Kauf genommen werden als zum Beispiel im Strafrecht, wo die Unschuldsvermutung und andere prozessuale Mechanismen sicherstellen müssen, dass Fehler zu Lasten der Beschuldigten/Angeklagten so selten wie möglich passieren.[795]

Im Ergebnis führt der Automation Bias in solchen Fällen zu Situationen, wie sie im Konfliktfeld um das Anknüpfungsverbot in Art. 3 Abs. 3 GG bereits an einem Detailproblem festgemacht wurde:[796] Es ist möglich, dass die Gesamtzahl von Fehlern verringert wird, Fehler als solche und ihre Ursachen jedoch einfacher identifiziert werden können. Im Spannungsfeld zwischen effizientem, ressourcenschonendem Staatshandeln einerseits und maximaler Einzelfallgenauigkeit andererseits bietet das Verfassungsrecht (und das einfache Recht) je nach Sachgegenstand aber unterschiedlich viel Raum. Art. 3 Abs. 3 GG mit seinem Anknüpfungsverbot lässt als Extrembeispiel überhaupt keine messbaren Fehler zu, die Prognose zur Gefahrenabwehr lässt hingegen viel Raum. Auch hier bieten die Ausführungen zum „Recht auf menschliche Entscheidung" gute Richtlinien, wie flexibel einzelne Aspekte in dieser Hinsicht gehandhabt werden können.

4. Schlussfolgerungen

Um einen verfassungsrechtlichen Rahmen für Predictive Policing zu finden, reicht es nicht aus, klassisch von den einzelnen Grundrechten ausgehend Grenzen zu suchen und zu definieren. Es braucht einen Perspektivwechsel, durch den neue Probleme und Herausforderungen identifiziert werden können und mit dessen Hilfe analysiert werden kann, ob diese Probleme auch eine verfassungsrechtliche Komponente innehaben. Noch nicht absehbar, aber durchaus vorstellbar ist dabei auch, dass deswegen in Zukunft Grundrechte in der Verfassung ermittelt werden müssen, die bislang nicht gesehen und benötigt wurden, wie in der Vergangenheit mit dem allgemeinen Persönlichkeitsrecht geschehen. Nicht vergessen werden darf in dieser Hinsicht, dass die Mehrzahl der Grundrechtsinnovationen seit Inkrafttreten des Grundgesetzes durch die Digitalisierung bedingt wurden, so etwa das (in einzelnen Landesverfassungen nachträglich kodifizierte) Recht auf informationelle Selbstbestimmung, ebenfalls in den Landesverfassungen kodifizierte Informationszugangsfreiheitsrechte und das Recht auf Gewährleistung

795 Zu den grundsätzlichen Unterschieden zwischen Straf- und Gefahrenabwehrrecht in diesem Bereich vgl. auch S. 197 ff.

796 S. o. S. 184.

der Vertraulichkeit und Integrität informationstechnischer Systeme, aber auch die immer stärkere ausdifferenzierte Rechtsprechung des BVerfG zum Thema Privatsphäre.[797] Diese Weiterentwicklung ist angesichts der steigenden technischen Möglichkeiten und der damit einhergehenden Gefahren für die menschliche Autonomie noch lange nicht am Ende. Als beispielhafte Anregung, um die Diskussion um Grundrechte und den Einfluss von Algorithmen jenseits des Predictive Policing zu zeigen: Als Resultat privatwirtschaftlicher automatisierter Prognosen zur Beeinflussung von Konsumenten wird von *Zuboff* ein „Right To The Future Tense" gefordert, dass einen Schutz vor manipulativem Surveillance Advertising geben soll.[798] Kein Beispiel für ein solches „neues" Grundrecht, aber den Perspektivwechsel als solchen bietet z. B. das „Recht auf menschliche Entscheidung".

Mit diesem Perspektivwechsel geht – zur Frustration des Rechtswissenschaftlers – teilweise einher, dass Antworten auf manche neuen verfassungsrechtlichen Fragen nicht immer mit der gewohnten und angestrebten Präzision zu finden sind. In vielerlei Hinsicht bieten die hier erörterten Aspekte verfassungsrechtliche Leitlinien, durch die dem Gesetzgeber, der Verwaltung und der Justiz erheblicher Spielraum verbleibt. Als subjektiv-öffentliches Recht ist zum Beispiel das „Recht zum Rechtsbruch" keinesfalls durchsetzbar, was es aber nicht weniger wichtig macht. Das laufende Vorhaben der Bundesregierung, die Überwachungsgesamtrechnung durchzuführen, zeigt andererseits, dass auch in ihrer Ursprungsform verfassungsrechtlich unscharfe Konzepte, die nicht einklagbar sind, mit dem Willen der entsprechenden Stellen durchgesetzt werden können.

---

797 Sehr ausführlich zu diesen Entwicklungen *Hornung*, Grundrechtsinnovationen, 2015, S. 266–328.

798 *Zuboff*, The Age of Surveillance Capitalism, 2019, S. 329 ff.; in eine ähnliche Richtung geht zumindest in einzelnen Ansätzen auch eine aus der deutschen Zivilgesellschaft stammende Forderung nach einer „Charta der digitalen Grundrechte der Europäischen Union", abrufbar unter https://digitalcharta.eu/ (zuletzt abgerufen am 31.07.2023).

VI. Fazit

Wie weit revolutioniert Predictive Policing die Polizeiarbeit und wo werden lediglich bekannte Muster weiter automatisiert? Blickt man aus der technischen Perspektive auf die Leitfrage dieser Arbeit, ließe sie sich recht einfach beantworten: Ortsbezogenes Predictive Policing macht Methoden der Polizei, die analog zumindest schon rudimentär existierten, einfacher handhabbar, erfindet aber das Rad nicht neu. Im personenbezogenen Bereich schaffen Big Data-Anwendungen wie Palantir Gotham und der PNR-Abgleich Möglichkeiten, die es vereinzelt schon früher gab (insb. in Form der Rasterfahndung). In vielen Aspekten stellen aber sie eine völlig neue Art der polizeilichen Datenverarbeitung dar.

Blickwinkel dieser Arbeit waren jedoch nicht technische, sondern verfassungsrechtliche Aspekte des Predictive Policing. Ein Blick auf das Thema durch die Linse des Verfassungsrechts zeigt ein wesentlich komplexeres Bild. Sehr anschaulich zeigt sich dies zunächst im ortsbezogenen Predictive Policing: Durch Aspekte, die technisch betrachtet nur vorher bereits bestehende Möglichkeiten digitalisieren bzw. automatisieren, kommen vorher nie relevante verfassungsrechtliche Fragen auf. Nur selten stellt sich sonst die Frage nach dem Beginn des staatlichen Eingriffs in einem vergleichbaren Detailgrad.

Auf der anderen Seite zeigt sich: Auch an vielen Punkten, wo Predictive Policing völlig neue Möglichkeiten der Polizeiarbeit schafft, ist das Verfassungsrecht bereits jetzt gewappnet, Grenzen zu setzten und zulässige Räume aufzuzeigen. Paradebeispiel ist hierfür die informationelle Selbstbestimmung, für die das BVerfG in seiner Palantir-Entscheidung keine großen Modifikationen vornehmen musste, um sein erstes Urteil im Bereich des Predictive Policing zu sprechen.

Höchst spannend wird es an den Stellen bleiben, wo Predictive Policing Polizeiarbeit tatsächlich revolutioniert und gleichzeitig bei der verfassungsrechtlichen Einordnung Widersprüche hervorkommen. Diese Phänomene überfordern das Recht nicht, aber der Umgang hiermit muss Gegenstand dogmatischer und gesellschaftlicher Aushandlungsprozesse sein, um Leitlinien zu finden bei Fragen wie der Diskriminierung oder dem Automation Bias. Diese Debatten und Prozesse werden nicht auf Predictive Policing beschränkt sein, denn sehr ähnliche Fragen stellen sich auch überall sonst, wo der Staat große Datenmengen algorithmisch verarbeitet oder mit Hilfe künstlicher Intelligenz arbeitet.

Um aus diesen theoretischen Grenzen praktische Wirksamkeit zu verleihen, ist zunächst der Gesetzgeber gefordert: Er muss insbesondere unabhängige Aufsichtsbehörden schaffen bzw. stärken, die eine effektive Kontrolle über den Einsatz der Systeme gewährleisten können und gleichzeitig dazu beitragen können, Maßstäbe zu setzen, wo es weiterer Konkretisierungen bedarf. Ein solches Vorgehen sollte nicht allein auf Predictive Policing bezogen werden; es ist für weite Bereiche, in denen staatliches Handeln stärker automatisiert wird, notwendig.

Ob die einzelnen Systeme revolutionär sind oder nicht, ob verfassungsrechtliche Grenzen klar sichtbar sind oder noch ausgehandelt werden müssen, ein Trend zeigt sich überall: Die Durchsetzung der von der Verfassung gesetzten Grenzen stellt eine erhebliche Herausforderung dar. Neben dem Gesetzgeber (und allen anderen staatlichen Institutionen) ist damit auch die Zivilgesellschaft noch stärker als in anderen Bereichen gefordert, das Geschehen wachsam und laut zu beobachten. Insbesondere die zunehmende Intransparenz – nicht nur durch unklare Abläufe in den einzelnen Systemen, sondern auch durch die teilweise sehr hohen Anforderungen an die individuelle Expertise, um Anwendungen bewerten zu können – kann zur Folge haben, dass die Gesellschaft von der Funktionsfähigkeit unabhängiger (aber trotzdem angreifbarer) Ombudsstellen abhängig wird und ihre eigenen Kontrollmöglichkeiten und -fähigkeiten verliert. Im Kapitel zur Menschenwürde wurde thematisiert, dass Predictive Policing in seiner Extremform den freien Willen des Bürgers in Frage stellt. Verliert die Gesellschaft die Möglichkeit zur effektiven Kontrolle der Systeme, ist auch die Mündigkeit des demokratischen Individuums gefährdet.

Über ein Jahrzehnt nach der Einführung der ersten Predictive Policing-Systeme ist bei den ortsbezogenen Anwendungen ein deutlicher Bedeutungsrückgang zu beobachten, auch wenn die Systeme nicht bedeutungslos werden und sich in einigen Bundesländern inzwischen im Dauerbetrieb befinden. Personenbezogenes Predictive Policing ist hingegen in den darauf setzenden Stellen inzwischen etabliert; auch wenn in den letzten Jahren keine wesentlich neuen Impulse kamen, wurden bestehende Anwendungen ausgebaut (wie RADAR-iTE zur RADAR-rechts) oder in neuen Bundesländern eingesetzt (wie Palantir Gotham). Im Rahmen der Verhandlungen zur KI-Verordnung laufende Diskussionen um ein Verbot von Predictive Policing werden das Thema mit großer Wahrscheinlichkeit nicht aus der Welt schaffen. Das liegt allein schon daran, dass ein Großteil der hier diskutierten Systeme von staatlicher Seite mit teilweise durchaus stichhaltigen Argumenten nicht unter den Begriff subsumiert wird.

Wer Predictive Policing in erster Linie als Dystopie und Angstfaktor betrachtet, muss erkennen, dass es nichts über die Gefährlichkeit einer polizeilichen Methode aussagt, wenn man sie mit diesem Begriff versieht. Der Blick nach China und Russland zeigt aber auch, dass der Weg zu einer den freien Willen infrage stellenden Prognosedystopie nicht lange ist. So zeigt Predictive Policing aufs Neue: Unsere Rechtsordnung bleibt nur dann freiheitlich, wenn Gesellschaft und Staat das Grundgesetz schützen und aktiv dafür eintreten.

Literaturverzeichnis

Abdul-Rahman, Laila / Espín Grau, Hannah / Klaus, Luise: Übermäßige Polizeigewalt aus Betroffenenperspektive. Einsatzsituationen, Diskriminierungswahrnehmung und Anzeigeverhalten. SIAK-Journal – Zeitschrift für Polizeiwissenschaft und polizeiliche Praxis 2/2021, S. 12–25.

Abelson, Harold / Anderson, Ross J. / Bellovin, Steven M. / Benaloh, Josh / Blaze, Matt / Callas, John L. / Diffie, Whitfield / Landau, Susan / Neumann, Peter G. / Rivest, Ronald L. / Schiller, Jeffrey I. / Schneier, Bruce / Teague, Vanessa / Troncoso, Carmela: Bugs in our Pockets: The Risks of Client-Side Scanning. ArXiv abs/2110.07450 (2021).

Alikhademi, Kiana / Drobina, Emma / Prioleau, Diandra / Richardson, Brianna / Purves, Duncan / Gilbert, Juan E.: A review of predictive policing from the perspective of fairness. Artif Intell Law 30 (2022), S. 1–17.

Amnesty International: We sense trouble: Automated discrimination and mass surveillance in predictive policing in the Netherlands, London 2020, abrufbar unter https://www.amnesty.org/en/documents/eur35/2971/2020/en/ (zuletzt abgerufen am 31.07.2023).

Amnesty International: Xenophobic Machines – Discrimination through unregulated Use of Algorithms in the Dutch Childcare Benefits Scandal, 2021, abrufbar unter https://www.amnesty.org/en/documents/eur35/4686/2021/en/ (zuletzt abgerufen am 31.07.2023).

Angwin, Julia / Larson, Jeff / Mattu, Surya / Kirchner, Lauren: Machine Bias. There's software used across the country to predict future criminals. And it's biased against blacks. ProPublica vom 23.5.2016, abrufbar unter https://www.propublica.org/article/machine-bias-risk-assessments-in-criminal-sentencing (zuletzt abgerufen am 31.07.2023).

Autoriteit Persoonsgegevens: Belastingdienst/Toeslagen – De verwerking van de nationaliteit van aanvragers van kinderopvangtoeslag, 2020, abrufbar unter https://autoriteitpersoonsgegevens.nl/sites/default/files/atoms/files/onderzoek_belastingdienst_kinderopvangtoeslag.pdf (zuletzt abgerufen am 31.07.2023).

Baer, Susanne: „Ende der Privatautonomie" oder grundrechtlich fundierte Rechtsetzung? Die deutsche Debatte um das Antidiskriminierungsrecht, ZRP 2002, S. 290–294.

Bagaric, Mirko / Svilar, Jennifer / Bull, Melissa / Hunter, Dan / Stobbs, Nigel: The Solution to the Pervasive Bias and Discrimination in the Criminal Justice System: Transparent and Fair Artificial Intelligence, American Criminal Law Review, Vol 59 (2020), S. 95–148.

Bager, Jo: Filtern und Ermitteln – KI spürt illegale Inhalte auf, c't Heft 18/2019, S. 56.

Barrett, Lindsey: Reasonably Suspicious Algorithms: Predictive Policing at the United States Border. 41 N.Y.U. Rev. L. & Soc. Change 2017, S. 327–363.

Barskanmaz, Cengiz: Recht und Rassismus. Das menschenrechtliche Verbot der Diskriminierung aufgrund der Rasse. Springer Berlin 2019.

Bauer, Michael: Scanner gegen Mörder, Bayerischer Rundfunk vom 02.04.2017, Archivlink abrufbar unter https://web.archive.org/web/20190107041300/https://www.br.de/nachricht/3d-scanner-verbrechen-lka-100.html (zuletzt abgerufen am 31.07.2023).

Bayerischer Landesbeauftragter für den Datenschutz: Der Bayerische Landesbeauftragte für den Datenschutz informiert die Öffentlichkeit. 27. Tätigkeitsbericht. Berichtszeitraum 2015/ 2016. o. O. (2017), abrufbar unter https://www.datenschutz-bayern.de/tbs/tb27/tb27.pdf (zuletzt abgerufen am 31.07.2023).

Bayerisches Landeskriminalamt: Predictive Policing bei der bayerischen Polizei, Pressemitteilung vom 27.10.2021, abrufbar unter https://www.polizei.bayern.de/aktuelles/pressemitteilungen/018804/index.html (zuletzt abgerufen am 31.07.2023).

Bayerisches Landeskriminalamt: Projekt VeRA: Ergebnis der Quellcodeüberprüfung, Pressemitteilung vom 08.03.2023, abrufbar unter https://www.polizei.bayern.de/aktuelles/pressemitteilungen/045266/index.html (zuletzt abgerufen am 31.07.2023).

Belina, Bernd / Wehrheim, Jan: „Gefahrengebiete". Durch die Abstraktion vom Sozialen zur Reproduktion gesellschaftlicher Strukturen. Soziale Probleme 23 (2011), S. 207–230.

Belina, Bernd: „Vorbild New York" und „Broken Windows": Ideologien zur Legitimation der Kriminalisierung der Armen im Namen der Sicherheit in der unternehmerischen Stadt, in: Häfele, Joachim / Sack, Fritz / Eick, Volker / Hillen, Hergen (Hrsg.), Sicherheit und Kriminalprävention in urbanen Räumen, Springer VS Wiesbaden 2017, S. 29–46.

Belina, Bernd: Der Alltag der Anderen: Racial Profling in Deutschland?. In: Dollinger, Bernd / Schmidt-Semisch, Henning (Hrsg.): Sicherer Alltag?, Springer VS Wiesbaden 2016, S. 125–146.

Benbouzid, Bilel: To predict and to manage. Predictive policing in the United States. Big Data & Society, 6 (2019), S. 1–13.

Bench, Ansfield: The Broken Windows of the Bronx: Putting the Theory in Its Place. American Quarterly, vol. 72 no. 1 (2020), S. 103–127.

Berk, Richard: Forecasting Methods in Crime and Justice, Annu. Rev. Law Soc. Sci. 2008. S. 4:219–238.

Berliner Beauftragte für Datenschutz und Informationsfreiheit: Jahresbericht 2020, Berlin 2021.

Berliner Beauftragte für Datenschutz und Informationsfreiheit: Jahresbericht 2021, Berlin 2022.

Bischof, Boris A.: Europäische Rasterfahndung – grenzenlose Sicherheit oder gläserne Europäer?; KJ 2004, S. 361–380.

Biselli, Anna: Automatisiertes Misstrauen, in: netzpolitik.org vom 09.01.2020, abrufbar unter: https://netzpolitik.org/2020/automatisiertes-misstrauen/ (zuletzt abgerufen am 31.07.2023)

Biselli, Anna: Neue Zahlen zeigen, die nutzlos die IT-Offensive des BAMF ist, in: Vice.com vom 21.12.2018, abrufbar unter: https://www.vice.com/de/article/kzv5v3/sprachanalyse-handyauswertung-bamf-it-fluechtlinge-herkunft (zuletzt abgerufen am 31.07.2023).

Bittle, Jake: Lie detectors have always been suspect. AI has made the problem worse. MIT Technology Review vom 13.03.2020, abrufbar unter https://www.technologyreview.com/2020/03/13/905323/ai-lie-detectors-polygraph-silent-talker-iborderctrl-converus-neuroid/ (zuletzt abgerufen am 31.07.2023).

Böckler, Nils / Groß, Eva / Allwinn, Mirko / Dörr, Günter / Igel, Christoph / Jarolimek, Stefan / Pflug, Annika / Steinebach, Martin / Hoffmann, Jens / Weber, Kristin / Eppert, Kerstin / Roth, Viktoria / Zick, Andreas: Analyse extremistischer Bestrebungen in sozialen Netzwerken. Forum Kriminalprävention 4/2017, S. 36–40.

Boehme-Neßler, Volker: Algorithmen in der Demokratie – Verfassungsrecht als Maßstab für Software. K&R 2019, S. 767–770.

Boehme-Neßler, Volker: Die Macht der Algorithmen und die Ohnmacht des Rechts, NJW 2017, S. 3031–3037.

Boehme-Neßler, Volker: Unscharfes Recht – Überlegungen zur Relativierung des Rechts in der digitalisierten Welt. Duncker & Humblot Berlin 2008.

Brantingham, Paul / Brantingham, Patricia: Criminality of place – Crime generators and crime attractors, European Journal on Criminal Policy and Research 13(3) 1995. S. 5–26.

Brantingham, Paul / Brantingham, Patricia: The Theory of Target Search. In: Cullin, Frances T. / Wilcox, Pamela (Hrsg.): The Oxford Handbook of Criminological Theory. Oxford University Press 2013, S. 535–553.

Brayne, Sarah: Big Data Surveillance: The Case of Policing. American Sociological Review, 82(5) (2017), S. 977–1008.

Brink, Stefan / Polenz, Sven / Blatt, Henning: Informationsfreiheitsgesetz. Kommentar. C. H. Beck München 2017.

Bröhmer, Jürgen: Transparenz als Verfassungsprinzip. Mohr Siebeck Tübingen 2004.

Brunet, James R.: Discouragement of Crime Through Civil Remedies: An Application of a Reformulated Routine Activities Theory, Western Criminology Review 4 (1) 2002, S. 68–79.

Bryant, Jennifer: Maine passes statewide facial recognition ban, IAPP.org vom 01.07.2021, abrufbar unter https://iapp.org/news/a/maine-passes-statewide-facial-recognition-ban/ (zuletzt abgerufen am 31.07.2023).

Buda, Mateusz / Maki, Atsuto / Mazurowski, Maciej A.: A systematic study of the class imbalance problem in convolutional neural networks, Neural Networks, Volume 106 (2018), S. 249–259.

Bundeskriminalamt: Analysemodell für die Sicherheitslage in migrantisch geprägten Quartieren, abrufbar unter https://www.bka.de/SharedDocs/Downloads/DE/UnsereAufgaben/Ermittlungsunterstuetzung/Forschung/ForschungsErgebnisseWiKri/migsst_Analysemodell.xlsx?__blob=publicationFile&v=4 (zuletzt abgerufen am 31.07.2023).

Bundeskriminalamt: Forschungsprojekte zu Organisierter Kriminalität und Wirtschaftskriminalität, abrufbar unter https://www.bka.de/DE/UnsereAufgaben/Forschung/ForschungsprojekteUndErgebnisse/OrganisierteKriminalitaetWirtschaftskriminalitaet/ok_wikri_node.html (zuletzt abgerufen am 31.07.2023).

Bundeskriminalamt: Handbuch für evidenzbasierte lokale Sicherheitsanalysen in migrantisch geprägten Quartieren, Version 1.1, abrufbar unter https://www.bka.de/SharedDocs/Downloads/DE/UnsereAufgaben/Ermittlungsunterstuetzung/Forschung/ForschungsErgebnisseWiKri/migsst_HandbuchSicherheitsanalysen.pdf?__blob=publicationFile&v=3 (zuletzt abgerufen am 31.07.2023).

Bundeskriminalamt: Politisch motivierte Kriminalität. Abrufbar unter https://www.bka.de/DE/UnsereAufgaben/Deliktsbereiche/PMK/pmk_node.html (zuletzt abgerufen am 31.07.2023).

Bundeskriminalamt: Presseinformation: Neues Instrument zur Risikobewertung von potentiellen Gewaltstraftätern, 2. Februar 2017, abrufbar unter https://www.bka.de/DE/Presse/Listenseite_Pressemitteilungen/2017/Presse2017/170202_Radar.html (zuletzt abgerufen am 28.10.2021).

Bundeskriminalamt: RADAR (Regelbasierte Analyse potentiell destruktiver Täter zur Einschätzung des akuten Risikos), abrufbar unter https://www.bka.de/DE/UnsereAufgaben/Deliktsbereiche/PMK/Radar/radar_node.html (zuletzt abgerufen am 28.10.2021).

Bundeskriminalamt: RADAR-rechts, abrufbar unter https://www.bka.de/DE/UnsereAufgaben/Deliktsbereiche/PMK/PMK-rechts/RADAR/radar_node.html (zuletzt abgerufen am 31.07.2023).

Bundesministerium des Inneren und für Heimat: Politisch motivierte Kriminalität erreichte im Jahr 2021 neuen Höchststand: Steigerung um mehr als 23 Prozent, Pressemitteilung vom 10.05.2022, abrufbar unter https://www.bmi.bund.de/SharedDocs/pressemitteilungen/DE/2022/05/pmk2021.html (zuletzt abgerufen am 31.07.2023).

Bundesministerium für Bildung und Forschung: X-SONAR: Analyse extremistischer Bestrebungen in sozialen Netzwerken, abrufbar unter https://www.sifo.de/sifo/de/projekte/schutz-vor-kriminalitaet-und-terrorismus/terrorismusbekaempfung/x-sonar/x-sonar_node.html (zuletzt abgerufen am 31.07.2023).

Bundesministerium für Digitales und Verkehr: Bericht der Ethik-Kommission Automatisiertes und Vernetztes Fahren, Juni 2017, abrufbar unter https://www.bmvi.de/SharedDocs/DE/Publikationen/DG/bericht-der-ethik-kommission.pdf (zuletzt abgerufen am 31.07.2023).

Bundespolizei: Test intelligenter Video-Technik, Pressemitteilung vom 07.06.2019, Archivlink abrufbar unter https://web.archive.org/web/20211105213618/https://www.bundespolizei.de/Web/DE/04Aktuelles/01Meldungen/2019/06/190607_videoanalyse.html (zuletzt abgerufen am 31.07.2023).

Bundespolizeipräsidium Potsdam: Abschlussbericht des Bundespolizeipräsidiums zum Teilprojekt 1 „Biometrische Gesichtserkennung" am Bahnhof Berlin Südkreuz, abrufbar unter https://www.bundespolizei.de/Web/DE/04Aktuelles/01Meldungen/2018/10/181011_abschlussbericht_gesichtserkennaung_down.pdf (zuletzt abgerufen am 31.07.2023).

Caplan, Joel M. / Kennedy, Leslie W. (Hrsg.): Risk Terrain Modeling Compendium. Rutgers Center on Public Security Newark 2011.

Cavazos, Jaqueline G. / Phillips, P. Jonathon, / Castillo, Carlos D. / O'Toole, Alice J.: Accuracy Comparison Across Face Recognition Algorithms: Where Are We on Measuring Race Bias?, in IEEE Transactions on Biometrics, Behavior, and Identity Science, Vol. 3, No. 1 (2021), S. 101–111.

Chainey, Spencer / Ratcliffe, Jerry: GIS and Crime Mapping. John Wiley & Sons Chicester 2005.

Chainey, Spencer / Thompson, Lisa / Uhlig, Sebastian: The utility of hotspot mapping for predicting spatial patterns of crime, 21 Security Journal (2008), S. 4–28.

Chainey, Spencer Paul / da Silva, Braulio Figueiredo Alves: Examining the extent of repeat and near repeat victimisation of domestic burglaries in Belo Horizonte, Brazil, Crime Science 5 (2016) S. 1–10.

Charles, Sam: CPD decommissions 'Strategic Subject List', Chicago Sun-Times vom 27.01.2020, abrufbar unter https://chicago.suntimes.com/city-hall/2020/1/27/21084030/chicago-police-strategic-subject-list-party-to-violence-inspector-general-joe-ferguson (zuletzt abgerufen am 31.07.2023).

Chouldechova, Alexandra: Fair Prediction with Disparate Impact: A Study of Bias in Recidivism Prediction Instruments. Big Data. 2017 Jun;5(2) S. 153–163.

Christensen, Joel O.: Wrong on Red: The Constitutional Case against Red-Light Cameras, 32 Wash. U. J. L. & Pol'y (2010), S. 443–466.

Clarke, Ronald V.: Situational Crime Prevention, 19 CRIME & JUST. (1995), S. 91–150.

Clarke, Ronald V.: Situational Crime Prevention: Its Theoretical Basis and Practical Scope, Crime and Justice Vol. 4 (1983), S. 225–256.

Cockrell, Jeff: Law and Order and Data, Chicago Booth Review vom 01.03.2021, abrufbar unter https://www.chicagobooth.edu/review/law-order-data (zuletzt abgerufen am 31.07.2023).

Cohen, Lawrence E. / Felson, Marcus: Social Change and Crime Rate Trends: A Routine Activity Approach, American Sociological Review, Aug. 1979, Vol. 44, No. 4, S. 588–608.

Cole, David: 'We Kill People Based on Metadata', in: The New York Book Review vom 10.05.2014, abrufbar unter https://www.nybooks.com/daily/2014/05/10/we-kill-people-based-metadata/ (zuletzt abgerufen am 31.07.2023).

Cornish, Derek B. / Clarke, Ronald V.: The Reasoning Criminal. Rational Choice Perspectives on Offending. Spinger New York 1986.

Dachwitz, Ingo: Seehofer will wieder mit Videoüberwachung experimentieren, netzpolitik.org vom 14.12.2020, abrufbar unter https://netzpolitik.org/2020/bahnhof-berlin-suedkreuz-seehofer-will-wieder-mit-videoueberwachung-experimentieren/ (zuletzt abgerufen am 31.07.2023).

Danziger, Shai / Levav, Jonathan / Avnaim-Pesso, Liora: Extraneous factors in judicial decisions. Proc Natl Acad Sci USA 108 (2011), S. 6889–6892.

Degeling, Martin / Berendt, Bettina: What is wrong about Robocops as consultants? A technology-centric critique of predictive policing. AI and Society 33 (3) (2018), S. 347–356.

Denninger, Erhard: Das Recht auf informationelle Selbstbestimmung und innere Sicherheit. Kritische Justiz 1985, S. 215–244.

Der Bundesbeauftragte für den Datenschutz und die Informationsfreiheit: 27. Tätigkeitsbericht zum Datenschutz 2017 – 2018, 2019.

Der Bundesbeauftragte für den Datenschutz und die Informationsfreiheit: Tätigkeitsbericht für das Jahr 2019 zum Datenschutz. 28. Tätigkeitsbericht, 2020.

Der Bundesbeauftragte für den Datenschutz und die Informationsfreiheit: 2. Tätigkeitsbericht zur Informationsfreiheit für die Jahre 2008 und 2009, 2010.

Der Hamburgische Beauftragte für Datenschutz und Informationsfreiheit Stellungnahme zum Senatsdrucksachenentwurf zur „Änderung polizeirechtlicher Vorschriften", abrufbar unter https://datenschutz-hamburg.de/assets/pdf/Stellungnahme_HmbBfDI_polizeirechtliche_Vorschriften_2019-06-24.pdf (zuletzt abgerufen am 31.07.2023).

Deutscher Anwaltverein: Stellungnahme des Deutschen Anwaltvereins durch den Ausschuss Gefahrenabwehrrecht zur sog. intelligenten Videoüberwachung, Stellungnahme Nr. 47/2017, abrufbar unter https://anwaltverein.de/de/newsroom/sn-47-17-intelligente-videoueberwachung?scope=modal&target=modal_reader_24&file=files/anwaltverein.de/downloads/newsroom/stellungnahmen/2017/dav-sn_47-17.pdf (zuletzt abgerufen am 31.07.2023).

Dieterich, William / Mendoza, Christina / Brennan, Tim: COMPAS risk scales: Demonstrating accuracy equity and predictive parity. Technical report, Northpointe, July 2016. abrufbar unter https://go.volarisgroup.com/rs/430-MBX-989/images/ProPublica_Commentary_Final_070616.pdf (zuletzt abgerufen am 31.07.2023).

DPA (o.V.): Meldung vom 04.01.2023, abrufbar z. B. unter https://www.schwaebische.de/regional/bayern/pruefung-von-neuer-polizei-software-dauert-laenger-als-geplant-1286347 (zuletzt abgerufen am 31.07.2023).

DPA (o.V.): Meldung vom 08.03.2022, abrufbar z. B. unter https://www.lto.de/recht/nachrichten/n/bayern-lka-zusammenarbeit-mit-palantir-daten-aufbereitung-anaylse-grundrechte/ (zuletzt abgerufen am 31.07.2023).

Dreyer, Stephan: Predictive Analytics aus der Perspektive von Menschenwürde und Autonomie, in: Hoffmann-Riem, Wolfgang (Hrsg.): Big Data – Regulative Herausforderungen. Nomos Baden-Baden 2018, S. 135–143.

Dürig, Günter / Herzog, Roman / Scholz, Rupert (Hrsg.): Grundgesetz, Kommentar. C.H. Beck München, Stand: 100. EL Januar 2023.

Dwork, Cynthia / Hardt, Moritz / Pitassi, Toniann / Reingold, Omer / Zemel, Richard: Fairness through awareness. In Proceedings of the 3rd Innovations in Theoretical Computer Science Conference (ITCS 2012). Association for Computing Machinery, New York S. 214–226.

Eckhouse, Laurel / Lum, Kristian / Conti-Cook, Cynthia / Ciccolini, Julie: Layers of Bias: A Unified Approach for Understanding Problems With Risk Assessment. Criminal Justice and Behavior 46, no. 2 (2019), S. 185–209.

Egbert, Simon / Krasmann, Susanne: Predictive Policing. Eine ethnographische Studie neuer Technologien zur Vorhersage von Straftaten und ihre Folgen für die polizeiliche Praxis. Projektabschlussbericht. Universität Hamburg 2019.

Egbert, Simon : Predictive Policing in Deutschland. Grundlagen, Risiken, (mögliche) Zukunft. In: Strafverteidigervereinigungen (Hrsg.).: Räume der Unfreiheit, 2018, S. 241–265.

Egbert, Simon: Siegeszug der Algorithmen? Predictive Policing im deutschsprachigen Raum. APuZ 33-32/2017, S. 17–23.

Epping, Volker / Hillgruber, Christian: BeckOK Grundgesetz. 49. Edition C. H. Beck München 2021.

EU-Kommission: Vorschlag für eine Verordnung des Europäischen Parlaments und des Rates zur Festlegung harmonisierter Vorschriften für Künstliche Intelligenz (Gesetz über Künstliche Intelligenz) und zur Änderung bestimmter Rechtsakte der Union, COM(2021) 206 final.

European Data Protection Board: Proposal to combat child sexual abuse online presents serious risks for fundamental rights, Pressemitteilung vom 29.07.2022, abrufbar unter https://edpb.europa.eu/news/news/2022/proposal-combat-child-sexual-abuse-online-presents-serious-risks-fundamental-rights_en (zuletzt abgerufen am 31.07.2023).

European Parliament Research Service: Artificial Intelligence at EU borders: Overview of applications and key issues. PE 690.706 2021.

Exner, Franz: Kriminalistischer Bericht über eine Reise nach Amerika, ZStW 54 (1935), S. 345–393.

Faltin, Thomas: Kameras lernen, Schläger zu erkennen, Stuttgarter Zeitung vom 03.12.2018, abrufbar unter https://www.stuttgarter-nachrichten.de/inhalt.videoueberwachung-in-mannheim-kameras-lernen-automatisch-schlaeger-zu-erkennen.81cabd49-8736-4790-a924-8ca83aa128d4.html (zuletzt abgerufen am 31.07.2023).

Farrell, Graham / Sousa, William: Repeat Victimisation and Hot Spots – The Overlap and Its Implications for Crime Control and Problem-Oriented Policing. In: Farrell, Graham / Pease, Ken. (Hrsg.): Crime Prevention Studies Volume 12 (2001), S. 221–240.

Fehling, Michael: Mittelbare Diskriminierung und Art. 3 (Abs. 3) GG: Vom europäischen Recht lernen!?, in: Heckmann, Dirk / Schenke, Ralf / Sydow, Gernot (Hrsg.): Verfassungsstaatlichkeit im Wandel. Festschrift für Thomas Würtenberger zum 70. Geburtstag. Duncker & Humblot Berlin 2013, S. 669–688.

Ferguson, Andrew G.: Predictive Policing and Reasonable Suspicion, 62 Emory Law Journal 259 2012.

Ferguson, Andrew G.: The Rise of Big Data Policing: Surveillance, Race, and the Future of Law Enforcement. New York University Press New York 2017.

Flores, Anthony W. / Bechtel, Kristin / Lowenkamp, Christopher T.: False Positives, False Negatives, and False Analyses: A Rejoinder to „Machine Bias: There's Software Used Across the Country to Predict Future Criminals. And It's Biased Against Blacks." Federal Probation Journal Volume 80 Number 2 (2016), S. 38–46.

Fröhlich, Alexander: Datenschutzbeauftragte kritisiert Berliner Polizei, Tagesspiegel vom 28.03.2019, abrufbar unter https://www.tagesspiegel.de/berlin/pannen-missbrauch-und-lecks-datenschutzbeauftragte-kritisiert-berliner-polizei/24157448.html (zuletzt abgerufen am 31.07.2023).

Geminn, Christian: Die Regulierung Künstlicher Intelligenz. ZD 2021, S. 354–359.

Geolitica: ROI on PredPol White Paper, abrufbar unter https://geolitica.com/roi-geolitica-white-paper/ (zuletzt abgerufen am 31.07.2023).

Gersdorf, Hubertus / Paal, Boris P.: BeckOK Informations- und Medienrecht. 34. Edition C. H. Beck München 2021.

Gerstner, Dominik: Predictive Policing als Instrument zur Prävention von Wohnungseinbruchdiebstahl – Evaluationsergebnisse zum Baden-Württembergischen Pilotprojekt P4. Max-Planck-Gesellschaft Freiburg 2017.

Gerth, Juliane: Risk-Assessment bei Gewalt- und Sexualdelinquenz, Dissertation Konstanz 2015.

Gesellschaft für Freiheitsrechte: Hessentrojaner und Hessendata greifen Grundrechte an. Pressemitteilung vom 02.07.2019, abrufbar unter https://freiheitsrechte.org/ueber-die-gff/presse/pressemitteilungen-der-gesellschaft-fur-freiheitsrechte/pm-vb-hessen (zuletzt abgerufen am 31.07.2023).

Gesellschaft für Freiheitsrechte:	Verfassungsbeschwerde gegen Trojaner-Einsatz durch Verfassungsschutz und Predicitive-Policing-Befugnisse der Polizei in Hamburg, Pressemitteilung vom 23.11.2020, abrufbar unter https://freiheitsrechte.org/ueber-die-gff/presse/pressemitteilungen-der-gesellschaft-fur-freiheitsrechte/pm-verfassungsbeschwerde-polizei-verfassungsschutzgesetz-hh (zuletzt abgerufen am 31.07.2023).
Gluba, Alexander / Heitmann, Stefan / Hermes, Nina:	Reviktimisierung bei Wohnungseinbrüchen. Eine empirische Untersuchung zur Bedeutung des Phänomens der (Near) Repeat Victimisation im Landkreis Harburg. In: Kriminalistik 2015. S 368–376.
Gluba, Alexander / Pett, Alexander / Pullen, Markus / Querbach, Maximilian:	Lagedaten, Datenlage, Prognoseansätze. Perspektiven des „Predictive Policing" in Niedersachsen. Teil 1, SIAK-Journal – Zeitschrift für Polizeiwissenschaft und polizeiliche Praxis (2) 2020, S. 31–41.
Gluba, Alexander:	Predictive Policing – Eine Bestandsaufnahme, LKA Niedersachsen Hannover 2014.
Goddard, Kate / Roudsari, Abdul / Wyatt, Jeremy C.:	Automation bias: a systematic review of frequency, effect mediators, and mitigators. Journal of the American Medical Informatics Association, Volume 19, Issue 1, (2012), S. 121–127.
Goel, Sharad / Rao, Justin M. / Shroff, Ravi:	Precinct or Prejudice? Understanding Racial Disparities in New York City's Stop-and-Frisk Policy, Annals of Applied Statistics, Vol. 10, No. 1 (2016), S. 365–394.
Golla, Sebastian J.:	Datenschutzrechtliche Schattengewächse in den Ländern – Herausforderungen bei der Umsetzung der JI-Richtlinie für die Polizei. In: KriPoZ 2019, S. 238ff.
Golla, Sebastian J.:	In Würde vor Ampel und Algorithmus – Verfassungsrecht im technologischen Wandel, DÖV 2019, S. 673–681.
Gröschner, Rolf:	Transparente Verwaltung – Konturen eines Informationsverwaltungsrechts, Bericht in VVDStRL 63 (2004), S. 344–370.

Grossenbacher, Timo: Polizei-Software verdächtigt zwei von drei Personen falsch, in: SRF.ch vom 05.04.2018, abrufbar unter https://www.srf.ch/news/schweiz/predictive-policing-polizei-software-verdaechtigt-zwei-von-drei-personen-falsch (zuletzt abgerufen am 31.07.2023).

Gusy, Christoph: Polizei- und Ordnungsrecht, 10. Auflage Mohr Siebeck Tübingen 2017.

Hamilton, Melissa: Debating algorithmic fairness. UC Davis Law Review Online, 52 (2018), S. 261–296.

Haskins, Caroline: Revealed: This Is Palantir's Top-Secret User Manual for Cops, VICE.com vom 12.07.2019, abrufbar unter https://www.vice.com/en/article/9kx4z8/revealed-this-is-palantirs-top-secret-user-manual-for-cops (zuletzt abgerufen am 31.07.2023).

Hauber, Judith / Jarchow, Esther / Rabitz-Suhr, Simone: Prädiktionspotential schwere Einbruchskriminalität – Ergebnisse einer wissenschaftlichen Befassung mit Predictive Policing. Universität Hamburg 2019.

Hayward, Keith: Situational Crime Prevention and its Discontents: Rational Choice Theory versus the 'Culture of Now'. Social Policy & Administration, 41 (2007), S. 232–250.

Hebbar, Prajakta: Indian Cops Have Big Plans On Using Big Data To Prevent And Solve Crimes, Analytics India Mag vom 03.10.2017, abrufbar unter https://analyticsindiamag.com/indian-cops-big-plans-using-big-data-prevent-solve-crimes/(zuletzt abgerufen am 31.07.2023).

Hedden, Brian: On statistical criteria of algorithmic fairness. Philosophy and Public Affairs Vol. 49 (2021), S. 209–231.

Henley, Jon: Dutch government resigns over childcare benefits scandal, theguardian.com vom 15.01.2021, abrufbar unter https://www.theguardian.com/world/2021/jan/15/dutch-government-resigns-over-child-benefits-scandal (zuletzt abgerufen am 31.07.2023).

Hern, Alex: Googles solution to accidental algorithmic racism: ban gorillas, in: TheGuardian.com vom 12.01.2018, abrufbar unter https://www.theguardian.com/technology/2018/jan/12/google-racism-ban-gorilla-black-people (zuletzt abgerufen am 31.07.2023).

Hessisches Ministerium des Inneren und für Sport: Polizei intensiviert Maßnahmen und sensibilisiert Bürgerinnen und Bürger, Pressemitteilung vom 28.10.2022, abrufbar unter https://hessen.de/presse/polizei-intensiviert-massnahmen-und-sensibilisiert-buergerinnen-und-buerger (zuletzt abgerufen am 31.07.2023).

Hessisches Ministerium des Inneren und für Sport: Pressemitteilung Nr. 177 vom 20.07.2016, Archivlink unter https://web.archive.org/web/20200927015658/https://www.hessen.de/pressearchiv/pressemitteilung/innenminister-peter-beuth-stellt-prognose-software-klb-operativ-vor (zuletzt abgerufen am 31.07.2023).

Hessisches Ministerium des Inneren und für Sport: Pressemitteilung Nr. 270 vom 30.10.2017 (nicht mehr online abrufbar).

Hessisches Ministerium des Inneren und für Sport: Schwerpunkt-Fahndungsaktion: 564 festgestellte Straftaten und 84 Festnahmen, Pressemitteilung vom 25.11.2021, abrufbar unter https://innen.hessen.de/Presse/Schwerpunkt-Fahndungsaktion-564-festgestellte-Straftaten-und-84-Festnahmen (zuletzt abgerufen am 31.07.2023).

Hilgendorf, Eric: „Die Schuld ist immer zweifellos"? – Offene Fragen bei Tatsachenfeststellung und Beweis mit Hilfe „intelligenter" Maschinen in: Fischer, Thomas (Hrsg.): Beweis. Nomos Baden-Baden 2019, S. 229–251.

Hoffmann, Jens / Glaz-Ocik, Justine: DyRiAS-Intimpartner: Konstruktion eines online gestützten Analyse-Instruments zur Risikoeinschätzung von tödlicher Gewalt gegen aktuelle oder frühere Intimpartnerinnen, Polizei & Wissenschaft 2012, S. 45–57.

Hoffmann, Jens / Roshdi, Karoline / Allwinn, Mirko: DyRiAS-Schule: Entwicklung und Validierung eines online gestützen Analyse-Instruments zur Risikoeinschätzung von schwerer zielgerichteter Gewalt an Schulen, Polizei & Wissenschaft 2013, S. 49–59.

Hofmann, Henning: Predictive Policing. Duncker & Humblot Berlin 2020.

Hornung, Gerrit: Grundrechtsinnovationen. Mohr Siebeck Tübingen 2015.

hr-info (o.V.): Justizminister hält Terroranklagen gegen Klima-Aktivisten für möglich, hessenschau.de vom 07.11.2022, abrufbar unter https://www.hessenschau.de/politik/letzte-generation-hessischer-justizminister-haelt-terroranklagen-gegen-klima-aktivisten-fuer-moeglich-v1,poseck-strafen-last-generation-100.html (zuletzt abgerufen am 31.07.2023).

hr-info (o.V.): Polizei droht Klima-Aktivisten mit Präventivhaft, hessenschau.de vom 28.11.2022, abrufbar unter https://www.hessenschau.de/politik/polizei-droht-klima-aktivisten-mit-praeventivhaft-v3,klima-aktivisten-praeventiv-gewahrsam-100.html (zuletzt abgerufen am 31.07.2023).

Huber, Bertold / Eichenhofer, Johannes / Endres de Oliveira, Pauline: Aufenthaltsrecht. Kommentar. C. H. Beck München 2017.

Hunt, Priscilla / Saunders, Jessica / Hollywood, John S.: Evaluation of the Shreveport Predictive Policing Experiment. RAND 2014.

Jandt, Silke / Steidle, Roland: Datenschutz im Internet. Rechtshandbuch zu DS-GVO und BDSG. Nomos Baden-Baden 2018.

Jarass, Hans D. / Pieroth, Bodo: Grundgesetz für die Bundesrepublik Deutschland. Kommentar, 16. Auflage C. H. Beck München 2020.

Jarass, Hans D.: Grundrechtecharta der Europäischen Union. Kommentar. 4. Auflage C. H. Beck München 2021.

Jarusch, Julian: Neue EU-Regeln für digitale Dienste: Warum Deutschland eine starke Plattformaufsicht braucht, 2022, abrufbar unter https://www.stiftung-nv.de/sites/default/files/snv_warum_deutschland_eine_starke_plattformaufsicht_braucht_0.pdf (zuletzt abgerufen am 31.07.2023).

Johnson, Shane D. / Bernasco, Wim / Bowers, Kate J. / Elffers, Henk / Ratcliffe, Jerry / Rengert, George / Townsley, Michael: Space–Time Patterns of Risk: A Cross National Assessment of Residential Burglary Victimization; Journal of quantitative criminology, Volume: 23, Issue: 3 (2007), S. 201–219.

Kabisch, Maria / Ruckes, Christian / Seibert-Grafe, Monika / Blettner, Maria: Randomisierte kontrollierte Studien. Deutsches Ärzteblatt 2011, Heft 39, S. 663–668.

Keizer, Kees / Lindenberg, Siegwart / Steg, Linda: The Spreading of Disorder, Science Vol. 322, (2008), S. 1681–1685.

Ketterer, Alexandra: Hamburger Polizeigesetz: Datenschützer soll wichtige Befugnis verlieren, netzpolitik.org vom 05.09.2019, abrufbar unter https://netzpolitik.org/2019/hamburger-polizeigesetz-datenschuetzer-soll-wichtige-befugnis-verlieren/ (zuletzt abgerufen am 31.07.2023).

Kett-Straub, Gabriele: Rasterfahndung fällt durch das Raster des Grundgesetzes. ZIS 2006, S. 447–452.

Keuschnigg, Marc / Wolbring, Tobias: Disorder, social capital, and norm violation: Three field experiments on the broken windows thesis, Rationality and Society 2015, S. 96–126.

Kleinberg, Jon / Ludwig, Jens / Mullainathan, Sendhil / Rambachan, Ashesh: Algorithmic Fairness. AEA Papers and Proceedings, 108 (2018), S. 22–27.

Kleinberg, Jon / Mullainathan, Sendhil / Raghavan, Manish: Inherent Trade-Offs in the Fair Determination of Risk Scores. In 8th Innovations in Theoretical Computer Science Conference (ITCS 2017), volume 67, Leibniz International Proceedings in Informatics (LIPIcs), S. 43:1–43:23.

Klinger, Remo: Klageschrift im Verfahren vor dem VG Wiesbaden, Az. 6 K 806/19, abrufbar unter https://nopnr.eu/wp-content/uploads/2019/05/2019-05-13_Klage_PNR_Verwaltungsgericht_De_Capitani.pdf (zuletzt abgerufen am 31.07.2023).

Knauer, Christoph / Kudlich, Hans / Schneider, Hartmut (Hrsg.): Münchener Kommentar zur StPO, C. H. Beck München 2014.

Knobloch, Tobias: Vor die Lage kommen: Predictive Policing in Deutschland, August 2018, abrufbar unter https://www.stiftung-nv.de/sites/default/files/predictive.policing.pdf (zuletzt abgerufen am 31.07.2023).

Kolleck, Alma / Orwat, Carsten: Mögliche Diskriminierung durch algorithmische Entscheidungssysteme und maschinelles Lernen – ein Überblick. Büro für Technikfolgen-Abschätzung beim Deutschen Bundestag 2020.

Kraetzig, Viktoria / Lennartz, Jannis: Grundrechtsschutz durch Algorithmus? NJW 2022, S. 2024–2027.

Krempl, Stefan: 34C3: Predictive Policing führt zu Sippenhaft und hebelt die Unschuldsvermutung aus, in: heise online vom 30.12.2017, abrufbar unter https://www.heise.de/newsticker/meldung/34C3-Predictive-Policing-fuehrt-zu-Sippenhaft-und-hebelt-die-Unschuldsvermutung-aus-3928787.html (zuletzt abgerufen am 31.07.2023).

Krempl, Stefan: Diesel: Bundestag beschließt automatisierte Kameraüberwachung zur Fahrverbot-Kontrolle, heise online vom 15.03.2019, abrufbar unter https://www.heise.de/newsticker/meldung/Diesel-Bundestag-beschliesst-automatisierte-Kameraueberwachung-zur-Fahrverbot-Kontrolle-4336967.html (zuletzt abgerufen am 31.07.2023).

Kroneberg, Clemens: Die Definition der Situation und die variable Rationalität der Akteure, Zeitschrift für Soziologie, Jg. 34, Heft 5, Oktober 2005, S. 344–363.

Kulick, Andreas: „Höchstpersönliches Merkmal“ – Verfassungsrechtliche Maßstäbe der Gesichtserkennung. NVwZ 2020, S. 1622–1628.

Kusner, Matt J. / Loftus, Joshua / Russell, Chris / Silva, Ricardo: Counterfactual Fairness. Advances in Neural Information Processing Systems 30 (2017), S. 4066–4076.

Kyodo (o.V): Kanagawa police eye AI-assisted predictive policing before Olympics, abrufbar unter https://english.kyodonews.net/news/2018/01/5890d824baaf-kanagawa-police-eye-ai-assisted-predictive-policing-before-olympics.html (zuletzt abgerufen am 31.07.2023).

Landeskriminalamt Niedersachsen: PreMAP – Predictive Policing (Vorausschauende Polizeiarbeit) in Niedersachsen, abrufbar unter https://www.lka.polizei-nds.de/startseite/kriminalitaet/forschung/premap/predictive-policing-in-niedersachsen—das-projekt-premap-114083.html (zuletzt abgerufen am 31.07.2023).

Landeskriminalamt Niedersachsen: PreMAP – Predictive Policing in Niedersachsen. Bericht zur Bewertung der ersten Projektphase. Hannover 2018.

Landeskriminalamt Niedersachsen: PreMAP – Prüfung einer Erweiterung und Modifizierung des Prognoseansatzes, 2021, abrufbar unter https://www.lka.polizei-nds.de/download/75628/Abschlussbericht_zur_erweiterten_Pilotierung_PreMAP.pdf (zuletzt abgerufen am 31.07.2023).

Landeskriminalamt Nordrhein-Westfalen: Abschlussbericht Projekt SKALA. Düsseldorf 2018.

Landeskriminalamt Nordrhein-Westfalen: Kooperative Evaluation des Projektes SKALA. Abschlussbericht der Zentralstelle Evaluation beim LKA NRW (ZEVA) und der Gesellschaft für innovative Sozialforschung und Sozialplanung e.V. Bremen (GISS). Düsseldorf 2018.

Leitlein, Hannes: Bundesinnenministerium sagt Studie zu Rassismus bei der Polizei ab, ZEIT Online vom 04.07.2022, abrufbar unter https://www.zeit.de/gesellschaft/zeitgeschehen/2020-07/racial-profiling-studie-polizei-abgesagt-justizministerium-horst-seehofer (zuletzt abgerufen am 31.07.2023).

Liebscher, Doris:	„Racial Profiling“ im Lichte des verfassungsrechtlichen Diskriminierungsverbots, NJW 2016, S. 2779–2781.
Lindner, Josef Franz:	Der Verfassungsrechtssatz von der Unschuldsvermutung. AöR 2008, S. 235–260.
Loll, Bernd-Uwe:	Prognose der Jugendkriminalität von Deutschen und Ausländern, BKA-Forschungsreihe Wiesbaden 1990.
Lum, Kristian / Isaac, William:	To predict and serve? Significance 13(5) 2016, S. 14–19.
Lum, Kristian:	Limitations of mitigating judicial bias with machine learning. Nat Hum Behav 0141 (2017) S. 1.
Lyell, David / Coiera, Enrico:	Automation bias and verification complexity: a systematic review, Journal of the American Medical Informatics Association, Volume 24, Issue 2 (2017), S. 423–431.
Mann, Thomas / Sennekamp, Christoph / Uechtritz, Michael (Hrsg.):	Verwaltungsverfahrensgesetz, Großkommentar. 2. Auflage Nomos Baden-Baden 2019.
Mao, Frances:	The human cost of Australia‘s illegal ‚robo‘ hunt for welfare cheats, bbc.com vom 18.11.2020, abrufbar unter https://www.bbc.com/news/world-australia-54970253 (zuletzt abgerufen am 31.07.2023).
Masing, Johannes:	Transparente Verwaltung – Konturen eines Informationsverwaltungsrechts, Bericht in VVDStRL 63 (2004), S. 377–441.
Mayer, Nils:	Strobl entscheidet sich gegen Precobs, Stuttgarter Nachrichten vom 03.09.2019, abrufbar unter https://www.stuttgarter-nachrichten.de/inhalt.aus-fuer-die-einbruchvorhersage-software-strobl-entscheidet-sich-gegen-precobs.19a18735-9c8f-4f1a-bf1b-80b6a3ad0142.html (zuletzt abgerufen am 31.07.2023).
Meier, Bernd-Dieter:	Kriminologie. 6. Auflage, C. H. Beck München 2021.
Meijer, Albert / Wessels, Martijn:	Predictive Policing: Review of Benefits and Drawbacks, International Journal of Public Administration, 42:12 (2019), S. 1031–1039.

Meister, Andre: Bundesnachrichtendienst erhält so viele Überwachungsbefugnisse wie noch nie, netzpolitik.org vom 26.03.2021, abrufbar unter https://netzpolitik.org/2021/bnd-gesetz-bundesnachrichtendienst-erhaelt-so-viele-ueberwachungsbefugnisse-wie-noch-nie/ (zuletzt abgerufen am 31.07.2023).

Mersi, Frederick: Möglicher Datenabfluss: Polizei-Software VeRA auf dem Prüfstand, heise online vom 08.07.2022, abrufbar unter https://www.heise.de/news/Moeglicher-Datenabfluss-Polizei-Software-VeRA-auf-dem-Pruefstand-7165927.html (zuletzt abgerufen am 31.07.2023).

Meyer, Jürgen / Hölscheidt, Sven (Hrsg.): Charta der Grundrechte der Europäischen Union. Kommentar, 5. Auflage Nomos Baden-Baden 2019.

Miconi, Thomas: "The impossibility of „fairness“: a generalized impossibility result for decisions. arXiv: Applications (2017), abrufbar unter http://arxiv-export-lb.library.cornell.edu/pdf/1707.01195v1 (zuletzt abgerufen am 31.07.2023).

Microsoft: Künstliche Intelligenz bewährt sich im Kampf gegen Kinderpornografie, Pressemitteilung vom 25.05.2021, abrufbar unter https://news.microsoft.com/de-de/kuenstliche-intelligenz-im-einsatz-gegen-kinderpornografie/ (zuletzt abgerufen am 31.07.2023).

Miller, Leila: LAPD will end controversial program that aimed to predict where crimes would occur, Los Angeles Times vom 21.4.2020, abrufbar unter https://www.latimes.com/california/story/2020-04-21/lapd-ends-predictive-policing-program (zuletzt abgerufen am 31.07.2023).

Morgan, Frank: Repeat Burglary in a Perth Suburb: Indicator of Short-Term or Long-Term Risk. In: Farrell, Graham / Pease, Ken. (Hrsg.): Crime Prevention Studies Volume 12 (2001), S. 83–118.

Möstl, Markus / Bäuerle, Michael (Hrsg.): BeckOK Polizei- und Ordnungsrecht Hessen 23. Edition, Stand: 01.10.2021. C. H. Beck München 2021.

Möstl, Markus / Schwabenbauer, Thomas (Hrsg.): BeckOK Polizei- und Sicherheitsrecht Bayern. 22. Edition C. H. Beck München Stand: 01.07.2022.

Möstl, Markus / Trurnit, Christoph (Hrsg.): BeckOK Polizeirecht Baden-Württemberg, 22. Edition Stand: 17.01.2021. C. H Beck München 2021.

Möstl, Markus / Weiner, Bernhard (Hrsg.): BeckOK Polizei- und Ordnungsrecht Niedersachsen. 21. Edition, Stand: 01.11.2021.

Mund, Dorothea: Das Recht auf menschliche Entscheidung. Mohr Siebeck Tübingen 2022.

Obermeyer, Ziad / Powers, Brian / Vogeli, Christine / Mullainathan, Sendhil: Dissecting racial bias in an algorithm used to manage the health of populations. Science Vol 366, Issue 6464, 2019. S. 447–453.

OIG of Chicago: OIG Releases Advisory on the Chicago Police Department's Predictive Risk Models, Pressemitteilung vom 23. Januar 2020, abrufbar unter https://igchicago.org/2020/01/23/oig-releases-advisory-on-the-chicago-police-departments-predictive-risk-models/ (zuletzt abgerufen am 31.07.2023).

Orwat, Carsten: Diskriminierungsrisiken durch Verwendung von Algorithmen, Antidiskriminierungsstelle des Bundes 2019, abrufbar unter https://www.antidiskriminierungsstelle.de/SharedDocs/downloads/DE/publikationen/Expertisen/studie_diskriminierungsrisiken_durch_verwendung_von_algorithmen.pdf?__blob=publicationFile&v=3 (zuletzt abgerufen am 31.07.2023).

Overdulve, Carina / Duits, Nils / Kempes, Maaike: Evaluating Risk Analysis in Practice: User Validation of the VERA-2R, Dienst Justitiële Inrichtingen 2022, abrufbar unter https://www.vera-2r.nl/latest/news/2022/09/15/report-evaluating-risk-analysis-in-practice-user-validation-of-the-vera-2r (zuletzt abgerufen am 31.07.2023).

Parasuraman, Raja / Manzey, Dietrich H.: Complacency and bias in human use of automation: an attentional integration. Hum Factors. 2010 Jun;52(3) S. 381–410.

Paternoster, Ray / Jaynes, Chae M. / Wilson, Theodore: Rational Choice Theory and Interest in the "Fortune of Others." Journal of Research in Crime and Delinquency, 54(6) (2017): S. 847–868.

Pautsch, Arne / Hoffmann, Lutz (Hrsg.): VwVfG, Verwaltungsverfahrensgesetz Kommentar. 2. Auflage Erich Schmidt Verlag Berlin 2021.

Payandeh, Mehrdad: Verfassungsgerichtliche Konturierung des Verbots rassistischer Diskriminierung. NVwZ 2021, S. 1830–1834.

Pearsall, Beth: Predictive policing: the future of law enforcement? NIJ J/Issue No. 266 2009.

Pease, Ken: Repeat Victimisation: Taking Stock. Crime Detection and Prevention Series Paper 90. Home Office 1998.

Peteranderl, Sonja: Die Verbrecherjagd der Zukunft ist schon gescheitert, SPIEGEL ONLINE vom 22.12.2019, abrufbar unter https://www.spiegel.de/netzwelt/netzpolitik/predictive-policing-in-los-angeles-die-verbrecher-jagd-der-zukunft-ist-schon-gescheitert-a-1281943.html (zuletzt abgerufen am 31.07.2023).

Petterson, Paul: Racial Profiling – Eine Systematisierung anhand des Verfassungsrechts, ZAR 2019, S. 301–307.

Pfarr, Heide M. / Bertelsmann, Klaus: Gleichbehandlungsgesetz – Zum Verbot der unmittelbaren und mittelbaren Diskriminierung von Frauen im Erwerbsleben. Hessische Staatskanzlei Wiesbaden 1985.

Pfeiffer, Christian / Baier, Dirk / Kliem, Sören: Zur Entwicklung der Gewalt in Deutschland. Schwerpunkte: Jugendliche und Flüchtlinge als Täter und Opfer, Zürcher Fachhochschule 2018.

Poscher, Ralf / Kilchling, Michael / Landerer, Lukas: Überwachungsbarometer für Deutschland – ein Modellkonzept. Friedrich-Naumann-Stiftung 2022, abrufbar unter https://www.freiheit.org/de/ueberwachungsbarometer (zuletzt abgerufen am 31.07.2023).

Qu, Tracy: Next time you go through a red light in China its growing facial recognition network may catch you out, in: SCMP.com vom 15.09.2019, abrufbar unter https://www.scmp.com/tech/innovation/article/3022961/next-time-you-go-through-red-light-china-its-growing-facial (zuletzt abgerufen am 31.07.2023).

Rademacher, Timo: Predictive Policing im deutschen Polizeirecht, AöR 2017, S. 366–416.

Rademacher, Timo: Wenn neue Technologien altes Recht durchsetzen: Dürfen wir es unmöglich machen, rechtswidrig zu handeln?; JZ 2019, S. 702–710.

Rähm, Jan: Gesichtserkennungsversuch – Kritiker halten Werte für geschönt, Deutschlandfunk vom 20.10.2018, abrufbar unter https://www.deutschlandfunk.de/gesichtserkennungsversuch-kritiker-halten-werte-fuer.684.de.html?dram:article_id=431099 (zuletzt abgerufen am 31.07.2023).

Rath, Christian: Alle Puzzleteile einer Gefahr zusammenbringen, Legal Tribune Online vom 20.12.2022, abrufbar unter https://www.lto.de/recht/hintergruende/h/bverfg-1bv154719-1bvr263420-automatisierte-datenauswertung-polizei-hessen-hamburg-muendliche-verhandlung/ (zuletzt abgerufen am 31.07.2023).

Reimer, Franz: „… einfach wieder die Folgerungsweise des Polizeistaates" – Zur Unterscheidung von Aufgaben und Befugnissen im Polizeirecht. In: Heckmann, Dirk / Schenke, Ralf / Sydow, Gernot (Hrsg.): Verfassungsstaatlichkeit im Wandel. Festschrift für Thomas Würtenberger zum 70. Geburtstag. Duncker & Humblot Berlin 2013. S. 1047–1066.

Rich, Michael J.: Should we make Crime impossible? Harv. J. Law Public Policy 36 (2012), S. 795–848.

Richard, Berk / Heidari, Hoda / Jabbari, Shahin / Kearns, Michael / Roth, Aaron: Fairness in Criminal Justice Risk Assessments: The State of the Art. Sociological Methods & Research 50, no. 1 (2021) S. 3–44.

Rosenbach, Marcel / Sarovic, Alexander: NRW-Datenschutzbeauftragte hält Einsatz von Palantir-Software für unzulässig, SPIEGEL Online vom 15.04.2021, abrufbar unter https://www.spiegel.de/netzwelt/palantir-nrw-datenschuetzerin-haelt-einsatz-von-software-fuer-unzulaessig-a-af196b3f-b93c-475d-86d7-8e569d25490c (zuletzt abgerufen am 31.07.2023).

Roßnagel, Alexander / Bile, Tamer / Geminn, Christian / Hansen, Marit / Bieker, Felix / Karaboga, Murat / Friedewald, Michael: Einführung einer Überwachungsgesamtrechnung. Forum Privatheit und selbstbestimmtes Leben in der digitalen Welt, Policy Paper. Fraunhofer ISI Karlsruhe 2022.

Roßnagel, Alexander: Die „Überwachungs-Gesamtrechnung" – Das BVerfG und die Vorratsdatenspeicherung. NJW 2010, S. 1238–1242.

Rückert, Christian / Goger, Thomas: Neue Waffe im Kampf gegen Kinderpornografie im Darknet, MMR 2020, S. 373–378.

Sachs, Michael (Hrsg.): Grundgesetz. Kommentar, 9. Auflage C. H. Beck München 2021.

Sack, Fritz: Selektion und Kriminalität, KJ 1971, S. 384–400.

Samsel, Haley: California Becomes Third State to Ban Facial Recognition Software in Police Body Cameras, Security Today vom 10.10.2019, abrufbar unter https://securitytoday.com/articles/2019/10/10/california-to-become-third-state-to-ban-facial-recognition-software-in-police-body-cameras.aspx (zuletzt abgerufen am 31.07.2023).

Sauer, Tjark: Speicherung ohne Ende – Rasterfahndung in der Kritik. In: Müller-Heidelberg, Till et al. (Hrsg.): Grundrechte-Report 2003, Rowohlt Reinbek 2003, S. 59–63.

Saunders, Jessica / Hunt, Priscilla / Hollywood, John S.: Predictions put into practice: a quasi-experimental evaluation of Chicago's predictive policing pilot. Journal of Experimental Criminology Vol. 12 (2016), S. 347–371.

Schenke, Wolf-Rüdiger: Polizei- und Ordnungsrecht, 11. Auflage C.F. Müller Heidelberg 2021.

Schoch, Ferdinand / Schneider, Jens-Peter (Hrsg.): Verwaltungsrecht VwVfG, Kommentar. C. H. Beck München 2020.

Schoch, Friedrich: Informationsfreiheitsgesetz. Kommentar. 2. Auflage C.H. Beck München 2016.

Schweer, Thomas: „Vor dem Täter am Tatort“ – Musterbasierte Tatortvorhersagen am Beispiel des Wohnungseinbruchs, Die Kriminalpolizei 1/2015, S. 13–16.

Sehl, Markus (o.V.): Wie das Gericht die „kriminelle Vereinigung“ begründet, Legal Tribune Online vom 25.05.2023, abrufbar unter https://www.lto.de/recht/hintergruende/h/letzte-generation-kriminelle-vereinigung-durchsuchungsbeschluss-muenchen-bayern-justiz-razzia/ (zuletzt abgerufen am 31.07.2023).

Sehl, Markus: „Für Monate in Haft – ohne Anwalt“, Legal Tribune Online vom 26.10.2018, abrufbar unter https://www.lto.de/recht/hintergruende/h/polizeigesetz-bayern-gewahrsam-haft-ohne-anwalt/ (zuletzt abgerufen am 31.07.2023).

Shannon, Kevin P.: Speeding towards Disaster: How Cleveland's Traffic Cameras Violate the Ohio Constitution, 55 Clev. St. L. Rev. (2007), S. 607–636.

Shapiro, Aaron: Reform predictive policing. Nature 541 (2017), S. 458–460.

Sherman, Lawrence W. / Gartin, Patrick R. / Buerger, Michael E.: Hot spots of predatory crime: Routine activities and the criminology of place, Criminology 27.1 (1989), S. 27–56.

ShotSpotter: A Citizen's Guide to ShotSpotter Connect, Archivlink abrufbar unter https://web.archive.org/web/20220901213111/https://www.shotspotter.com/wp-content/uploads/2021/03/ConnectCitizens-Guide_v1_1.pdf (zuletzt abgerufen am 31.07.2023).

ShotSpotter: ShotSpotter Connect Product FAQ 2021, abrufbar unter https://www.shotspotter.com/wp-content/uploads/2021/01/Connect-FAQ-1-2021.pdf (zuletzt abgerufen am 31.07.2023).

Singelnstein, Tobias: Predictive Policing: Algorithmenbasierte Straftatprognosen zur vorausschauenden Kriminalintervention, NStZ 2018, S. 1–9.

Sommerer, Lucia: Geospatial Predictive Policing – Research Outlook & A Call For Legal Debate. NK Neue Kriminalpolitik 2017, S. 147–164.

Sommerer, Lucia: Personenbezogenes Predictive Policing. Nomos Baden-Baden 2020.

Sozialdemokratische Partei Deutschlands / BÜNDNIS '90/DIE GRÜNEN / Freie Demokratische Partei: Mehr Fortschritt wagen – Bündnis für Freiheit, Gerechtigkeit und Nachhaltigkeit (2021), abrufbar unter https://www.spd.de/fileadmin/Dokumente/Koalitionsvertrag/Koalitionsvertrag_2021-2025.pdf (zuletzt abgerufen am 31.07.2023).

SPD Landesverband Niedersachsen/ BÜNDNIS '90/ DIE GRÜNEN Niedersachsen: Sicher in Zeiten des Wandels, 2022, abrufbar unter https://www.gruene-niedersachsen.de/wp-content/uploads/2022/11/Koalitionsvertrag.pdf (zuletzt abgerufen am 31.07.2023).

Steege, Hans: Algorithmenbasierte Diskriminierung durch Einsatz von Künstlicher Intelligenz. MMR 2019, S. 715–721.

Steinebach, Martin / Winter, Christian / Halvani, Oren / Schäfer, Marcel / Yannikos, York: Chancen durch Big Data und die Frage des Privatsphärenschutzes. Fraunhofer Verlag Stuttgart 2015.

Stelkens, Paul / Bonk, Heinz Joachim / Sachs, Michael (Hrsg.): VwVfG. 9. Auflage C. H Beck München 2018.

Stoklas, Jonathan: Einsatz von Künstlicher Intelligenz bei Grenzkontrollen: Pilotprojekte der EU, ZD-Aktuell 2021, 4.

Stolle, Peer / Hefendehl, Roland: Gefährliche Orte oder gefährliche Kameras? Die Videoüberwachung im öffentlichen Raum. Krim. Journal 34 (2002), S. 257–272.

Stolyarov, Gleb / Tétrault-Farber, Gabrielle: „Face control": Russian police go digital against protesters, in: Reuters.com vom 11.02.2021, abrufbar unter https://www.reuters.com/article/us-russia-politics-navalny-tech-idUSKBN2AB1U2 (zuletzt abgerufen am 31.07.2023).

SWR (o.V.): Wegen verweigerter Teilnahme an Studie: Debatte zwischen Politik und Polizeigewerkschaft entbrennt, SWR Aktuell vom 05.07.2022, abrufbar unter https://www.swr.de/swraktuell/baden-wuerttemberg/polizei-bw-teilnahme-studie-100.html (zuletzt abgerufen am 31.07.2023).

Tenta, Sabine: Reul verteidigt umstrittenes „Google“ für die NRW-Polizei, Archivlink abrufbar unter https://web.archive.org/web/20210504114455/https://www1.wdr.de/nachrichten/landespolitik/software-palantir-polizei-nrw-100.html (zuletzt abgerufen am 31.07.2023).

Tham, Henrik / von Hofer, Hanns: Individual Prediction and Crime Trends, European Journal of Criminology 2009. S. 313–335.

Thüne, Martin: Predictive Policing. Eine interdisziplinäre Betrachtung unter besonderer Berücksichtigung polizeirechtlicher Implikationen. Dissertation 2020, URN: urn:nbn:de:gbv:547-202001184.

Tikhomirova, Anastasia: Sabotieren, streiken, demonstrieren, in: ZEIT Online vom 25.09.2022, abrufbar unter https://www.zeit.de/gesellschaft/zeitgeschehen/2022-09/russland-opposition-mobilmachung-aktivisten-proteste (zuletzt abgerufen am 31.07.2023).

Tischbirek, Alexander / Wihl, Tim: Verfassungswidrigkeit des »Racial Profiling«: Zugleich ein Beitrag zur Systematik des Art. 3 GG, JZ 2013, S. 219–224.

Townsley, Michael / Hornel, Ross / Chaseling, Janet: Infectious Burglaries. A Test of the Near Repeat Hypothesis, The British Journal of Criminology Vol.43 No. 3 2003, S. 615–633.

Uberti, David: California City bans Predictive Policing, Wall Street Journal vom 25.06.2020, abrufbar unter https://www.wsj.com/articles/california-city-bans-predictive-policing-11593077400 (zuletzt abgerufen am 31.07.2023).

Uchida, Craig D.: A National Discussion on Predictive Policing: Defining Our Terms and Mapping Successful Implementation Strategies, National Institute of Justice, No. NCJ 230404, 2010.

Uchida, Craig D.: Predictive Policing. In: Bruinsma G., Weisburd D. (eds) Encyclopedia of Criminology and Criminal Justice. Springer New York 2014.

von Bebenburg, Pitt: Polizisten missbrauchen Personenabfrage, um an Infos über Helene Fischer zu kommen, Frankfurter Rundschau vom 03.08.2019, abrufbar unter https://www.fr.de/hessen/hessen-beamte-missbrauchen-polizeisystem-infos-ueber-helene-fischer-kommen-zr-12875917.html (zuletzt abgerufen am 31.07.2023).

von Mangoldt, Hermann / Klein, Friedrich / Starck, Christian (Hrsg.): Grundgesetz. Kommentar, 7. Aufl. C. H. Beck München 2018.

von Mangoldt, Hermann / Klein, Friedrich / Starck, Christian (Hrsg.): Grundgesetz. Kommentar. 6. Auflage C. H. Beck München 2010.

von Münch, Ingo / Kunig, Philip: Grundgesetz-Kommentar, 6. Auflage, C. H. Beck München 2012.

Voregger, Michael: Gelsenkirchen testet Frühwarnsystem für Sicherheit und Ordnung, netzpolitik.org vom 02.08.2022, abrufbar unter https://netzpolitik.org/2022/bka-pilotprojekt-gelsenkirchen-testet-fruehwarnsystem-fuer-sicherheit-und-ordnung/#netzpolitik-pw (zuletzt abgerufen am 31.07.2023).

WDR (o.V.): Kriminalität verhindern, bevor sie passiert: Frühwarnsystem nutzt Daten in Gelsenkirchen, abrufbar unter https://www1.wdr.de/nachrichten/ruhrgebiet/gelsenkirchen-sucht-mit-fruehwarnsystem-nach-missstaenden-100.html (zuletzt abgerufen am 31.07.2023).

Weber, Max: Wirtschaft und Gesellschaft. 5. Auflage J. C. B. Mohr Verlag Tübingen 1976.

Wegener, Bernhard W.: Der geheime Staat. Arkantradition und Informationsfreiheitsrecht. Morango Göttingen 2006.

Wehr, Matthias: Bundespolizeigesetz, Kommentar. 2. Auflage Nomos Baden-Baden 2015.

Wehr, Matthias: NomosBundesrecht Erläuterungen – Bundespolizeigesetz. 3. Online-Auflage Nomos Baden-Baden 2021.

Wehrheim, Jan: Die überwachte Stadt: Sicherheit, Segregation und Ausgrenzung. 3. Auflage Budrich Leverkusen 2012.

Weinshall-Margel, Keren / Shapard, John: Overlooked factors in the analysis of parole decisions, Proc Natl Acad Sci USA 108 (2011), S. E883.

Weisburd, David / Hinkle, Joshua C.: Die Bedeutung von randomisierten Experimenten bei der Evaluation von Kriminalprävention. In: Walsh, Maria / Pniewski, Benjamin / Kober, Marcus / Armborst, Andreas (Hrsg.): Evidenzorientierte Kriminalprävention in Deutschland. Springer VS Wiesbaden 2018, S. 289–312.

Wilson, James Q. / Kelling, George L.: Broken Windows –The Police and Neighborhood Safety, The Atlantic Monthly, März 1982.

Winston, Ali: Palantir has secretly been using New Orleans to test its predictive policing technology, The Verge vom 27.02.2018, abrufbar unter https://www.theverge.com/2018/2/27/17054740/palantir-predictive-policing-tool-new-orleans-nopd (zuletzt abgerufen am 31.07.2023).

Wischmeyer, Thomas: Predictive Policing – Nebenfolgen der Automatisierung von Prognosen im Sicherheitsrecht, in: Kulick, Andreas / Goldhammer, Michael (Hrsg.): Der Terrorist als Feind? Personalisierung im Polizei- und Völkerrecht, Mohr Siebeck Tübingen 2020, S. 193–214.

Wittmer, Sandra / Steinebach, Martin: Computergenerierte Kinderpornografie zu Ermittlungszwecken im Darknet, MMR 2019, S. 650–653.

Zhang, Maggie: Google Photos Tags Two African-Americans As Gorillas Through Facial Recognition Software, in: Forbes.com vom 01.07.2015, abrufbar unter https://www.forbes.com/sites/mzhang/2015/07/01/google-photos-tags-two-african-americans-as-gorillas-through-facial-recognition-software/?sh=8b5469f713d8 (zuletzt abgerufen am 31.07.2023).

Zierer, Maximilian / Kartheuser, Boris / Schöffel, Robert / Harlan, Elisa: Bund rückt von Palantir-Software ab, tagesschau.de vom 30.06.2023, abrufbar unter https://www.tagesschau.de/investigativ/br-recherche/palantir-software-analyse-polizei-100.html (zuletzt abgerufen am 31.07.2023).

Zimbardo, Philip G.: A Field Experiment in Auto Shaping, In: Ward, Colin (Hrsg.): Vandalism 1973, S. 85–90.

Zuboff, Shoshana: The Age of Surveillance Capitalism: The Fight for the Future at the New Frontier of Power. Profile Books London 2019.